LIKE CHRIST

예수님처럼

● **독자 여러분들께 알립니다!**
'CH북스'는 기존 '크리스천다이제스트'의 영문명 앞 2글자와
도서를 의미하는 '**북스**'를 결합한 출판사의 새로운 이름입니다.

세계기독교고전 28
예수님처럼

1판 1쇄 발행 2017년 1월 2일
1판 2쇄 발행 2024년 12월 1일

지은이 앤드류 머레이
옮긴이 원광연
발행인 박명곤 **CEO** 박지성 **CFO** 김영은
기획편집1팀 채대광, 김준원, 이승미, 김윤아, 백환희, 이상지
기획편집2팀 박일귀, 이은빈, 강민형, 이지은, 박고은
디자인팀 구경표, 유채민, 윤신혜, 임지선
마케팅팀 임우열, 김은지, 전상미, 이호, 최고은

펴낸곳 CH북스
출판등록 제406-1999-000038호
전화 070-4917-2074 **팩스** 0303-3444-2136
주소 서울시 강서구 마곡중앙6로 40, 장흥빌딩 10층
홈페이지 www.hdjisung.com **이메일** support@hdjisung.com
제작처 영신사

ⓒ CH북스 2017

※ 이 책은 저작권법에 따라 보호받는 저작물이므로 무단 전재와 복제를 금합니다.
※ 잘못 만들어진 책은 구입하신 서점에서 교환해드립니다.
※ CH북스는 (주)현대지성의 기독교 출판 브랜드입니다.

세계
기독교
고전

LIKE CHRIST

예수님처럼

앤드류 머레이 | 원광연 옮김

CH북스
크리스천
다이제스트

세계 기독교 고전을 발행하면서

한국에 기독교가 전해진 지 벌써 100년이 넘었습니다. 그동안 수많은 기독교 서적들이 간행되어 한국의 교회와 성도들에게 많은 공헌을 해 왔습니다. 그러나 기독교 역사 100년을 넘어선 우리의 교회와 성도들에게 더 큰 영적 성숙과 진정한 신앙을 심어주기 위해서는 가치있는 기독교 서적들이 많이 나와야 한다고 생각합니다. 그리하여 영혼의 양식이 될 수 있는 훌륭한 기독교 서적들이 모든 성도들의 가정뿐만 아니라 믿지 아니하는 가정에도 흘러 넘쳐야만 합니다.

믿는 성도들은 신앙의 성장과 영적 유익을 위해서 끊임없이 좋은 신앙 서적들을 읽고 명상해야 하며, 친구와 이웃 사람들의 구원을 위하여 신앙 서적 선물하기를 즐기고 읽도록 권해야 할 것입니다. 이것은 하나님의 백성으로서 살기 원하는 사람은 누구나 마땅히 해야 할 의무라고도 하겠습니다.

존 웨슬리는 "성도들이 책을 읽지 않는다면 은총의 사업은 한 세대도 못 가서 사라져 버릴 것이다. 책을 읽는 그리스도인만이 진리를 아는 그리스도인이다"라고 말했습니다. 우리는 이제 한국에서 최초로 세계의 기독교 고전들을 총망라하여 한국의 교회와 성도들에게 소개하고자 합니다. 전세계의 기독교 고전은 모든 기독교인들에게 영원한 보물이며, 신앙의 성숙과 영혼의 구원을 위하여 이보다 더 귀한 것은 없을 것입니다.

이러한 취지로 어언 2천여 년의 세월이 지나는 동안 세계 각국에서 저술된 가장 뛰어난 신앙의 글과 영속적 가치가 있는 위대한 신앙의 글만을 모아서 세계 기독교 고전 전집으로 편찬하고자 합니다.

우리는 이 세계 기독교 고전 전집을 알차고, 품위있게 제작하여 오늘날 한국의 교회와 성도들에게 제공하고 후손들에게도 물려줄 기획을 하고 있습니다. 우리는 다시 한번 다니엘 웹스터가 한 말을 깊이 생각해 보아야 할 것입니다.

"만약 신앙 서적들이 우리 나라 대중들에게 광범위하게 유포되지 않고, 사람들이 신앙적으로 되지 않는다면, 우리나라가 어떤 나라가 될지 걱정스럽다 … 만약 진리가 확산되지 않는다면, 오류가 지배할 것이요, 하나님과 그의 말씀이 전파되고 인정받지 못한다면, 마귀와 그의 궤계가 우세할 것이요, 복음의 서적들이 모든 집에 들어가지 못한다면, 타락하고 음란한 서적들이 거기에 있을 것이요, 우리나라에서 복음의 능력이 나타나지 못한다면, 혼란과 무질서와 부패와 어둠이 끝없이 지배할 것이다."

독자들의 성원과 지도 편달을 바라마지 않습니다.

크리스천다이제스트
발행인 박명곤

차 례

머리말		11
제 1 일	우리가 그의 안에 거하기에	15
제 2 일	그가 친히 우리를 부르시니	23
제 3 일	섬기는 자로	30
제 4 일	우리의 머리이신 그리스도	38
제 5 일	부당하게 고난을 받아도	46
제 6 일	그리스도와 함께 못 박혔나니	53
제 7 일	자기를 부인하고	61
제 8 일	자기를 희생함으로	68
제 9 일	세상에 속하지 아니하며	76
제 10 일	하늘의 사명	84
제 11 일	하나님의 택하신 자로	91
제 12 일	하나님의 뜻을 행함으로	98
제 13 일	그가 불쌍히 여기시듯이	106
제 14 일	아버지와 하나 되심같이	113
제 15 일	아버지를 의지하심같이	120
제 16 일	그의 사랑하심처럼	128
제 17 일	그의 기도하심처럼	135
제 18 일	그가 성경을 사용하심처럼	144
제 19 일	그의 용서하심처럼	152

제 20 일	하나님을 바라보심처럼	159
제 21 일	그의 겸손하심처럼	167
제 22 일	그의 죽으심의 모습으로	175
제 23 일	그의 부활하심을 본받아	182
제 24 일	그의 죽으심을 본받아	190
제 25 일	자기 목숨을 사람들을 위하여 주심처럼	198
제 26 일	그의 온유하심처럼	206
제 27 일	하나님의 사랑 안에 거하심처럼	213
제 28 일	성령의 인도하심을 받으심처럼	222
제 29 일	아버지로 인하여 사심처럼	230
제 30 일	아버지를 영화롭게 하심처럼	237
제 31 일	그의 영화로우심처럼	246

머리말

우리의 복되신 주님의 형상과 그의 모습을 닮아가는 일에 대해서 책을 내어놓으면서 저는 두 가지를 특별히 말씀드리고 싶습니다.

한 가지는 저의 이런 작업이 얼마나 어려우며 또한 필자가 이 일을 시행하는 데 얼마나 부족한 점이 많으냐 하는 것을 누구보다 제 자신이 더 의식하고 있다는 점입니다. 필자가 할 일은 두 가지였습니다. 하나는 "범사에 형제들과 같이" 되신 (히 2:17) 하나님의 아들의 모습을 그림으로써, 인간의 삶의 현실 속에서 그가 어떻게 아버지께서 원하신 그대로의 삶을 사셨는지를 보여 주는 것이었습니다. 저는 예수 그리스도의 모습을, 그를 닮기 위하여 애쓰는 이들에게 무한한 매력을 주며, 열심을 일으키고, 사랑을 일깨우며, 소망을 불러일으키고, 믿음을 강건케 하는 그런 모습으로 그리기를 원했습니다.

그리고 그 다음에는 또 다른 그림을 스케치했습니다. 곧, 신자의 있는 그대로의 모습이 그것입니다. 날마다의 삶 속에 갖가지 시련을 만나고 이런저런 의무들을 다하며 그리스도의 형상을 닮아가는 그런 신자의 모습이 그저 이상만은 아닙니다. 오히려 성령의 능력으로 지극히 복된 하나의 현실인 것입니다.

그리스도를 닮아가는 복된 삶의 한 가지 특징을 설명하려는 시도를 하고 보니, 그 영적인 아름다움을 인간의 생각으로 파악한다는 것이 얼마나 불충분하며, 인간의 말로 표현할 수 있는 것이 얼마나 모자라는지를 철저하게 느끼게 됩니다. 사람으로서는 아무리 노력해도 그 영적인 아름다움을 그저 희미하게 흘깃 보는 정도밖에는 되지를 않는 것입니다. 그런데, 아버지의 영광의 광채이신 그리스도의 영적인 영광에 대한 참된 비전이 없으면서도, 하나님의 말씀에 계시되어 있는 내용들을 인간의 개념으로 제시할 수 있는 것처럼 우리가 우리 자신의 생각에 속아 넘어가는 경우가 얼마나 많은지 모릅니다.

그 다음으로 말씀드리고 싶은 것은 그리스도의 복된 모습 — 우리가 그 모습으로 변화해야 마땅한데 — 의 그 영광스러움을 바라보기 위해서 우리에게 진정으로 필요한 것들이 있다는 사실입니다. 언젠가 수업 중에 실물 교육을 위해서 한 가지 활동을 한 일이 있는데 거기서 저는 큰 충격을 받았습니다. 학생들에게 한 그림을 보여 주면서 아주 주의 깊게 그 그림을 보라고 했습니다. 그리고는 눈을 감고서 기억을 더듬어 자기들이 본 것 하나하나를 되살려 보라고 한 다음, 그림을 치우고는 학생들로 하여금 기억나는 것을 모두 이야기하게 했습니다. 그리고는 다시 그 그림을 보여 주면서, 잠시 전에 그림을 보았을 때에 보지 못한 것이 없는지 주의를 기울여 그 그림을 다시 한 번 보게 했습니다. 그리고는 눈을 다시 감게 하고, 그 그림에서 본 것 하나하나를 생각하게 했습니다. 그리고 계속해서 그런 일을 반복하여, 그 그림 속에 있는 점 하나까지 다 관찰하여 기억하도록 했습니다. 그랬

더니 학생들은 그 그림에 대해 엄청난 관심으로 눈을 반짝이며 세밀하게 살피고는 눈을 꼭 감고 자기들이 주의 깊게 본 것을 하나하나 기억 속에 되살려내는 것이었습니다.

우리의 성경 읽기가 그런 실물 교육 이상의 자세로 행해진다면, 하나님 말씀 속에 담겨 있는 눈에 보이지 않는 영적 실체들을 우리가 깨닫고 그것들을 우리의 내적 삶에 더욱 깊이 간직하게 되지 않을까 하는 생각이 들었습니다.

우리는 성경 말씀에 겉으로 나타나 있는 사상을 파악하는 데만 만족하는 경향이 많습니다. 하나님의 진리인 성경 말씀 속에 담겨 있는 근본적인 영적 실체가 우리 마음 속에 심겨져 뿌리를 내리도록 시간을 두고 묵상하며 궁구하는 면이 너무나 부족한 것 같습니다. 그러므로, 우리 모두 우리가 덧입어야 할 그리스도 안에 있는 하나님의 형상에 대해 묵상하면서 이 사실을 기억하도록 합시다. 곧, 어떤 특별한 특징이 우리의 생각에 잡히면, 눈을 감고 우리의 마음을 열자는 것입니다.

성령의 역사하심을 믿고 생각하고 기도합시다. 그래서 하나님의 말씀이 밝은 빛 속에서 주님을 우리에게 제시할 때에 그 빛 가운데서 그를 진정으로 보게 되도록 합시다. 하늘에 속한 그리스도의 아름다움에 대한 깊고도 지속적인 감동이 그날 하루 종일토록 우리에게 그대로 남아 있게 합시다. 그의 그런 아름다움이 우리 속에서 재생되도록 합시다. 그를 바라보고 또 바라봅시다. 그에게 예배와 찬송을 드립시다. 그의 모습을 바라볼수록, 그만큼 우리가 그를 닮아가야 할 것입니다. 인간 그리스도 예수에게서 나타나는 하나님의 형상을 공부하며, 여러분의 가장 깊은 내면을 열고 그 형상을 받아들여서 그 형상이 여러분을 사로잡고 여러분 속에 살도록 하시기를 바랍니다. 그리고 나아가서 그 하늘의 형상이 이웃들과 더불어 사는 여러분의 삶 속에서 반사되어 환히 비쳐지도록 하여야 할 것입니다. 이것이야말로 우리가 구속함을 받은 목적이니, 이것이 우리의 삶의 목적이 되도록 합시다.

    자 이제, 복되신 주께서 은혜로이 보살피셔서 이 책을 통하여 주의 영광이 전해지게 해 주시기를 바라는 마음입니다. 그리스도를 닮는 삶처럼 아름답고 복된 것이 없다는 것을 우리로 하여금 밝히 보게 해 주시기를 바랍니다. 하나님께서 우리를 가르치셔서, 그리스도와 연합된 삶, 곧 그리스도를 닮는 삶이 과연 우리를 위한 것임을 믿게 해 주시기를 바랍니다. 매일매일 하나님의 말씀이 그리스도의 형상을 우리에게 말씀해 주시는 것을 듣고, 우리 각자가 이렇게 하나님께 기도하게 되기를 바랍니다: "오 나의 아버지여! 아버지의 사랑하시는 아들께서 이 땅에서 아버지 안에서, 아버지와 함께, 아버지를 위하여 사셨으니, 저도 또한 그렇게 살겠나이다."

앤드류 머레이
웰링턴, 희망봉

제1일 우리가 그의 안에 거하기에

"그의 안에 산다고 하는 자는 그가 행하시는 대로 자기도 행할지니라" — 요일 2:6

그리스도 안에 거한다는 것과 그리스도처럼 행한다는 것 — 새 생명에 속한 이 두 가지 축복이 본질적으로 하나임이 여기서 드러납니다. 그리스도 안에 있는 삶의 열매가 바로 그리스도를 닮는 삶인 것입니다.

이 가운데 첫 번째인 그리스도 안에 거한다는 표현에 대해서는 우리가 익히 잘 알고 있습니다. 포도나무와 그 가지의 비유를 말씀하시면서 주님은 "내 안에 거하라 나도 너희 안에 거하리라"(요 15:4)고 명하셨는데, 이것이 풍성한 교훈과 위로의 근원이 될 때가 많습니다. 그리스도 안에 거하는 일에 대한 교훈을 우리가 아직 불완전하게밖에는 배우지를 못했다는 느낌이 있기는 합니다만, 그래도 우리의 영혼이 "주여, 주께서 모든 것을 아시옵니다. 제가 주님 안에 거한다는 것을 주께서 아시옵니다"라고 말할 수 있을 때에 우리에게 오는 기쁨에 대해서 이미 조금은 맛을 보았습니다. 그리고, "주여, 제가 끊어짐이 없이 온전히 주 안에 거하도록 해 주시옵소서"라는 간절한 기도가 우리에게서 자주 일어난다는 것도 주님은 알고 계십니다.

두 번째는 그리스도처럼 행한다는 표현인데, 이 역시 첫 번째 표현에 못지 않게 중요합니다. 이것은 그리스도 안에 거하는 자가 발휘하게 될 놀라운 능력에 대한 약속입니다. 전적으로 그리스도 안에서 사는 일에 굴복한 열매로서, 그리스도의 생명이 우리 속에 강하게 역사하여서 우리의 삶이 ― 이는 내적 생명의 겉으로 표현되는 것인데 ― 그리스도의 삶처럼 된다는 것입니다. 이 두 가지는 서로 불가분리의 관계로 연결되어 있습니다. 그리스도 안에 거하는 것이 언제나 그리스도처럼 행하는 것에 선행합니다. 그러나 동시에, 그리스도 안에 거하는 것에는 그리스도처럼 행하고 싶은 열심이 똑같이 작용하는 법입니다. 이렇게 되면, 하늘의 공급자께서는 그의 충만한 은혜를 마음껏 부어 주십니다. 왜냐하면 그 영혼이 그 은혜를 하나님의 계획에 따라서 사용할 준비가 되어 있기 때문입니다.

주께서 "너희가 내 계명을 지키면 내 사랑 안에 거하리라"(요 15:10)라고 말씀하셨습니다만, 이는 이런 뜻입니다. 곧, 나처럼 행하는 것에 굴복하는 것이야말로 내 속에 충만히 거하는 데 이르는 길이라는 것입니다. 바로 여기에 그리스도 안에 거하는 일에 실패하는 이유가 있다는 것을 많은 사람들이 알게 될 것입니다. 그리스도처럼 행한다는 생각은 전혀 없이 그저 그리스도 안에 거하기를 바라고 애썼기 때문입니다. 사도 요한의 말씀은 이처럼 본질적으로 연관되어 있고 서로 의존하고 있는 이 두 가지 진리를 똑바로 바라보도록 만들어 주는 것입니다.

이 말씀에서 얻는 첫 번째 교훈은 이것입니다. 곧, 그리스도 안에 거하기를 구하는 사람은 그가 행하시는 대로 그대로 따라서 행하게 되어 있다는 것입니다. 포도나무 가지는 그것이 속한 그 포도나무가 맺는 것과 동일한 열매를 맺는다는 것을 우리는 당연한 사실로 알고 있습니다. 포도나무의 생명과 가지의 생명이 완전하게 동일하기 때문에 그 생명이 겉으로 드러나는 모습 역시 서로 똑같을 수밖에 없는 것입니다. 주 예수께서 그의 보혈로 우리를 구속하시고 그의 의(義)로 우리를 아버지께 드리셨는데, 이때에 그가 우리를 우리의 옛 사람의 본성 그대로 내버려 두셔서 우리로 하여금 그런 옛 사람의 본성으로 최대한 하나님을 섬기도록 하신 것이 아닙니다. 그렇지 않습니다. 그의 안에는 영원한 생명이 ― 거룩한 하늘의 신적인 생명이 ― 거하고 있었습니다. 그러므로 그 안에 있는 사람은 누구든지 그 동일한 영원한 생명을 그 거룩한 하늘의 능력과 함께 받아 누리는 것입니다. 그러므로, 그리스도 안에 거하며 그에게서 끊임없이 생명을 받는 사람이 또한 그가 행하신 대로 행한다는 것처럼 자연스러운 일은 없는 것입니다.

그러나, 영혼 속에서 역사하는 이 강력한 하나님의 생명은 맹목적인 어떤 세력처럼, 우리로 하여금 무지한 가운데 강제로 그리스도처럼 행하도록 강요하는 식으로 역사하는 것이 아닙니다. 오히려 그 반대로, 그리스도처럼 행하는 일은 의식적인 선택의 결과로 나타납니다. 강한 열심으로 그것을 위해 애쓰며, 살아 있는 의지로 그것을 받아들이는 의식적인 행동이 반드시 개입된다는 말입니다. 이렇게 볼 때에, 하늘에 계신 아버지께서는 하늘의 생명이 우리의 인간의 삶의 형편과 처지 속에 임할 때 그 모습이 과연 어떠한가를 예수님의 지상 생애 가운데서 확실하게 보여 주신 것입니다.

또한 이와 똑같은 목적으로, 주 예수께서는 ― 우리가 그로부터 새 생명을 받을 때에, 그리고 그 안에 거하여 그 생명을 더욱 풍성하게 받으라고 촉구하실 때에 ― 우리에게 자기 자신의 지상 생애의 모습을 지적해 주시는 것입니다. 우리에게 새 생명이 베풀어진 것은 우리로 하여금 예수님이 행하신 것처럼 행하도록 하기 위함이라는 것입니다. "내가 … 아버지의 사랑 안에 거하는 것 같이 너희도 … 내 사랑 안에 거하리라." 바로 이 말씀 속에서 주님은 자신의 지상 생애 전체를 취하여 그것을 우리의 모든 행실의 법칙이요 지침으로 제시하시는 것입니다. 우리가 예수님 안에 거하면, 그가 행하신 대로 처신하지 않을 수가 없습니다. "그리스도처럼"이야말로 그리스도인의 삶의 복스러운 법칙을 뭉뚱그려서 한 마디로 짧게 표현해 주는 말인 것입니다. 그리스도인은 말하자면 예수님처럼 생각하고 또한 행동하게 되어 있습니다. 예수님이 행하시는 대로 자기도 행하는 것입니다.

두 번째 교훈은 첫 번째 교훈을 보충해 주는 것입니다: 그리스도처럼 행하기를 애쓰는 사람은 반드시 그의 안에 거한다는 것입니다.

이 교훈은 두 가지 경우에서 절실하게 필요합니다. 어떤 사람들의 경우에는 그리스도의 모범을 따르고자 하는 진지한 열심도 있고 노력도 있는데, 그의 안에 깊이 진정으로 거하지 않고서는 그 일이 불가능하다는 것을 전혀 깨닫지 못하고 있기도 합니다. 그런 사람들은 실패하고 맙니다. 왜냐하면 그리스도처럼 행하라는 높은 계명을 지킬 수 있는 힘은 오직 그리스도 안에 거하는 데서 나오는데, 그 유일한 능력을 배제시켜 놓고 그 일을 행하려 하기 때문입니다. 그들은 자기들의 연약함을 잘 알고 있습니다. 그래서 그리스도처럼 행한다는 것은 불가능하다고 생각합니다.

그러므로 그리스도처럼 살려고 애쓰다 실패하는 사람에게도, 실패할 것을 미리 예상하고 아예 그리스도처럼 살려고 애쓰기를 포기하는 사람에게도 이 교훈이 절실하게 필요합니다. 그리스도처럼 행하기 위해서는 반드시 그리스도 안에 거해야 합니다. 그의 안에 거하는 자는 그리스도처럼 행할 수 있는 능력을 갖게 됩니다. 자기 자신에게나 자기 자신의 노력에 그런 능력이 있는 것이 아닙니다. 우리의 연약함 속에서 자신의 강한 능력을 온전케 하시는 예수님에게 그 능력이 있는 것입니다.

내가 나의 처절한 연약함을 깊이깊이 느끼고 나의 삶에 놀랍게 연합되어 계신 예수님을 충만히 받아들일 때에, 그의 능력이 내 속에서 역사하게 됩니다. 그렇게 되면, 나는 나 자신의 능력으로 도달할 수 있는 한계를 완전히 넘어서는 삶을 살 수 있게 됩니다. 그리스도 안에 거한다는 것은 그저 한순간이나 특별한 때에 간헐적으로 이루어지는 것이 아니고, 한순간의 끊어짐도 없이 내 속에서 계속해서 이어지는 깊은 삶의 과정인 것입니다. 이 얼마나 놀라운 은혜입니까? 바로 이러한 과정 속에서 나의 그리스도인의 삶 전체가 살아지는 것입니다. 또한 예수 그리스도를 전적으로 나의 모범으로 삼고픈 느낌이 생깁니다. 왜냐하면 속에 감추어져 있는 내적인 연합과 은밀한 내적인 닮음은 반드시 행실과 삶 속에서 눈에 보이는 닮은 모습으로 드러나게 되어 있기 때문입니다.

사랑하는 독자 여러분, 말씀을 묵상하는 동안 하나님께서 우리에게 그의 말씀의 의미를 깨닫고 그리스도를 닮은 삶에 대한 그 말씀의 가르침 속으로 들어가는 은혜를 주신다면, 그런 삶의 높이와 깊이를 접하고서 "이런 삶이 어떻게 가능할까?" 하는 부르짖음이 우리에게서 다반사로 나오게 될 것입니다. 성령께서 눈에 보이지 않는 하나님의 형상이신 우리 주님의 인성의 그 완전하심을 드러내시면서 "너희도 그와 같이 행하라"고 말씀하시면, 우리는 당장 우리가 그에게서 얼마나 거리가 먼 지를 느끼기 시작할 것입니다. 그러면 소망을 포기해 버리고, 수많은 사람들이 그렇게 하듯, "시도해 볼 이유조차 없다. 예수님처럼 행한다는 것은 내게 불가능한 일이다"라고 이야기하게 될 것입니다.

그러나 바로 그런 순간에, 우리는 이 본문의 메시지의 놀라운 힘을 발견하게 됩니다: "그의 안에 산다고 하는 자는 그가 행하시는 대로 자기도 행할지니라." 그런 삶이 가능하다는 것입니다. 그렇게 행하기에 충분한 능력이 보장되어 있다는 것을 깨달으면, 우리 주님의 말씀이 새로운 의미로 다가오게 될 것입니다. 내 안에 거하는 자는 과실을 많이 맺는다고 주님은 말쏨하시는 것입니다.

그러므로, 형제 여러분, 그리스도 안에 거하시기를 바랍니다! 신자는 누구나 그리스도 안에 있습니다. 그러나, 신자라고 해서 누구나 그리스도 안에 계속 거하며 자기의 존재 전체를 그리스도의 영향에 맡기고 기쁨으로 신뢰로 굴복하는 삶을 사는 것은 아닙니다. 여러분은 그의 안에 거한다는 것이 무엇인지를 알고 있습니다. 그것은 그리스도께서 우리의 생명이 되시기를 우리의 영혼 전체로 동의하는 것이요, 우리의 삶을 구성하는 모든 일에서 그가 우리를 감동하시도록 그에게 의지하는 것이요, 그 다음에 모든 것을 절대로 포기함으로써 그가 우리 속에서 다스리시고 역사하시도록 하는 것입니다. 그것은 그리스도께서 매 순간마다 우리 속에서 역사하셔서 우리를 자기의 모습으로 만들어 가신다는 충만한 확신 가운데서 안식하는 것입니다. 그리스도께서 친히 우리로 하여금 완전한 굴복을 유지하도록 하시며, 그런 완전한 굴복 가운데서 그가 자기의 뜻을 우리 속에서 자유로이 행하시는 것입니다.

그리스도처럼 행하기를 진정으로 고대하는 사람들은 그가 누구신지를 생각하며, 또한 그를 신뢰할 때에 그 자신이 드러내실 모습이 어떠할지를 생각하여 용기를 가져야 할 것입니다. 그는 참 포도나무이십니다. 그는 포도나무로서 가지들인 우리들을 위하여 모든 것을 행하실 것입니다. 우리는 그저 가지들로서 만족할 뿐입니다. 그가 무엇보다도 참 포도나무로서 그의 전능하신 힘으로 여러분을 붙드시고 그의 무한한 충만하심을 공급해 주시는 분이라는 복된 신뢰를 그에게 드림으로써 그를 존귀하게 하는 것이 우리의 의무일 것입니다. 이렇게 그를 믿음으로 바라볼 때에, 한숨과 실패와 좌절이 아니라 믿음과 찬양의 소리가 여러분에게서 터져 나올 것입니다: "하나님께 감사하라! 그리스도 안에 거하는 자는 그가 행하신 대로 행하리라! 하나님께 감사하라! 내가 그리스도 안에 거하니 나도 그리스도가 행하신 대로 행하리라."

그렇습니다. 하나님께 감사가 넘칩니다. 구속함을 받은 하나님의 백성들의 복된 삶 속에서는 그리스도 안에 거하는 것과 그리스도처럼 행하는 이 두 가지가 불가분리의 관계로 하나가 되는 것입니다.

복되신 주님! 주님은 내가 '주여, 내가 주 안에 거하옵니다!'라는 말을 얼마나 자주 반복해 왔는지를 잘 아십니다. 그런데, 주님 안에 있는 생명의 충만한 기쁨과 능력이 모자라는 것을 느낄 때가 자주 있습니다. 오늘 주의 말씀을 통해서 내가 실패한 원인이 어디에 있는지를 다시 생각하게 되었습니다. 주의 영광을 위해서보다는 오히려 나 자신의 위로와 성장을 위해서 주 안에 거하기를 구하였나이다. 주님과의 은밀한 연합의 목적이 주님을 온전히 닮아가는 데 있음을 잘 깨닫지 못했나이다. 주님이 하셨듯이 아버지를 섬기며 순종하는 데에 자신을 온전히 드린 사람만이 하늘의 사랑이 주는 모든 것을 충만히 받아 누릴 수 있다는 사실을 잘 깨닫지 못했습니다. 그러나 이제는 깨달았습니다. 주님처럼 살고 일하는 데에 온전히 굴복하는 일이 있어야 비로소 주님의 생명의 그 기이한 능력을 충만히 체험하게 된다는 것을 말입니다.

주여, 이것을 발견하게 해 주셨으니 진정 감사하옵니다. 나의 온 마음으로 주님의 부르심을 받아들이옵고, 주께서 행하신 대로 행하는 일에 제 자신을 드리옵니다. 주께서 이 땅에서 보이신 모습과 주님의 행하신 일들을 신실하게 따르는 자가 되는 것이 내 마음의 유일한 소원이옵니다.

복되신 주여! 주께서 행하신 대로 행하기에 진실로 자기 자신을 드린 자만이 주님 안에 전적으로 거하는 은혜를 누릴 것이옵니다. 오 나의 주님! 내가 여기 있나이다. 그리스도처럼 행하고 싶사옵니다! 이 일을 위해서 내 자신을 주께 거룩하게 구별하여 드리옵니다. 그리스도 안에 거하고 싶사옵니다! 이 일을 위하여 온전한 믿음의 확신으로 주님을 신뢰합니다. 내 속에서 주님의 일을 온전케 하옵소서.

오 나의 주여! 성령께서 나를 도우시게 해 주시옵소서. 그리하여 주님처럼 행한다는 것이 무엇인지를 묵상할 때마다, 그 복된 진리를 붙들게 하옵소서. 그리스도 안에 거하는 자로서, 그리스도처럼 행할 힘을 얻게 하소서. 아멘.

제2일 그가 친히 우리를 부르시니

"내가 너희에게 행한 것같이 너희도 행하게 하려 하여 본을 보였노라" — 요 13:15

이렇게 말씀하시는 분은 다름 아닌 예수 그리스도시요 우리 영혼을 구속하신 주님이십니다. 주님은 이 말씀에 앞서서 자기 자신을 낮추시고 종이 할 일을 친히 행하셨습니다. 곧, 제자들의 발을 씻겨 주신 것입니다. 만찬 석상에 결핍되어 있던 섬김을 그는 사랑으로 몸소 보여 주셨던 것입니다. 동시에 그는 그들의 영혼을 죄에서 씻기시기 위해서 자신이 행하실 일을 상징적으로 보여 주신 것입니다.

이 이중적인 사랑의 역사를 통해서, 주님은 자신이 떠나시기에 앞서서 그들 앞에 한 가지 의미심장한 모범을 세우셨습니다. 곧, 자신의 삶의 일 전체를 영혼과 육체에 축복을 가져다주는 사역으로 드러내신 것입니다. 그리고 자리에 앉으시면서 그는 말씀하셨습니다: "내가 너희에게 행한 것같이 너희도 행하게 하려 하여 본을 보였노라." 이렇게 해서 그들이 주님에게서 보고 주님께로부터 경험한 모든 것이 그들의 삶의 법칙이 되는 것입니다: "내가 너희에게 행한 것같이 너희도 행하라."

구주 예수님의 이 말씀은 우리들에게도 그대로 적용됩니다. 주님이 죄를 씻기셨다는 사실을 진정으로 아는 사람들 각자각자에게 주님은 이제 죽으러 나가는 사람의 심정으로 감동적으로 명령하고 계십니다: "내가 너희에게 행한 것같이 너희도 행하라." 예수 그리스도께서는 사실상 우리에게 자신이 행하는 것을 본 그대로 모든 일에서 행하라고 요구하시는 것입니다. 주께서 우리에게 행하신 대로, 그리고 지금도 날마다 행하고 계신 대로, 우리도 다른 사람들에게 그대로 행하여야 하는 것입니다. 주님의 자기를 낮추심과 그의 용서하심과 구원의 사랑에 있어서 주님은 과연 우리의 모범입니다. 우리들 각자가 주님을 그대로 본뜬 존재가 되어야 하고, 그의 형상이 되어야 하는 것입니다.

이런 사실을 알게 되면, 우리는 즉시, '아! 내가 그리스도처럼 산 적이 거의 없는데. 내가 그렇게 살아야 한다는 사실조차 나는 거의 모르고 있었는데!'라고 생각하게 됩니다. 그렇지만, 그는 나의 주님이시요, 나를 사랑하시며, 나 또한 주님을 사랑합니다. 그러므로 주께서 원하시는 모습 이외에 다른 모습으로 살 생각을 해서는 안 됩니다.

주의 말씀에 내 마음을 열고, 주의 모범에 내 시선을 고정시켜서, 내게 하나님의 능력이 역사하여 나로 하여금 어찌할 수 없이 이렇게 소리치게 하도록 되어야 할 것입니다: "주여, 주께서 행하신 대로, 나도 행하렵니다."

모범이 과연 능력을 발휘하느냐 하는 것은 주로 두 가지에 달려 있습니다. 그 하나는 매력이요, 나머지 하나는 그 모범을 보여 주는 그분과의 개인적인 관계와 그의 영향력입니다. 이 두 가지 면에서 우리 주님의 모범은 얼마나 큰 능력이 있는지 모릅니다!

과연 우리 주님의 모범에 매력적이라 할 만한 것이 정말 있습니까? 정말 진지하게 묻고 싶습니다. 수많은 주의 제자들의 행실을 볼 때에, 전혀 그렇지 않은 것 같다는 생각이 들기 때문입니다. 오, 하나님의 성령께서 우리의 눈을 여셔서 독생자 예수님의 모습의 그 거룩한 아름다움을 보게 되기를 진정으로 바랍니다!

우리는 주 예수께서 누구신지를 잘 압니다. 그는 무한히 영화로우신 하나님의 아들이시요, 본성과 영광과 완전함에서 아버지와 하나이신 분이십니다. 그가 이 땅에 계셨을 때에, 아버지에 대해서, "우리가 영생을 보여주니, 그것은 아버지와 함께한 것이었고 이제 우리에게 나타난 것이니이다"라고 말할 수 있었습니다. 주 예수님에게서 우리는 하나님을 봅니다.

주 예수님에게서 우리는 하나님께서 이 땅에서 우리를 대신하여 행하실 일을 봅니다. 예수님 안에서, 천국의 아름답고 사랑스러우며 완전한 모든 것이 이 땅의 삶의 형식으로 우리에게 나타나 있는 것입니다. 천국의 귀하고 영광스러운 것들을 보고 싶으면, 진정 신적인 것을 보고 싶으면, 예수님을 보기만 하면 됩니다. 그가 행하는 모든 일 속에서 하나님의 영광이 찬란하게 나타나는 것입니다.

그렇지만, 오, 하나님의 자녀들이 얼마나 맹인인지요! 이 하늘의 아름다움에서 매력을 느끼지 못하는 이들이 많습니다. 그것을 바라고 사모할 이유를 찾지 못하는 것입니다.

이 땅의 왕의 궁궐의 삶의 방식과 자세는 그 왕이 통치하는 제국 전체의 삶의 방식에 지대한 영향을 미칩니다. 그 궁궐이 보여주는 모범을 거기에 속한 모든 신하들과 귀족들이 그대로 모방합니다. 그런데, 하늘의 왕이신 그리스도의 모범은 ― 육신으로 오셔서 이 땅에 거하시면서, 하나님을 닮은 삶의 모습이 어떠한지를 우리에게 친히 보여 주신 주님의 모범은 ― 그 제자들이 거의 본받지를 않습니다.

예수님을 바라볼 때에, 아버지의 뜻을 향한 그의 순종이나, 가장 비천한 종이 되기를 마다하지 않으신 그의 겸손이나, 자기 자신을 온전히 드려 희생시키시는 데서 나타나는 그의 사랑을 봅니다. 그것이야말로 하늘이 보여줄 수 있는 최고의 놀랍고도 영광스러운 모습인 것입니다.

천국에서도 우리는 그보다 더 크고 밝은 것은 보지 못할 것입니다. 그런 모범이야말로 과연 우리를 사로잡아야 마땅할 것입니다. 하나님께서 그 모범을 본받는 일을 매력적이고도 가능하게끔 만드시려는 의도로 그 모범을 주셨으니 그것이 당연한 일일 것입니다. "내가 너희에게 행한 것같이 너희도 행하게 하려 하여 본을 보였노라"라는 주님의 말씀을 듣기만 해도 우리의 마음 속에 거룩한 열심과 말할 수 없는 기쁨이 북받쳐 오르지 않습니까?

그러나 이것이 전부가 아닙니다. 모범이 능력을 발휘하기 위해서는, 모범 그 자체가 탁월해야 하지만, 또한 그 모범을 주시는 분과의 개인적인 관계가 있어야만 합니다. 예수님은 제자들이 보는 앞에서 다른 사람들의 발을 씻기신 것이 아닙니다. 주님은 제자들의 발을 씻기셨습니다. 그리고는 말씀하시기를, "내가 너희에게 행한 것 같이 너희도 행하게 하려 하여 본을 보였노라"고 하셨습니다.

"내가 행한 것 같이 너희도 행하라"라는 명령은 제자들이 주님과 맺고 있는 개인적인 관계를 의식하고서 하신 것입니다. 내가 가서 주님이 내게 행하신 대로 다른 사람들에게 행할 수 있는 힘을 얻는 것은 바로 예수님께서 내게 행하신 일을 몸소 체험하는 데서 오는 것입니다.

주님은 그가 내게 행하신 것 이상으로 다른 사람에게 행하라고 요구하지 않으십니다. 그렇다고 해서 그가 행하신 것 이하로 행하라고 하지도 않으십니다. 다만 "내가 행한 것 같이 너희도 행하라"고 하십니다. 주께서 자신을 낮추신 것 이상으로 나를 낮추라고 요구하시지 않습니다. 지렁이 같은 나에게 그런 것을 요구하셔도 전혀 이상할 것이 없었을 것입니다. 그러나 이것은 주님이 바라시는 것이 아니었습니다. 주님은 그저 왕이신 주님께서 행하셨고 보여 주신 그대로만 행하라고 요구하시는 것입니다.

주님은 나를 사랑하시고 복주시기 위하여 자기 자신을 최대로 낮추셨습니다. 그리고 주님은 이것을 최고의 영예와 복락으로 여기셨습니다. 그리고 이제, 주님은 나를 부르사 주님처럼 사랑하고 섬김으로써 그와 동일한 영예와 복락을 누리도록 초청하고 계십니다.

과연, 내가 내게 임한 그 사랑을, 그 사랑과 반드시 함께 오는 겸손을, 그리고 나를 씻겨 주신 그 씻음의 능력을 진정으로 안다면, 내 속에서 다음과 같은 탄성이 터져 나오는 것을 누구도 막을 수 없을 것입니다: "예, 주님, 주께서 내게 행하신 것 같이 나도 행하겠나이다." 그 위대한 모범의 그 거룩한 아름다움과, 또한 그 모범을 보이신 위대하신 그분의 거룩한 사랑이 합쳐져서 그의 모범을 다른 무엇보다도 더 매력적인 것으로 만들어 주는 것입니다.

여기서 한 가지 잊지 말아야 할 것이 있습니다. 그것은 곧, 나로 하여금 그리스도처럼 행하도록 능력을 주는 것은 예수님께서 과거에 내게 행하신 일에 대한 기억이 아니요, 그가 지금 내게 행하고 계신 일에 대한 살아 있는 체험이라는 사실입니다. 그리스도의 사랑이 현재의 실체가 되어야 합니다. 생명과 능력이 지금 흘러 넘쳐서, 그 속에서 내가 그리스도처럼 사랑하게 되는 것입니다. 그런데 예수께서 지금 나를 위하여 행하고 계신 일을 깨닫고, 또한 나로 하여금 주께서 내게 행하시는 대로 다른 사람들에게 행할 수 있도록 만드는 일은 오직 성령을 통해서만 이루어지는 것입니다.

"내가 너희에게 행한 것 같이 너희도 행하라!"고 하십니다. 이 얼마나 귀한 말씀입니까! 이 얼마나 영광스러운 일입니까! 예수님께서 내 속에 그의 사랑의 신적인 능력을 밝히 드러내 보이셔서 나로 하여금 그것을 다른 사람들에게 보여 주도록 하십니다. 나를 축복하셔서 내가 또한 다른 사람들을 축복하도록 하십니다.

나를 사랑하셔서 내가 또한 다른 사람들을 사랑하도록 하십니다. 내게 종이 되셔서, 나 역시 다른 사람들의 종이 되도록 하십시오. 나를 구원하시고 씻으셔서, 나 역시 다른 사람들을 구원하고 씻도록 하십시오. 나를 위하여 자기 자신을 전부 내어 놓으심으로써, 나 역시 나 자신을 다른 사람들을 위해 전적으로 내어 놓도록 하십시오.

나는 주께서 내게 행하고 계신 그대로만 다른 사람들에게 행하면 됩니다. 그 이상 아무것도 필요가 없습니다. 나는 그 일을 할 수 있습니다. 왜냐하면, 주께서 내게 그 일을 행하고 계시기 때문입니다. 내가 행하는 것은 주님으로부터 받고 있는 것을 되풀이하는 것이요, 그것을 드러내 보여 주는 것밖에 아무것도 아닌 것입니다. (민 10:32을 보십시오.)

이 얼마나 놀라운 은혜입니까! 우리를 부르사 우리 주님처럼 행하여 그의 최고의 영광을 우리도 누릴 수 있게 하시니 말입니다. 뿐만 아니라 이런 부르심에 합당하게 만드시기 위해서 주님 자신이 먼저 우리에게 모범을 보이시고, 우리로 하여금 그 모범을 따를 수 있도록 우리 속에서 역사하고 계시니, 이 얼마나 놀라운 은혜입니까! 우리의 온 마음이 주의 명령에 기쁨으로 순종합니다. "그렇습니다 주님! 주께서 내게 행하신 대로, 나도 다른 이들에게 행하오리다."

은혜로우신 주님! 지금 찬양과 기도 외에 더 무엇을 하오리이까? 내 마음이 이 놀라운 부르심으로 가득 차 있사옵니다. 주께서는 주의 사랑과 능력의 모든 것을 내 속에서 드러내실 것이옵니다.

내가 나 자신을 드려서 그것이 내게서 다른 사람들에게로 넘쳐 흐르게 하면 말입니다. 두려움과 떨림이 있으나 깊은 감사의 찬양으로, 기쁨과 확신을 갖고서, 주님의 부르심에 응답하며 이렇게 말씀드립니다: "내가 여기 있나이다. 주께서 얼마나 나를 사랑하시는지를 내게 보여 주시옵소서. 나도 주님처럼 다른 사람을 사랑하여 주님의 그 사랑을 그들에게 보여 주겠나이다."

주님, 그렇게 할 수 있기 위해서는 내게 두 가지가 필요하오니 그것을 주시옵소서. 주여, 성령으로 말미암아, 나를 향하신 주의 사랑을 분명하게 보게 하셔서, 주께서 저를 어떻게 사랑하시는지를 알게 하시고, 나를 향하신 그 사랑이 주님의 기쁨이요 복이 되심을 알게 하시고, 그 사랑 안에서 주님이 자신을 내게 온전히 주셨음을 알게 하시기를 원하옵니다. 주님, 이것을 주시옵소서. 그리하시면 주께서 나를 사랑하셔서 나를 위하여 사시는 것처럼 나도 다른 사람들을 사랑하며 그들을 위하여 살게 되오리이다.

그리고 주여, 내게 얼마나 사랑이 적은가를 느낄 때마다 주님처럼 사랑하라는 계명을 지키는 일이 나의 작은 마음에서 나는 사랑이 아니라 주님께서 제게 비쳐 주시는 주님의 사랑으로 이루어져야 한다는 사실을 똑바로 보게 하옵소서. 나의 하늘의 포도나무시여, 내가 당신의 가지가 아니옵니까? 나를 통하여 주위의 다른 사람들에게 퍼져 나가는 사랑과 축복이 바로 주님의 생명이요 충만한 사랑이옵니다. 동시에, 주께서 내게 어떤 분이신가를 깨닫게 하시고, 또한 내가 주의 이름으로 다른 사람들에게 주님이 바라시는 모습이 되도록 힘을 주시는 분이 바로 주님의 성령이십니다. 이러한 믿음으로 감히 말씀드리옵니다. 아멘, 주여, 주께서 내게 행하시는 것같이 나도 또한 그대로 행하겠나이다. 아멘.

제3일 섬기는 자로

"내가 주와 또는 선생이 되어 너희 발을 씻었으니 너희도 서로 발을 씻어 주는 것이 옳으니라" — 요 13:14
"나는 섬기는 자로 너희 중에 있노라" — 눅 22:27

지난 장에서 우리는 주님의 구속하신 자들이 자신의 모범을 따르기를 요구하시고 기대하실 권리가 주님께 있다는 사실을 말씀했습니다. 그러면, 이제는 과연 우리가 어떤 점에서 주님을 따라야 할 것인가를 좀 더 깊이 살펴보기로 합시다.

"너희도 서로 발을 씻기는 것이 좋으니라"라는 말을 확실하게 이해해야 합니다. 여기서 우리는 세 가지 주요 사상을 볼 수 있습니다. 그 하나는 우리가 보는 대로 그가 종의 모습을 취하셨다는 것이요, 또 하나는 그런 종의 모습으로 씻으셨다는 것이요, 나머지 하나는 그런 행동의 동기가 바로 사랑이었다는 것입니다.

첫째로, 종의 모습에 대해 생각해 봅시다. 만찬을 위해서 모든 것이 준비되어 있었습니다. 관습에 따라서 손님의 발을 씻을 물까지도 다 준비가 되어 있었습니다. 그러나 발을 씻어 줄 종이 없었습니다. 서로서로 눈치를 보며 다른 사람이 해 주기를 기다리고 있었습니다. 열두 제자 가운데 어느 누구도 자기를 낮추어 그 일을 하려는 생각을 하지 못하고 있었습니다. 만찬 석상에 앉아서도 그들은 온통 자기들이 기대하고 있던 그 나라에서 누가 가장 높아질 것인가에 대해서만 관심을 가졌습니다(눅 22:26, 27). 그런데 갑자기 예수님께서 일어나십니다(제자들은 모두 식탁에 앉아 있었습니다). 그러더니 옷을 벗으시고는 허리에 수건을 동여 매시고는 제자들의 발을 씻기기 시작하십니다.

아, 이 얼마나 굉장한 광경입니까! 천사들까지도 놀라운 눈초리로 바라보았을 것입니다. 우주의 창조주요 왕이신 그리스도시니, 수많은 천군천사들이 그를 수종들기 위해 그의 뒤에 대기하고 있는 바로 그분이시니, 사랑어린 목소리로 열두 사람 가운데 누구든지 한 사람이 발을 씻어 주라고 말씀하실 수도 있었을 것입니다. 그런데 그리스도께서는 스스로 종의 처지가 되셔서 그 흙먼지가 가득한 제자들의 발을 그의 거룩한 손으로 붙잡고 씻어 주시는 것입니다. 그는 자신의 신적인 영광을 충만히 의식하는 가운데 이 일을 하십니다.

사도 요한은 말하기를, "저녁 먹는 중 예수는 아버지께서 모든 것을 자기 손에 맡기신 것과 또 자기가 하나님께로부터 오셨다가 하나님께로 돌아가실 것을 아시고 저녁 잡수시던 자리에서 일어"났다고 말씀하고 있습니다(요 13:3). 하나님께서 주신 모든 권세를 쥐고 계신 그 손에게는 부정하지 않은 것이 없습니다. 그러나 그런 낮고 천한 일을 행한다고 해서 그분이 절대로 낮아지시는 것이 아닙니다. 오히려 그분께서 그 천한 일을 높이사 존귀하게 하시며, 그 비천한 일에 자기 자신의 고귀함을 부여하시는 것입니다.

이러한 깊은 겸손 가운데서 ─ 우리들 사람이 그렇게 부럽니다만 ─ 우리 주님은 신적인 영광을 찾으십니다. 그리고 그러한 겸손 가운데서 교회의 사도이신 주님께서 참된 축복의 길에 서 계신 것입니다. 그는 아들로서 종의 모습을 취하셨습니다. 자신이 아버지의 사랑하시는 아들이시라거나 아버지께서 모든 권세를 자기에게 주셨다 할지라도, 스스로를 그렇게 낮게 낮추시는 일이 그에게는 아무런 어려움이 없었습니다. 이렇게 종의 모습을 취하심으로써, 예수님은 그리스도의 교회의 계급의 법칙을 선포하고 계십니다. 은혜 안에서 더 높이 서기를 바랄수록, 모든 사람의 종이 되기를 더 기뻐해야 한다는 것이 그것입니다. "너희 중에 누구든지 으뜸이 되고자 하는 자는 너희 종이 되어야 하리라"(마 20:27); "너희 중에 큰 자는 너희를 섬기는 자가 되어야 하리라"(마 23:11). 그리스도를 닮아간다는 의식 가운데서 내가 높이 올라 있을수록, 내 주위의 모든 사람들을 섬기기 위해 더욱 몸을 수그리게 되는 법입니다.

종이란 자기 주인의 관심과 그의 일을 언제나 염려하며 수종드는 사람입니다. 그는 언제든지 주인을 기쁘시게 하고 주인에게 유익이 되는 일만을 행하기 원하는 자신의 모습을 보여 줄 준비가 되어 있습니다. 그리하여 예수님은 이렇게 말씀하십니다: "인자의 온 것은 섬김을 받으려 함이 아니라 도리어 섬기려 하고 자기 목숨을 많은 사람의 대속물로 주려 함이니라"(막 10:45); "나는 섬기는 자로 너희 중에 있노라."

그러므로 나는 모든 사람의 종으로 살아야 하고 또한 하나님의 자녀들 가운데서도 종으로 활동해야 합니다. 다른 사람들을 축복하려 할 때에도, 나 자신의 명예나 나 자신의 이익을 생각해서는 안 되고, 오직 사랑하는 마음으로 겸손하게 그들을 섬기는 자세로 해야 마땅할 것입니다. 종은 천대를 받는 일에서 모욕을 느끼거나 수치스럽게 여기지 않습니다. 그것이 다른 사람들을 섬기는 자리요 자세인 것입니다. 우리가 다른 사람들을 축복하지를 잘 못합니다만, 그 이유는 우리가 늘상 다른 사람들보다 은혜나 은사 면에서 우월하거나 최소한 그들과 동격이라는 것을 보여 주고 싶어하기 때문입니다.

우리 주님께로부터 다른 사람들에게 기꺼이 종의 자세를 가지시는 면을 배우기만 한다 해도, 우리가 이 세상에게 얼마나 큰 복이 되겠습니까! 이런 모범이 그리스도의 교회에서 제자리를 회복하게 되면, 그리스도의 임재의 능력이 곧바로 드러나게 될 것입니다.

자 그러면, 제자들이 이러한 낮아지는 섬김의 정신으로 무슨 일을 행해야 하겠습니까? 발을 씻어 주는 일은 두 가지 일을 동시에 가리킵니다. 육체를 깨끗하게 하여 시원하게 하는 일과 영혼을 구원하는 일이 그것입니다. 우리 주님의 생애 전체를 통틀어 볼 때에, 이 두 가지는 언제나 하나였습니다: "병든 자들이 나음을 받으며, 가난한 자에게 복음이 전파된다"(눅 7:22를 보십시오). 예수님께 나아온 각색 병든 자들이 그러했듯이, 육체가 받은 축복은 성령께 드린 바 된 삶의 모형이요 약속이었던 것입니다.

예수님을 따르는 자는 "너희도 서로 발을 씻어 주는 것이 옳으니라"(요 13:14)라고 하신 주님의 명령의 이러한 면을 간과해서는 안 될 것입니다. 외형적인 육체가 내적인 영적 삶의 관문이라는 점을 기억하고서, 영혼을 구원하는 일을 그의 사랑의 사역의 첫째가는 목표로 삼아야 할 것입니다. 그러나, 동시에 일상 생활의 사소한 이런저런 일들에서 사랑으로 기꺼이 섬김으로써 사람들의 마음에 다가가는 길을 찾도록 애써야 할 것입니다. 자기가 종이라는 사실을 책망이나 비난으로 보여 줄 수는 없습니다. 아닙니다. 자기가 언제나 돕고 섬기기를 생각하고 있다는 사실을 보여 주는 것은 오히려 일상 생활에서 친절과 따뜻한 우정으로 대하는 것입니다. 그렇게 함으로써 비로소 예수님을 따르는 자가 어떤 모습인가를 보여 주는 살아 있는 중인들이 되는 것입니다.

바로 이런 사람들이 무슨 말을 하면, 그 말에 힘이 실려져서 듣는 이들의 마음 속에 쉽게 와 닿는 것입니다. 그리고 그런 후에 사람들의 죄와 고집과 모순을 접하게 되어도, 실망하지 않고 오히려 그리스도 안에서 인내하는 것입니다. 예수님께서 자기를 얼마나 참으셨고 지금도 날마다 자기를 깨끗하게 씻어 주고 계시는지를 잘 알고 있기 때문입니다. 우리가 하나님께서 지정하신 종 가운데 하나로서 가장 낮은 자리에까지 몸을 구부려서 사람들을 섬기고 구원하며, 필요할 경우 다른 사람들의 발에 절까지도 하도록 부름을 받은 자들이라는 것을 스스로 깨닫는 것입니다.

우리로 하여금 그런 사랑의 섬김의 삶을 사는 정신은 오직 예수님께만 배울 수 있습니다. 요한은 기록하기를, "예수께서 … 세상에 있는 자기 사람들을 사랑하시되 끝까지 사랑하시니라"(요 13:1)라고 합니다. 사랑에게는 힘든 것이 아무것도 없습니다. 사랑은 절대로 희생을 말하지 않습니다. 아무리 비천하다 할지라도 사랑하는 자에게 복주기 위해서 사랑은 기꺼이 모든 것을 포기합니다. 예수님으로 하여금 종이 되게 한 것은 바로 사랑이었습니다. 종의 위치와 일을 그렇게 복된 것으로 만들어 주어서 우리로 하여금 어떠한 희생을 무릅쓰고라도 인내하도록 만들어 주는 것은 오직 사랑밖에는 없습니다.

우리도 예수님처럼, 유다와 같은 사람의 발을 씻어 주어야 할지도 모릅니다. 후에 돌아오는 것이 무례와 배신밖에 없어도 말입니다. 또한 베드로처럼 처음에는 "내 발을 절대로 씻기지 못하시리이다"라고 하다가 나중에 가서는 "내 발뿐 아니라 손과 머리도 씻어 주옵소서"(요 13:9)라고 말하는 사람들도 많이 대하게 될 것입니다. 오직 하늘에 속한 꺼지지 않는 사랑만이 주께서 우리 앞에 거룩한 모범으로 세워 놓으신 이 위대한 일을 감당할 수 있도록 인내와 용기와 지혜를 주는 것입니다.

무엇보다 먼저 이해해야 할 것은 아들이 되어야만 비로소 진정으로 종이 될 수 있다는 사실입니다. 그리스도께서 종의 모습을 취하셨지만, 그는 하나님의 아들로서 그렇게 하신 것입니다. 바로 여기서 우리는 기꺼이 즐겁게 섬기는 비결을 발견하게 됩니다. 사람들 가운데서 지극히 높으신 하나님의 아들로서 행하는 것이 바로 그 비결입니다. 하나님의 아들이라면 세상에서 아버지의 영광을 드러내는 일에 전심을 기울이며, 또한 오직 잃어버린 자들의 마음에 사랑을 전해 주는 삶을 살고, 또한 어떠한 희생을 무릅쓰고서라도 그런 길을 찾는 일이야말로 과연 하나님의 아들다운 복된 삶이라는 사실을 세상에 분명히 드러내 보일 것입니다.

오 내 영혼이여, 네 사랑은 여기에 이를 수 없노라. 그러므로, "내 사랑 안에 거하라"고 하신 주님의 말씀에 귀를 기울여야 합니다. 주께서 자신이 우리를 얼마나 사랑하시는지를 우리에게 보여 주시기 바라며, 또한 주께서 친히 우리를 "그의 사랑" 안에 거하도록 해 주시기를 바라는 것이 우리의 소원이 되어야 합니다. 날마다 주님의 사랑하는 자로서 살며, 종일토록 그의 사랑이 여러분을 씻어 주시고, 깨끗하게 하시고, 참으시고 복 주시는 것을 체험하는 가운데 살아야 합니다. 주님의 사랑이 여러분 속에 넘칠 때에, 그 사랑이 다시 여러분에게서 넘쳐서 다른 사람의 발을 씻으신 주님의 모범을 따르는 일이 여러분의 최고의 기쁨이 될 것입니다.

다른 사람들에게 사랑이나 겸손이 부족하다고 불평하지 마십시오. 오히려 주께서 그의 백성들을 깨우셔서 그들을 부르신 그 부르심을 깨닫게 해 주시기를 간구하십시오. 그들도 주님의 발자취를 따르도록, 그들이 주님을 모범으로 삼고 있다는 것을 세상이 볼 수 있도록 해 주시기를 기도하십시오. 그리고 그 기도의 응답이 곧바로 여러분 주위에서 보이지 않더라도, 계속해서 더 간절하게 기도하기를 바랍니다. 최소한 여러분은 예수님처럼 이웃을 사랑하고 섬기는 일을 최고의 축복과 기쁨으로 깨닫고 실증하는 자일 것이 아니겠습니까!

나의 주님, 이 복된 섬김의 삶을 살도록 나 자신을 주님께 드립니다. 주님 안에서 저는 보았습니다. 종의 정신이야말로 왕의 정신이요, 그것이야말로 하늘로서 내려온 정신이요, 하늘로 올리우는 정신이요, 하나님의 아들의 성령께서 주시는 정신이라는 것을 말입니다. 주님의 영원하신 사랑이 내 속에 거하시면, 나의 삶이 주님의 삶을 닮게 되고, 다른 사람들을 향한 나의 언어가 "나는 섬기는 자로 너희 중에 있노라"라고 하신 주님의 언어를 닮게 될 것이옵니다.

오 영광 받으실 하나님의 독생자시여, 주의 성령께서 우리 속에 얼마나 적게 드러나고 있으며, 이러한 종의 삶이 세상이 존귀하고 점잖게 여기는 모든 것과 반대된다는 것을 주님이 아시옵니다. 그러하오나, 주께서 임하셔서 우리에게 무엇이 옳은지를 가르쳐 주셨고, 가장 작은 자가 되며 섬기는 일이 얼마나 천국에서 영광스러우며 복된가를 우리에게 보여 주셨사옵니다. 오 주님, 주께서 새로운 생각을 주셨고 새로운 감각을 심어 주셨으니, 주님을 닮은 마음을 내게 주시옵소서. 성령으로 충만한 마음, 주님처럼 사랑할 수 있는 마음을 주시옵소서. 주님의 성령께서 내 속에 거하고 계시옵니다. 주님의 충만하심이 나의 기업이요, 성령께서 주시는 기쁨 속에서 저도 주님처럼 될 수 있사옵니다. 주님처럼 섬기는 삶을 살도록 나 자신을 주께 드리옵니다. 주께서 자신을 낮추사 종의 형체를 가지시고 사람의 모양으로 나타나셨는데, 이러한 주님의 마음이 내게도 있게 하옵소서. 그렇사옵니다. 주여, 주님의 은혜로 말미암아 바로 그런 마음이 내게 있게 하옵소서. 제가 하나님의 아들이오니, 나로 하여금 사람의 종이 되게 하옵소서. 아멘.

제4일 우리의 머리이신 그리스도

"이를 위하여 너희가 부르심을 받았으니 그리스도도 너희를 위하여 고난을 받으사 너희에게 본을 끼쳐 그 자취를 따라오게 하려 하셨느니라 그는 죄를 범하지 아니하시고 그 입에 거짓도 없으시며 욕을 당하시되 맞대어 욕하지 아니하시고 고난을 당하시되 위협하지 아니하시고 오직 공의로 심판하시는 이에게 부탁하시며 친히 나무에 달려 그 몸으로 우리 죄를 담당하셨으니 이는 우리로 죄에 대하여 죽고 의에 대하여 살게 하려 하심이라" — 벧전 2:21-24

그리스도의 모범을 따르고 그의 발자취를 따라 행하라는 부르심이 너무도 높기 때문에 도대체 죄악된 인간이 어떻게 하나님의 아들처럼 행할 수가 있을까 하는 의구심이 일어나는 것이 당연할 것입니다. 이에 대해서 대부분의 사람들이 제시하는 답변은 아주 실제적입니다. 절대로 그렇게 행하기를 기대할 수조차 없다는 것입니다. 우리 앞에 주어진 명령은 이상적이고 아름답지만, 그러나 절대로 실현은 불가능하다는 것입니다.

그러나 성경은 이에 대해서 좀 더 다른 답변을 제시하고 있습니다. 그것은 우리가 그리스도와 맺고 있는 그 놀라운 관계를 지적해 줍니다. 우리와 그의 연합이 우리 속에 큰 능력이 가득 찬 하늘의 생명을 자극시켜 주기 때문에, 우리가 그리스도처럼 살아야 한다는 요구가 아주 진지하게 주어질 수가 있는 것입니다. 이처럼 그리스도와 그의 백성 간의 이러한 관계를 깨닫는 일이야말로 그리스도의 모범을 따르고자 진지하게 애쓰는 모든 사람들에게 절실하게 필요한 것입니다.

그러면 그리스도와 그의 백성 간의 관계는 대체 어떤 것입니까? 세 가지로 말할 수 있습니다. 베드로는 이 본문에서 그리스도에 대해서 세 가지로 말씀하고 있습니다. 곧, 그리스도께서 우리의 보증(surety)이시요, 우리의 모범이시요, 우리의 머리시라는 것입니다.

그리스도는 우리의 보증이십니다. "그리스도도 너희를 위하여 고난을 받으사"; "친히 나무에 달려 그 몸으로 우리 죄를 담당하셨으니"(벧전 2:21, 24). 그리스도께서 보증이 되셔서 우리를 대신하여 고난당하시고 죽으셨습니다. 그가 우리의 죄를 담당하셨고, 죄의 저주와 그 능력을 단번에 깨뜨리셨습니다. 보증으로서 그리스도께서는 우리가 할 수 없는 일을 행하신 것입니다.

그리스도는 또한 우리의 모범이십니다. 어떤 의미에서 그의 사역은 유일무이한 것이기도 합니다. 그러나 또 다른 의미에서 보면, 우리는 그의 사역을 따라야 합니다. 그리스도께서 하신 대로 행하여야 하고, 그리스도와 같이 살고 고난을 당해야 합니다. "그리스도도 너희를 위하여 고난을 받으사 너희에게 본을 끼쳐 그 자취를 따라오게 하려 하셨느니라"(벧전 2:21). 그가 나의 보증으로서 고난을 당하셨으니, 나도 그를 나의 모범으로 삼아 그와 같이 고난을 당하여야 합니다. 그렇지만 이것이 과연 합당한 일입니까? 그리스도의 경우에는 그가 보증으로서 고난당하실 때에 신성(神性)의 능력이 그에게 있었습니다. 그러니 이처럼 연약한 육체를 지닌 내가 어떻게 감히 그리스도처럼 고난당하기를 기대할 수가 있겠습니까?

베드로가 여기서 그렇게 가깝게 하나로 묶어 놓고 있는 이 두 가지 사이에 ― 보증으로서의 고난과 모범으로서의 고난 사이에 ― 사실은 도저히 건널 수 없는 무한한 간격이 존재하고 있는 것이 아닐까요? 아니요, 그렇지 않습니다. 그러한 엄청난 간격을 이어주는 세 번째 면이 그리스도의 사역에 존재하기 때문입니다. 보증으로서의 그리스도와 모범으로서의 그리스도 사이를 그 세 번째 면이 완벽하게 연결시켜 주기 때문에, 우리가 얼마든지 보증을 모범으로 취하여, 그를 따라서 살고 고난 받으며 죽을 수가 있게 되는 것입니다.

그 세 번째 면은 곧, 그리스도께서 우리의 머리가 되신다는 것입니다. 그리스도께서 보증이 되신다는 것과 그가 모범이 되신다는 것의 뿌리와 연합이 바로 여기에 있는 것입니다. 그리스도께서는 둘째 아담이십니다. 나는 신자로서 그리스도와 영적으로 하나입니다. 이 연합 가운데서, 그리스도께서 내 안에 사시고 그가 이루신 역사의 능력을, 곧 그의 고난과 죽으심과 부활의 능력을, 내게 베푸십니다.

로마서 6장 등에서 나타나는 대로 그리스도인이 죄에 대하여 죽었고 하나님께 대하여 살아 있다고 하는 가르침은 바로 이 사실을 근거로 하는 것입니다. 그리스도께서 사시는 바로 그 생명이 ― 죽음과 및 그 죽음의 권세를 통과한 그 생명이 ― 신자 속에서 역사하는 것입니다. 그러므로, 신자는 그리스도와 함께 죽었고 다시 살아난 것입니다. "친히 나무에 달려 그 몸으로 우리 죄를 담당하셨으니 이는 우리로 죄에 대하여 죽고 의에 대하여 살게 하려 하심이라"라는 베드로의 말씀은 바로 이런 사실을 나타내는 것입니다.

첫째 아담의 영적 죽음에 참여하여 우리가 아담 안에서 하나님께 대하여 정말로 죽은 것처럼, 둘째 아담의 죽음에도 참여하여 그의 안에서 진정으로 죄에 대하여 죽은 것입니다. 둘째 아담이신 그리스도 안에서 우리가 다시금 하나님께 대하여 살게 된 것입니다. 그리스도는 우리를 위하여 사시고 죽으신 우리의 보증이시요, 또한 어떻게 살며 어떻게 죽는지를 우리에게 보여 주신 우리의 모범이실 뿐만 아니라 우리의 머리가 되십니다. 그리하여 우리가 그 머리이신 그리스도와 하나가 되어서 그의 죽으심 안에서 우리도 죽었고 그의 살으심 안에서 우리가 지금 살고 있는 것입니다. 바로 이 사실이 우리의 보증이시요 우리의 모범이신 그리스도를 따를 수 있는 능력을 우리에게 줍니다. 그리스도께서 우리의 머리이시라는 것이야말로 보증을 믿는 것과 모범을 따르는 것을 완전한 하나로 묶어 주는 끈인 것입니다.

    이 세 가지가 하나입니다. 이 세 가지 진리는 따로따로 떼어서는 도저히 존재할 수가 없습니다. 그런데, 그런 일이 너무 자주 일어나고 있습니다. 어떤 사람들은 그리스도의 속죄의 역사를 믿지 않으면서 그리스도의 모범을 따르고 싶어 합니다. 그들은 그리스도처럼 사는 능력을 자기들 자신에게서 찾으려 합니다. 그리고 결국 그런 노력이 허사가 되어 버립니다.

    그리고 어떤 사람들은 그리스도께서 보증이시라는 것은 확고히 믿으면서도 그가 모범이시라는 사실은 소홀히 취급합니다. 십자가의 피로 말미암는 구속은 믿습니다만, 십자가를 지고 가신 그의 발자취를 따라가는 일은 소홀히 합니다. 그리스도의 속죄에 대한 믿음은 그야말로 건물의 기초와도 같습니다만 그것으로 다 되는 것은 아닙니다. 그들의 기독교도 결국은 모자라는 기독교일 뿐입니다. 그리스도의 속죄에 대한 믿음과 더불어 그의 모범을 따르는 일이 절대적으로 필요하다는 사실을 보지 못하며, 따라서 성화(聖化)를 제대로 바라보지 못하기 때문입니다.

    또 어떤 이들은 이 두 가지 진리를 — 보증이신 그리스도와 모범이신 그리스도를 ― 받았으면서도 여전히 무언가가 결핍된 모습이 나타납니다. 이들은 그리스도께서 보증으로서 행하신 일을 통해서 보이신 모범을 따라야 한다는 간절한 마음을 갖고 있습니다만, 그럴 능력이 없습니다. 이들은 그리스도의 모범을 따르는 이 일이 과연 어떻게 해서 이루어지느냐 하는 것을 제대로 깨닫지 못하고 있는 것입니다. 그들에게 필요한 것은 그리스도를 머리로 제시하는 성경의 가르침에 대한 분명한 이해입니다. 보증이 내 바깥에 있는 다른 누구가 아니라, 내 속에서 나의 머리가 되시는 분이시기 때문에, 나는 그와 같이 될 수가 있는 것입니다. 그의 생명이 내 속에서 살고 있습니다. 그의 피로 나를 사신 그분이 친히 내 속에서 살고 계신다는 말입니다.

그의 발자취를 따르는 일은 하나의 의무입니다. 그것이 하나의 가능성이기 때문에, 그것은 머리와 지체들의 놀라운 연합의 자연스러운 결과입니다. 이 사실을 바로 깨달을 때에 비로소 그리스도의 모범의 복된 진리가 제자리를 잡게 되는 것입니다. 예수께서 친히 그의 생명의 연합을 통해서 내 속에서 그와 동일한 생명으로 역사하신다면, 나의 의무는 평범하면서도 영광스러운 것이 될 것입니다. 한편으로는 내가 그리스도의 모범을 바라보며 그것을 알고 그것을 따라갑니다. 그리고 다른 편으로는, 내가 그의 안에 거하여 그의 생명이 내 속에서 역사하시도록 내 마음을 여는 것입니다. 그리스도께서 나를 위하여 죄와 그 죄의 저주를 확실히 정복하셨으니 만큼, 내 속에서 그 죄의 권세도 확실히 정복하실 것입니다. 그리스도께서 나를 위해 죽으심으로 시작하신 일을 나의 속에 있는 그의 생명으로 말미암아 완전히 이루실 것입니다. 나의 보증이 또한 나의 머리이시기 때문에, 그의 모범이야말로 내 삶의 법칙이 되어야 하며 또한 반드시 그렇게 될 것입니다.

아우구스티누스의 다음과 같은 말이 자주 인용되곤 합니다: "주여! 주께서 명령하시는 것을 제게 주시고, 주께서 원하시는 것을 내게 명령하소서." 이 말이 여기에 아주 잘 맞습니다. 내 속에 살아 계시는 주님께서, 그가 내게 요구하시는 바를 친히 주신다면, 그 요구가 아무리 높다 할지라도 전혀 문제가 되지 않을 것입니다. 그렇다면, 나는 그렇게 높고 넓은 그의 거룩하신 모범을 바라볼 용기를 갖게 되고, 그것을 나의 행실의 법칙으로 받아들일 용기를 갖게 될 것입니다. 그것은 이제 그저 단순한 명령만이 아닙니다. 오히려 그것은 나에게 주시는 약속이 되는 것입니다. 우리가 그리스도처럼 행할 수가 없다는 생각만큼 그리스도의 모범의 능력을 약화시키는 것은 없습니다. 그런 생각에 귀를 기울이지 말기를 바랍니다.

하늘에서 이루어질 그 완전한 닮은 모습이 이 땅에서 시작되며, 날마다 자라며, 삶이 계속 진행될수록 더욱 눈에 드러나게 될 것입니다. 여러분의 머리이신 그리스도께서 단번에 이루신 그 보증의 역사가 확실하고 능력이 있는 것만큼이나, 그 자신의 형상을 따라 새롭게 하시는 일도 ─ 그가 이 일을 여전히 이루어 가고 계십니다만 ─ 그만큼 확실하고 능력이 있는 것입니다. 이러한 이중적인 축복으로 말미암아 십자가가 두 배나 더 존귀하게 됩니다.

우리의 머리이신 주께서 보증이 되셔서 고난을 당하심으로, 우리와 연합하여 우리를 위하여 죄를 담당하셨습니다. 또한 우리의 머리이신 그리스도께서 하나의 모범으로서 고난을 당하심으로, 그와 연합한 상태에서 승리와 영광을 향하여 나아갈 수 있는 길을 우리에게 보여주신 것입니다. 고난 당하시는 그리스도는 우리의 머리시요, 우리의 보증이시요, 또한 우리의 모범이신 것입니다.

그러므로, 여기서 배워야 할 위대한 교훈은 그의 발자취를 따라가는 우리의 삶이 그 고난의 신비한 길 속에 ─ 그가 우리를 위하여 속죄하심으로써 구속을 이루신 그 길 속에 — 있다는 놀라운 진리인 것입니다. 그 구속을 충만히 체험하는 여부는 그 고난 속에서 우리가 그리스도와 인격적으로 교제를 갖느냐에 달려 있습니다. "그리스도도 너희를 위하여 고난을 받으사 너희에게 본을 끼쳐 그 자취를 따라오게 하려 하셨느니라." 성령께서 이것이 무슨 뜻인지를 내게 깨닫게 해 주시기를 원합니다.

귀하신 구주여! 주께서 보증이 되셔서 행하신 일에 대해서 어떻게 감사드려야 할지 모르겠나이다. 죄과가 있는 죄인인 나의 자리에 서서, 나의 죄를 주님의 육체에 지시고 십자가에 오르셨나이다. 그 십자가는 나의 몫이었습니다. 그런데 주께서 그것을 취하셨고, 저와 같이 되심으로써 그 십자가를 축복과 생명의 장소로 바꾸어 놓으셨습니다.

그리고 이제 주께서는 축복과 생명의 장소인 그 십자가로 나를 부르십니다. 거기서 내가 주님과 같이 되며, 주님의 능력으로 고난을 당하며 죄에서 벗어나게 될 것이옵니다. 주님은 나의 보증이 되셔서 나와 함께 고난 당하시고 죽으셨습니다. 그리고 나의 머리가 되신 주님, 주님은 나의 모범이시옵니다. 내가 주님과 함께 고난을 당하고 죽으렵니다.

귀하신 구주여! 내가 이 진리를 거의 깨닫지 못했음을 고백합니다. 주님의 보증 되심이 주님의 모범 되심보다 내게 더 큰 의미가 있었습니다. 주께서 나를 위해 십자가를 지신 사실을 크게 기뻐하면서도, 내가 주님처럼, 또한 주님과 함께, 그 십자가를 져야 한다는 사실은 거의 생각조차 하지 못했습니다. 십자가의 속죄가 십자가의 교제보다 내게 더 소중했던 것입니다. 주님이 이루신 구속 안에서 소망을 갖는 것이 주님과 인격적인 교제를 갖는 것보다 내게 더 소중했던 것입니다.

사랑하는 주님, 이것을 용서해 주시옵소서. 그리고 나를 가르치셔서, 나의 머리이신 주님과의 연합 속에서 나의 행복을 찾게 하옵시고, 주님의 모범보다 주님의 보증에 더 집착하지 않도록 해 주시옵소서. 그리고 내가 어떻게 주를 따라야 하는지에 대해 묵상할 때에, 나의 믿음이 더 강건해지고 더 밝아지도록 해 주시옵소서. 주님이 내 생명이시오니, 주는 또한 나의 모범이시옵니다. 내가 주님을 닮아야 하고 또한 닮을 수 있사옵니다. 내가 주님과 하나가 되었음이옵니다. 나의 복되신 주여, 주의 사랑으로 말미암아 이 은혜를 주시옵소서. 아멘

제5일 부당하게 고난을 받아도

"부당하게 고난을 받아도 하나님을 생각함으로 슬픔을 참으면 이는 아름다우나 죄가 있어 매를 맞고 참으면 무슨 칭찬이 있으리요 그러나 선을 행함으로 고난을 받고 참으면 이는 하나님 앞에 아름다우니라" ― 벧전 2:19-20

베드로는 우리의 보증이시요 모범이신 그리스도에 대하여 아주 일상적인 한 가지 문제와 관련하여 이런 무게 있는 발언을 하고 있습니다. 그는 그 당시 종의 신분을 지닌 사람들에게 ― 이들 대부분이 노예들이었습니다 ― 쓰고 있는 것입니다. 그는 그들에게 "범사에 순복하기"를 ― 선하고 부드러운 사람들에게만이 아니라 까다롭고 잔인한 자들에게도 ― 가르치고 있습니다. 누가 잘못을 저질러서 그것 때문에 벌을 받는다면, 그것을 참고 견딘다 해도 특별히 칭찬을 받을 건덕지가 없습니다. 그러나, 사람이 선을 행하다가 고난을 당하고 참고 견딘다면, 이것은 하나님께 아름다운 것이 됩니다. 그럴 때에 악행을 참고 견디는 것이야말로 그리스도를 닮는 것입니다. 그리스도께서는 보증으로서 우리의 죄를 담당하시면서 사람에게서 억울하게 고난을 당하셨습니다. 그러므로 그의 모범을 따라서 우리도 억울하게 부당한 고난을 당할 준비를 갖추어야 마땅할 것입니다.

우리의 동료에게서 부당한 일을 당하며 그대로 견디는 것만큼 어려운 일은 아마 없는 것 같습니다. 고통이 큰 것 이외에도, 굴욕감과 불공정하다는 생각도 있고, 우리의 권리가 침해를 당한다는 의식도 있습니다. 우리의 동료들이 우리에게 행하는 일을 당하면서 곧바로 거기서 하나님의 뜻을 깨닫는다는 것이 쉽지를 않습니다. 하나님께서 그런 일을 우리에게 허용하셔서 우리가 과연 그리스도를 우리의 모범으로 삼았는지를 시험하려 하신다는 것을 어떻게 그 현장에서 당장 깨달을 수가 있겠습니까? 자, 주님의 모범을 살펴봅시다. 억울한 고난을 묵묵히 참고 견딜 수 있는 능력을 그에게 준 것이 과연 무엇이었는지를 주님으로부터 배우도록 합시다.

그리스도께서는 고난을 하나님의 뜻으로 믿으셨습니다. 그는 하나님의 종이 고난당해야 한다는 것을 성경에서 발견하셨습니다. 그는 그런 사상에 스스로 친숙해지셨고, 그리하여 고난이 올 때에 그것이 엉겁결에 닥치지 않도록 하셨습니다. 주님은 고난을 미리 예상하셨습니다. 그는 고난을 통해서 자신이 온전해지리라는 것을 알고 계셨습니다. 그리하여 고난이 임할 때에, 거기서 어떻게 빠져나올 것인가를 생각하지 않으시고, 그 고난 가운데서 어떻게 하나님을 영화롭게 할 것인가를 생각하셨습니다. 그리하여 주님은 자기에게 닥친 그 엄청난 불의를 조용히 견디실 수 있었습니다. 그는 고난 속에서 하나님의 손길을 보았던 것입니다.

그리스도인 여러분! 그리스도께서 가지셨던 그런 정신으로 부당한 고난을 이길 힘을 갖고 싶으십니까? 여러분에게 일어나는 모든 일 속에서 하나님의 손과 그의 뜻을 깨닫도록 여러분을 훈련시키시기 바랍니다. 이 교훈은 여러분이 생각하는 것보다 훨씬 더 중요합니다. 여러분에게 무슨 큰 잘못이 범해지든, 아니면 일상 생활에서 그저 사소한 범실이 여러분에게 행해지든, 그런 일을 행한 사람에 대해서 생각하기 전에 먼저 조용히 생각을 멈추고 기억하십시오.

하나님께서 내가 과연 그를 영화롭게 하는가를 보시기 위해서 이런 어려움 속에 내가 들어가도록 허용하셨다는 것을 말입니다. 크든 작든 이러한 시험은 하나님께서 허용하신 것이요, 이 시험을 이기는 것이 나를 향하신 하나님의 뜻입니다. 먼저 그런 고통 가운데서 하나님의 뜻을 깨닫고 거기에 순복하셔야 합니다. 그러면 내 영혼에 안식이 찾아오게 되는데, 그런 안식을 누리는 가운데 그 고난 속에서 과연 어떻게 처신할 것인지를 아는 지혜가 생길 것입니다. 나의 시선을 사람에게서 하나님께로 돌리면, 억울한 고난을 당하는 일이 생각처럼 어렵지 않게 될 것입니다.

그리스도께서는 또한 하나님께서 그의 권세와 존귀를 책임지시리라는 것을 믿으셨습니다. 우리 속에는 하나님께로부터 오는 고유한 감각이 있습니다. 눈에 보이는 것만을 의지하고 사는 사람은 자기의 명예가 여기 이 땅에서 즉시 세워지기를 원합니다. 그러나 영원한 것을 의지하고 사는 사람은 자기의 권리와 명예를 하나님께서 그의 뜻대로 세워 주시도록 그의 손에 맡기며 거기에 만족하는 법입니다. 하나님께서 함께 하시면 모든 것이 안전하다는 것을 아는 것입니다. 주 예수께서 바로 그러하셨습니다. 사도 베드로는 "그는 … 오직 공의로 심판하시는 자에게 부탁하시며 …"(벧전 2:23)라고 기록하고 있습니다. 그 문제는 아버지와 아들 사이에 이미 정해진 것이었습니다. 아들은 자기 자신의 명예가 아니라 오직 아버지의 명예와 영광만을 돌아보도록 되어 있었고, 아버지는 아들의 명예를 책임지시도록 되어 있었던 것입니다.

그리스도인이 여기서 그리스도의 모범을 따르면, 그로 인하여 안식과 평강을 누리게 되는 것입니다. 여러분의 권리와 여러분의 명예를 아버지께서 지키시도록 그에게 맡기기를 바랍니다. 사람이 여러분에게 저지르는 온갖 그릇된 처사들을 하나님께 온전히 맡기고, 그가 돌아보시며 여러분을 보호하시고 책임지실 것이라는 것을 확고하게 신뢰하기를 바랍니다. 공의로 심판하시는 그분에게 모든 것을 맡기기를 바랍니다.

뿐만 아니라, 그리스도께서는 고난당하는 사랑의 능력을 믿으셨습니다. 사랑처럼 능력 있는 것이 없다는 것을 우리 모두가 인정합니다. 사랑을 통해서, 그리스도께서는 세상의 증오와 미움을 이기셨습니다. 다른 승리는 강제적인 굴복을 줄 뿐입니다. 오직 사랑만이 원수를 향한 참된 승리를 가져다줍니다. 원수를 친구로 바꾸어 놓는 것입니다. 우리 모두 이 사실을 하나의 원리로는 인정하면서도, 이것을 적용하는 데에는 주저합니다. 그러나 그리스도께서는 이 사실을 믿으셨을 뿐만 아니라, 그 원리를 따라서 행하셨습니다. 그는 또한 말씀하시기를, "원수 갚는 것이 내게 있다"고 하셨습니다. 그러나 여기서 원수 갚는다는 것은 곧 사랑으로 원수를 갚는다는 뜻이요, 원수를 친구로 바꾸어 놓는다는 의미입니다. 주님은 침묵과 복종을 통해서, 고난을 당하고 악을 견딤으로 통해서, 반드시 대의를 이룰 수 있다고 믿으셨던 것입니다. 사랑이 승리를 거둘 것이기 때문입니다.

주님은 우리에게서도 똑같은 것을 원하고 계십니다. 죄악된 상태에서는, 사랑이 지닌 그 거룩한 능력보다는 힘과 권리를 더 믿습니다. 그러나 그리스도를 닮기를 원하는 사람은 여기서도 반드시 그를 따라야 합니다. 곧, 악을 선으로 이기는 것입니다. 다른 사람이 자기에게 악을 행하면 행할수록, 자신이 그 사람을 사랑하도록 부르심을 받았다는 인식이 더 커지는 것입니다. 그런 과실을 저지른 사람이 법에 의해서 벌을 받을 필요가 있을 경우라 하더라도, 개인적인 복수심이 거기에 결부되지 않도록 분명히 합니다. 법의 처벌은 그렇다 할지라도, 자기 자신만큼은 그 사람을 용서하고 사랑하는 것입니다.

아, 그리스도의 모범을 제대로 따랐더라면, 기독교 세계와 우리의 교회의 모습이 얼마나 달라져 있겠습니까! 각자가 다른 사람에게 욕을 받아도 "욕하지 아니하고" 고난을 당해도 "위협하지 아니하고 오직 공의로 심판하시는 자에게 부탁하는" 것입니다(벧전 2:23).

그리스도인 형제 자매 여러분, 문자 그대로 바로 이것을 아버지께서 원하시는 것입니다. 베드로의 말씀을 반복해서 읽어 봅시다. 그리고 우리의 마음으로 깊이 생각해 보십시다: "그러나 선을 행함으로 고난을 받고 참으면 이는 하나님 앞에 아름다우니라"(벧전 2:20).

구속함을 받은 자들로서 우리는 지니고 있는 의무들을 대부분 우리 자신의 힘으로 이루려고 애를 쓰고 있습니다만, 이런 일상적인 그리스도인의 삶에서는 주님의 형상에 일치하는 삶을 산다는 것이 불가능한 일입니다. 그러나, 하나님께서 우리 속에서 모든 일을 행하신다는 믿음으로 그의 손에 모든 것을 의탁하는 그런 완전한 복종의 삶에서는, 그리스도를 닮는 일이 우리에게 가능하다는 그런 영광스러운 기대가 우리에게서 깨우쳐지는 것입니다. 그리스도처럼 고난을 받으라는 명령과 더불어, "[그리스도께서] 그 몸으로 우리 죄를 담당하셨으니 이는 우리로 죄에 대하여 죽고 의에 대하여 살게 하려 하심이라"(벧전 2:24)는 가르침이 함께 주어져 있기 때문입니다.

사랑하는 그리스도인 형제 자매 여러분! 예수님처럼 되고 싶지 않으십니까? 불의를 당할 때에 예수님께서 행하셨을 그런 행동을 하기를 원치 않습니까? 이런 일까지도 포함해서 모든 일에서 그리스도를 닮는다는 것이 얼마나 영광된 일입니까? 그리스도의 수준은 너무나 높아서 우리의 힘으로는 도저히 도달할 수가 없습니다. 그러나 그의 힘으로는 얼마든지 가능합니다. 여러분 자신을 날마다 그에게 복종시키기만 하면, 주님께서 여러분을 원하시는 대로 만들어 가십니다. 주께서 하늘에 계셔서 자기의 발자취를 따라 행하려는 각 사람에게 생명과 힘이 되신다는 사실을 믿으시기를 바랍니다.

고난당하시고 십자가에 달리신 그리스도와 하나가 되도록 여러분 자신을 드리십시오. 그리하면 죄에 대하여 죽는다는 것이, 또한 의에 대하여 산다는 것이 과연 무엇인지를 깨닫게 될 것입니다. 그리고 예수님의 죽으심 안에 있는 그 놀라운 능력을 기쁨으로 체험하게 될 것입니다. 죄를 속하는 능력만이 아니라 죄의 권세를 깨뜨리는 그리스도의 능력을 체험하게 될 것입니다. 그리고 예수님의 부활의 능력도 체험하게 될 것입니다. 그 능력이 여러분을 의를 향하여 살도록 만들어 줄 것이기 때문입니다.

고난당하시는 주님의 발자취를 충실히 따르는 것이, 속죄와 구속을 위한 그리스도의 고난을 충실하게 신뢰하는 것과 똑같이 복되다는 사실을 깨닫게 될 것입니다. 그리스도께서 여러분의 보증이 되신다는 것과 똑같이 그가 여러분의 모범이 되신다는 사실도 똑같이 고귀하게 여겨질 것입니다. 그가 여러분이 당할 고난을 스스로 지고 가셨으니, 여러분도 그의 고난을 스스로 지고 가기를 사모하게 될 것입니다. 그리고, 악을 참는 일이 그리스도의 거룩하신 고난을 함께 나누는 교제의 영광된 부분이 될 것입니다. 그것이야말로 그리스도의 지극히 거룩하신 모습을 닮아가고 있다는 영광된 증표일 것이며, 또한 참된 믿음의 삶에서 나타나는 가장 복된 열매일 것입니다.

오 주 나의 하나님이시여, 주님의 고귀한 말씀을 들었나이다. 부당하게 고난을 받아도 슬픔을 참고 견디면, 이것이 하나님 앞에 아름답다고 하셨사옵니다. 이것이야말로 과연 주님이 기뻐 받으시는 제물이요, 오직 주님의 은혜로 이루어지는 역사요, 주님의 사랑하시는 아들의 고난의 열매요, 그가 남기신 모범의 열매요, 죄의 권세를 깨뜨리신 주님이 주시는 능력이옵니다.

오 내 아버지여, 나와 아버지의 모든 자녀들을 가르치사 아버지의 사랑하시는 아들을 온전히 닮는 일에 전심을 기울이게 하시며, 그 아들의 복되신 형상의 이러한 면까지도 그대로 닮아가게 하시옵소서. 주 나의 하나님이시여, 이제 나의 명예와 나의 권리들을 지키는 일을 영원히 주님의 손길에 맡기게 하옵시며, 다시는 결코 나 스스로 그 일을 맡지 않게 해 주시옵소서. 주께서 그들을 온전히 책임지실 것이옵니다. 나의 주 하나님의 영광에만 관심을 두도록 해 주시옵소서!

특별히 간구하오니 고난당하는 사랑의 그 놀라운 능력을 믿는 믿음으로 가득 채워 주시옵소서. 그리하여, 참음과 침묵과 고난당함이 힘과 권리보다도 하나님께는 물론 사람에게도 더욱 소용이 있다는, 고난당하시는 하나님의 어린양의 가르침을 충만히 깨닫게 하옵소서. 오 나의 아버지여, 내가 나의 주 예수님의 발자취를 따라야 하겠고, 또한 반드시 따를 것이옵니다. 주의 성령께서 함께하시며, 또한 주의 사랑과 임재하심의 빛이 나의 인도자가 되시며 또한 나의 힘이 되게 하옵소서. 아멘.

제6일 그리스도와 함께 못 박혔나니

"내가 그리스도와 함께 십자가에 못 박혔나니 그런즉 이제는 내가 사는 것이 아니요 오직 내 안에 그리스도께서 사시는 것이라 … 그러나 내게는 우리 주 예수 그리스도의 십자가 외에 결코 자랑할 것이 없으니 그리스도로 말미암아 세상이 나를 대하여 십자가에 못 박히고 내가 또한 세상을 대하여 그러하니라" — 갈 2:20; 6:14

십자가를 지는 일에 대해서 그리스도께서는 그것이 제자임을 보여주는 테스트라고 말씀하셨습니다. "누구든지 나를 따라오려거든 자기 십자가를 지고 나를 따를 것이니라"라는 말씀이 세 번에 걸쳐서 나타나고 있습니다 (마 10:38; 16:24; 눅14:27). 주님이 아직 십자가를 지시기 전에는, 십자가를 진다는 이 표현이 그리스도의 제자들로서 마땅한 그리스도를 향한 복종을 뜻하는 것으로 이해되었을 것입니다. 그러나 그리스도께서 십자가에 달리신 이후에 와서는 성령께서 또 다른 표현을 사용하셔서 그리스도께 전적으로 복종하는 면을 더욱 강력하게 제시하고 있습니다. 곧, 그리스도를 믿는 제자는 자신이 그리스도와 함께 십자가에 못 박혔다는 표현이 그것입니다.

십자가는 그리스도의 주요한 표지였음은 물론, 그리스도를 나타내는 표지이기도 합니다. 십자가에 달리신 그리스도와 십자가에 못 박힌 그리스도인은 서로 하나를 이루는 것입니다. 그리스도를 닮는 가장 주요한 요소 가운데 하나는 바로 그리스도와 함께 십자가에 못 박히는 것입니다. 그리스도를 닮기를 원하는 사람은 누구든지 그의 십자가와의 교제에 담긴 비밀을 깨닫기 위해서 애를 써야 마땅한 것입니다.

처음에는, 예수님을 닮으려 애쓰는 그리스도인이 이 진리를 두려워합니다. 십자가의 사상과 연관되어 있는 그 끔찍한 고난과 죽음에서 움츠러듭니다. 그러나 영적 분별력이 자라가면서, 이 말씀이 놀라운 소망과 기쁨이 됩니다. 십자가를 자랑합니다. 왜냐하면 십자가야말로 이미 그리스도께서 이루신 죽음과 승리에 함께 참여하게 만들어 주기 때문입니다. 그리고 십자가로 말미암아 육체와 세상의 권세에서 구원을 받게 되었기 때문입니다. 이를 이해하기 위해서는, 성경의 언어를 조심스럽게 살펴보아야 하겠습니다.

사도 바울은 말씀하고 있습니다: "내가 그리스도와 함께 십자가에 못 박혔나니 그런즉 이제는 내가 산 것이 아니요 오직 내 안에 그리스도께서 사신 것이라"(갈 2:20). 그리스도를 믿는 믿음으로 우리는 그리스도의 삶에 참여한 자가 됩니다. 그런데 그 삶이란 십자가의 죽음을 통과한 삶이요, 또한 그 삶 속에서 그 죽음의 능력이 언제나 역사합니다. 그 삶을 받을 때에, 나는 동시에 십자가의 죽음의 충만한 능력을 받게 되며, 이 능력이 내 속에서 절대로 그치지 않는 활력으로 역사하는 것입니다. "내가 그리스도와 함께 십자가에 못 박혔나니 그런즉 이제는 내가 산 것이 아니요 오직 내 안에 그리스도께서 사신 것이라."

내가 사는 삶은 나 자신의 삶이 아닙니다. 십자가에 못 박히신 자의 삶은 바로 십자가의 삶입니다. 십자가에 못 박히는 일은 과거의 일이요 이미 이루어진 일입니다. "우리가 알거니와 우리 옛 사람이 예수와 함께 십자가에 못 박혔나니"(롬 6:6); "그리스도 예수의 사람들은 육체와 함께 그 정과 욕심을 십자가에 못 박았느니라"(갈 5:24); "내게는 우리 주 예수 그리스도의 십자가 외에 결코 자랑할 것이 없으니 그리스도로 말미암아 세상이 나를 대하여 십자가에 못 박히고 내가 또한 세상을 대하여 그러하니라"(갈 6:14). 이 본문들은 모두 그리스도 안에서 이미 이루어진 일을 말씀하고 있습니다. 내가 믿음으로 말미암아 거기에 들어가 있는 것입니다.

내가 그리스도와 함께 십자가에 못 박혔으며, 내가 육체를 십자가에 못 박았다는 이 사실을 깨닫고 그 진리를 담대히 이야기하게 되면 놀라운 결과가 일어납니다. 그리스도께서 이루신 역사 속에 내가 완전하게 동참하고 있다는 사실을 배우게 됩니다. 그리스도와 함께 십자가에 못 박히고 죽으면, 나는 그의 삶과 승리에도 함께 참여한 자가 됩니다. 그 십자가와 그 죽음의 능력이 옛 사람과 육체를 죽이며 죄의 몸을 멸하는 데서 드러나도록 하기 위해서 내가 취하여야 할 입장을 깨닫게 되는 것입니다(롬 6:6을 보십시오).

나에게는 아직 큰 일이 남아 있습니다. 그러나 나 자신을 십자가에 못 박는 일은 아닙니다. 나는 이미 십자가에 못 박혔습니다. 성경은 옛 사람이 십자가에 못 박혔다고 말씀합니다. 내가 해야 할 일은 내가 십자가에 못 박힌 것을 항상 인정하고 그렇게 대하며, 나를 다시 십자가에서 끌어내리는 일이 없도록 하는 것입니다. 십자가에 달려 있는 처지를 계속 고수해야 합니다. 육체를 십자가의 자리에 계속 있게 만들어야 한다는 말입니다. 이 말씀의 뜻을 분명히 깨닫게 하기 위해서, 한 가지를 중요하게 구별하여 말씀하겠습니다. 나는 십자가에 못 박혀 있고 또한 죽었습니다: 옛 아담이 십자가에 못 박혔습니다만, 아직 죽지는 않았습니다.

십자가에 달리신 구주께 나 자신을 ― 죄와 육체를 비롯한 모든 것을

―드렸을 때에, 주님은 나를 온전히 취하셨습니다. 악한 본성 그대로 내가 주님과 함께 십자가에 달린 것입니다. 그러나 여기서 한 가지 구별이 일어납니다. 주님과의 교제 속에서, 나는 육체의 삶에서 자유를 얻었습니다. 나 자신이 주님과 함께 죽었습니다. 그리고 나의 존재의 가장 은밀한 중심에서 나는 새 삶을 얻었습니다. 그리스도께서 내 안에 사시게 되었습니다.

그러나 아직도 나의 육체는 ― 주님과 함께 십자가에 못 박힌 그 옛 사람은 ― 저주 받은 죽음으로 정죄를 받은 상태로 남아 있습니다만, 아직 죽지는 않았습니다. 자, 이제 나의 주님과의 교제 가운데 있고 또한 그의 능력 안에 있는 나로서 할 일은 바로 그 옛 사람이 십자가에 못 박혀 있는 상태를 유지시켜서 완전히 멸하여지는 때가 오도록 하는 일입니다. 옛 사람의 정과 욕심은 "십자가에서 내려오라. 너를 구원하고 우리를 구원하라"고 소리칩니다. 나의 할 일은 십자가를 자랑하는 일이요, 전심으로 십자가의 권세를 유지시키는 일이요, 이미 선언된 형벌에 나의 인을 치는 일이요, 이미 십자가에 못 박혀 있는 죄악된 본성을 죽이는 일이며, 나의 옛 사람이 다시 나를 주장하지 못하도록 막는 일입니다.

"너희가 육신대로 살면 반드시 죽을 것이로되 영으로써 몸의 행실을 죽으면 살리니"(롬 8:13); "그러므로 땅에 있는 지체를 죽이라"(골 3:5)라는 성경의 말씀들이 바로 이런 의미인 것입니다. 그러므로 나는 나의 육체 안에 선한 것이 거하지 않는다는 것을 계속해서 자의로 시인합니다. 나의 주는 십자가에 달리신 그리스도시요, 내가 그와 함께 십자가에 달렸고, 또한 그리스도 안에서 죽었습니다. 육체가 십자가에 달렸습니다. 그리고 아직 완전하게 죽지는 않았지만, 영원토록 십자가의 죽음에 넘기운 바 되었습니다. 그러므로 나는 그리스도처럼 살며, 모든 행실에서 그리스도와 함께 십자가에 못 박힌 자로서 사는 것입니다.

십자가에 못 박히신 우리 주님과의 이러한 교제의 의미와 능력을 온전히 깨닫기 위해서는, 그리스도를 따르는 우리들로서 두 가지가 필요합니다. 그 첫째는 십자가에 달리신 주님과 우리의 교제를 믿음으로 분명하게 인식해야 합니다. 회심할 때에, 우리는 이미 그 교제에 참여한 바 되었습니다만 아직 그 의미를 온전히 깨닫지는 못합니다. 영적 지식이 없기 때문에 평생토록 무지한 상태로 남아 있는 사람들이 많습니다. 형제 자매 여러분, 여러분이 십자가에 달리신 그리스도와 연합된 사실을 성령께서 밝히 드러내 주시기를 기도하시기 바랍니다. "내가 그리스도와 함께 십자가에 못 박혔나니." "내게는 우리 주 예수 그리스도의 십자가 외에 결코 자랑할 것이 없으니 그리스도로 말미암아 세상이 나를 대하여 십자가에 못 박히고 내가 또한 세상을 대하여 그러하니라"(갈6:14). 성경에서 이런 말씀들을 취하여, 기도와 묵상으로 그 말씀들을 여러분의 것으로 삼으십시오. 그리고 성령께서 그 말씀들이 여러분 속에서 살아서 역사하도록 해 주시기를 마음으로 기대하시고 또한 그렇게 구하시기를 바랍니다. 여러분이 이미 "그리스도와 함께 십자가에 못 박혔다"는 사실을 시인하고 그런 관점으로 여러분 자신을 들여다보시기를 바랍니다.

그러면 여러분이 십자가에 못 박힌 자로서 ― 그 속에 그리스도께서 사시는 자로서 ― 살 수 있도록 하는 데 필요한 두 번째 것을 위한 은혜를 발견하게 될 것입니다. 언제나 육체와 세상을 십자가에 못 박힌 것으로 바라보며 또한 그렇게 취급할 수 있게 될 것입니다. 옛 사람이 계속해서 자기 자신을 주장하고 자랑하려 합니다. 그리고 항상 이처럼 십자가에 달린 삶을 살기를 기대한다는 것이 너무나 지나치다는 느낌을 갖게 만듭니다. 이럴 때에 유일한 안전책은 그리스도와의 교제 가운데 거하는 것입니다. "그리스도와 그의 십자가를 통해서 내가 세상을 대하여 십자가에 못 박혔다"고 바울은 말씀하고 있습니다. 그리스도 안에서는, 십자가에 달리는 일이 이미 이루어진 현실입니다. 그리스도 안에서 여러분이 죽었습니다. 그러나 또한 다시 살리심을 받았습니다. 곧, 그리스도께서 여러분 속에서 사시는 것입니다. 그리스도의 십자가와의 이러한 교제가 여러분 속에서 깊어질수록 더 좋습니다. 그럴수록 그리스도의 삶과 그리스도의 사랑과 더욱 깊은 교제 속으로 들어가는 것입니다.

그리스도와 함께 십자가에 못 박힌다는 것은 곧 죄의 권세로부터 자유를 얻는 것을 의미합니다. 구속함을 받은 자요, 승리자가 된다는 것입니다. 그리스도께서 여러분 속에서 영광을 받으시며, 또한 그리스도 안에서 여러분을 위한 모든 것을 여러분 속에서 드러내고 여러분의 것으로 삼도록 하기 위하여 특별히 성령을 주셨다는 사실을 기억하시기 바랍니다.

십자가의 속죄의 능력을 아는 것만으로 만족하는 사람들이 많습니다만, 여러분은 거기서 만족하지 마시기 바랍니다. 십자가의 영광은 예수님께나 우리에게나 생명으로 향하는 길입니다. 그러나 그 십자가는 매 순간마다 우리에게 죄와 죽음을 멸하며 우리를 영생의 능력 가운데 있게 하는 능력이 될 수가 있는 것입니다. 십자가를 이를 위하여 사용하는 거룩한 지혜를 여러분의 주님께 배우시기를 바랍니다. 십자가의 능력과 그것이 가져다주는 승리를 믿는 믿음이 날마다 육체의 행실과 죄악된 정욕을 죽일 것입니다. 이 믿음이, 십자가를 여러분의 자랑의 전부로 알도록 해 줄 것입니다. 십자가의 고통스런 죽음을 생각하면서 십자가를 향하여 나아가는 중에 있는 자로서가 아니라, 이미 십자가에 달려 있는 자로서, 이미 그리스도 안에 사는 자로서, 이제 다만 육체와 죄를 멸하는 복된 수단으로써 십자가를 지고 있는 자로서 십자가를 대하시기를 바랍니다(롬 6:6을 보십시오).

무엇보다도 아직도 남아 있는 중요한 일을 기억하십시오. 여러분으로 하여금 모든 일에서 자기와 같이 되도록 가능하게 하시는 분은 살아 계신 사랑의 구주이신 예수님이십니다. 그의 아름다운 교제가, 그의 부드러운 사랑이, 그리고 그의 하늘의 능력이 십자가에 달리신 자기 자신과 같아지는 일을 복으로 여기게 하고, 기쁨으로 여기도록 만들어 주는 것입니다. 바로 그것들이 십자가에 달리는 삶을 부활의 기쁨과 능력의 삶으로 만들어 주는 것입니다. 그리스도 안에서는 그 두 가지가 불가분리의 관계로 연결되어 있습니다. 그리스도 안에서 여러분은 언제나 다음과 같이 승리의 노래를 부를 힘이 있는 것입니다: "내게는 오직 우리 주 예수 그리스도의 십자가 외에는 자랑할 것이 없으니, 그 십자가로 말미암아 세상이 내게 대하여 못 박혔고, 내가 또한 세상을 대하여 못 박혔도다."

귀하신 구주여, 주님의 십자가와의 교제의 그 감추어진 영광을 내게 보여 주시기를 겸손히 구하옵나이다. 그 십자가는 죽음과 저주의 자리요, 내게 마땅한 자리였습니다. 그런데 주님께서 우리와 같이 되셔서 우리와 함께 십자가에 달리셨나이다. 그리하여 이제 그 십자가는 주님의 자리요, 축복과 생명의 자리가 되었습니다. 주님께서는 나를 부르사 주님처럼 되게 하시며, 또한 주님과 함께 십자가에 못 박힌 자로서, 십자가가 과연 죄로부터 나를 전적으로 자유롭게 한 사실을 체험하게 하시옵니다.

주여, 그 충만한 능력을 알게 해 주시옵소서. 저주로부터 우리를 구속하는 능력이 십자가에 있다는 것은 오래 전부터 알았나이다. 그러나 구속받은 자로서 죄의 권세를 이기려고 애쓰며, 주께서 하신 것처럼 아버지께 순종하려 애를 썼으나 지금까지 모두가 허사였사옵니다. 나로서는 도저히 죄의 권세를 깨뜨릴 수가 없었나이다. 그러나 이제는 깨달았사옵니다. 내가 온전히 성령께 나 자신을 맡겨서 그의 인도하심을 받아 주님의 십자가와의 교제 속으로 들어갈 때에 그런 일이 이루어진다는 것을 말이옵니다. 거기서 주님은 우리로 하여금 십자가가 영원토록 죄의 권세를 깨뜨렸고 우리를 자유롭게 했다는 것을 보게 하십니다. 십자가에 달리신 주님께서 우리 속에 사시고, 또한 자기를 희생시키사 죄를 이기신 주님 자신의 성령을 우리에게 베풀어 주시옵니다.

오, 나의 주여, 이 사실을 더 잘 깨닫도록 나를 가르쳐 주옵소서. 이 믿음 가운데서 저도 "내가 그리스도와 함께 십자가에 못 박혔도다"라고 말하렵니다. 오, 죽기까지 나를 사랑하신 주님, 십자가에 달리신 주님, 주님이야말로 내가 항상 소망을 두는 분이시옵니다. 십자가에 달리신 주님, 나를 취하셔서 꼭 붙드시옵소서. 순간순간마다 나 자신에 속한 모든 것을 정죄받은 것으로 바라보며 모두 십자가에 못 박을 것들로 바라보도록 나를 가르쳐 주시옵소서. 순간순간마다 나를 취하시고, 나를 붙잡으시고, 거룩한 복된 삶을 위하여 내게 필요한 모든 것이 주님 안에 있음을 내게 가르쳐 주시옵소서. 아멘.

제7일 자기를 부인하고

"믿음이 강한 우리는 마땅히 믿음이 약한 자의 약점을 담당하고 자기를 기쁘게 하지 아니할 것이라 우리 각 사람이 이웃을 기쁘게 하되 선을 이루고 덕을 세우도록 할지니라 그리스도께서 자기를 기쁘게 하지 아니하셨나니 기록된 바 주를 비방하는 자들의 비방이 내게 미쳤나이다 함과 같으니라 … 그러므로 그리스도께서 우리를 받아 하나님께 영광을 돌리심과 같이 너희도 서로 받으라" — 롬 15:1-3, 7
"누구든지 나를 따라오려거든 자기를 부인하고 자기 십자가를 지고 나를 따를 것이니라" — 마 16:24

그리스도께서 자기를 기쁘게 하지 아니하셨다고 말씀합니다. 그리스도께서는 온갖 모욕을 — 사람들은 그를 모욕함으로 하나님을 멸시한 것입니다 — 인내로 견디심으로 하나님을 영화롭게 하시고 사람을 구원하셨습니다. "그리스도께서는 자기를 기쁘게 하지 아니하셨나니" — 이 말씀은 하나님이요 동시에 사람이신 그리스도의 삶의 열쇠가 됩니다. 자, 여기서도 주님의 삶은 우리의 법칙이요 모범이 됩니다. 강한 자는 자기 자신을 기쁘게 해서는 안 되는 것입니다.

자기를 부인하는 것은 바로 자기를 기쁘게 하는 것의 반대입니다. 베드로가 그리스도를 부인할 때에, 그는 말하기를, "나는 그 사람을 모른다. 나는 그 사람과는 아무런 상관이 없다. 나를 그와 한 패로 여기지 말라"고 했습니다. 참된 그리스도인은 이와 똑같이 자기 자신을, 옛 사람을 부인합니다. "나는 이 옛 사람을 모른다. 나는 이 옛 사람이나 그의 관심사와는 아무 관계가 없다"고 말하는 것입니다. 그리고 부끄러움과 수치가 다가오거나 옛 사람이 기뻐하지 않을 그런 일이 일어날 때에 그는 그저 이렇게 말합니다:

"옛 아담이 마음대로 하도록 내버려 두라. 나는 아무 상관도 하지 않겠다. 그리스도의 십자가로 말미암아 나는 세상과 육체와 나 자신에 대하여 십자가에 못 박혔다. 이 옛 사람이 좋아하는 것과 그의 관심사에 대해서 나는 전혀 문외한이다. 그는 나의 친구가 아니다. 그의 주장과 그의 모든 소원을 나는 받아들일 수 없다. 나는 그를 모른다."

저주와 정죄로부터 구원받은 사실만을 생각하는 그리스도인은 이를 이해할 수가 없습니다. 그런 사람에게는 자기를 부인한다는 것이 불가능합니다. 어떤 때는 그렇게 하려고 애를 쓰기도 합니다만, 그의 삶은 주로 자기 자신을 기쁘게 하는 것으로 가득 차 있습니다. 그러나 그리스도를 자기의 모범으로 삼은 그리스도인은 여기서 만족할 수가 없습니다. 그는 자기 자신을 복종시키고 그리스도의 십자가와 지극히 완전한 교제를 나누기를 구합니다.

"내가 그리스도와 함께 십자가에 못 박혔나니 그런즉 내가 죄와 나 자신에 대해서 죽었노라"라고 말하도록 성령께서 그를 가르쳐 주셨습니다. 그리스도와의 교제 가운데서 그는 옛 사람을 십자가에 못 박힌 정죄 받은 죄인으로 봅니다. 그 사람을 친구로 안다는 것을 부끄럽게 여깁니다. 자기의 옛 사람을 기쁘게 하지 않고 그것을 부인하는 것이 그의 변함 없는 목표이며, 또한 그 목표를 이룰 능력을 그 사람은 이미 받았습니다. 십자가에 못 박히신 그리스도께서 그의 안에 사시므로, 자기를 부인하는 일이 그의 삶의 법칙인 것입니다.

이러한 자기 부인은 삶의 모든 영역에 확산됩니다. 주 예수님의 경우에 그러했으니, 그를 온전히 따르기를 사모하는 모든 사람의 경우에도 그러합니다. 이러한 자기 부인은 죄악되고 불법적이며 하나님의 법에 반대되는 것에 관심을 두지 않으며, 하나님의 법에 합당하며, 중립적인 것들에 대해 관심을 둡니다. 자기를 부인하는 심령에게는 하나님의 뜻과 그의 영광이, 그리고 사람을 구원하는 일이 언제나 자기 자신의 관심사나 자기 자신의 기쁨보다 더 중요한 법입니다.

우리의 이웃을 기쁘게 하는 일에 대해서 무언가를 알기에 앞서서, 자기를 부인하는 일은 우리 자신의 개인의 삶에서부터 먼저 실현되어야 합니다. 자기 부인이 몸을 지배해야 합니다. "사람이 떡으로만 살 것이 아니요 하나님의 입으로 나오는 모든 말씀으로 살 것이라"(마4:4)고 말씀하신 주님은 거룩한 금식 중에, 아버지의 일이 이루어져서 아버지께서 음식을 주시기 전에는 아무것도 먹지 않으셨습니다. 이러한 주님의 모범은 신자들에게 먹는 것과 마시는 것에 있어서도 거룩한 절제가 있어야 한다는 사실을 가르쳐 줍니다.

또한 머리 둘 곳이 없으셨던 주님의 거룩한 빈곤은 신자에게 소유와 재산과 이 땅의 것들을 누리는 일에 규모가 있게 하기를 가르쳐 줍니다. 그리하여 항상 소유하지 않는 것처럼 소유하도록 만들어 줍니다. 친히 나무에 달려 몸으로 우리의 모든 죄를 담당하신 주님의 거룩하신 고난을 본받아서, 신자는 모든 고난을 인내로 견디기를 배웁니다. 성령의 전인 몸으로도 그는 주 예수님의 죽으심을 짊어지기를 사모합니다. 바울처럼 그는 육체를 부인하고 그것을 쳐 복종시킵니다. 육체의 모든 정과 욕심을 예수님의 자기 부인으로 제어합니다. 자기 자신을 기쁘게 하지 않습니다.

이러한 자기 부인은 자기의 영 또한 계속해서 살핍니다. 신자는 자기 자신의 지혜와 판단을 하나님의 말씀에 복종시킵니다. 자기 자신의 생각을 포기하고 하나님의 말씀과 성령의 가르침에 굴복합니다. 사람을 대할 때에도, 그는 똑같이 자기 자신의 지혜를 스스로 부인하고 기꺼이 다른 이들의 말을 듣고 배우는 자세를 갖습니다. 자기가 옳다는 것을 알고 있을 때조차도 그는 온유함과 겸손함으로 자기의 생각을 제시하며 언제나 다른 사람의 좋은 점을 찾고 인정하기를 바라는 것입니다.

그리고 자기 부인은 또한 마음과도 특별히 상관됩니다. 온갖 정과 욕심이 마음에 자리잡고 있습니다. 특별히 의지와 또한 영혼의 왕적인 능력이 마음의 통제 하에 있습니다. 자기를 기쁘게 하는 사소한 일이 그리스도의 삶의 일부가 될 수 있었던 것처럼, 그리스도를 따르는 자들도 얼마든지 그런 자세를 삶의 일부로 가질 수 있고, 그 영향력이 행동으로 나타나도록 허용할 수도 있습니다. "우리가 … 자기를 기쁘게 하지 아니할 것이라 … 그리스도께서 자기를 기쁘게 하지 아니하셨나니"라고 말씀하지 않니까? 자기를 부인하는 일이 그리스도인의 마땅한 삶의 법칙인 것입니다.

또한 신자가 자기를 부인하는 일에 자기 자신을 진정으로 굴복시킨 다음에는 자기를 부인하는 일이 결코 어렵지 않습니다. 두 마음을 품고서 억지로 자기를 부인하는 삶에 자기를 끼어 맞추려 애쓰는 사람에게는 그 일이 정말로 어렵습니다.

그러나 자기 자신을 남김없이 그 일에 드린 사람에게는 그것이 가져다주는 축복이 겉으로 보이는 희생이나 손해를 보상하고도 남습니다. 그는 죄와 자기 자신의 능력을 멸하도록 십자가를 전심으로 받아들였기 때문입니다. 그 사람은 자기를 부인하는 일을 더 이상 의식하지 않습니다. 왜냐하면 예수님의 형상을 닮아가는 것이 그렇게도 복된 일이기 때문입니다.

어떤 사람들은 자기 부인은 엄청난 고통을 야기시키기 때문에 하나님께 귀한 것이 아니라고 합니다. 그러나 그렇지 않습니다. 왜냐하면 그런 고통은 대부분 자기 부인을 실천하기를 꺼리는 데서 야기되기 때문입니다. 그러나 진정한 자기 부인은 그 어떤 일도 예수님을 위한 희생으로 여기지 않으며, 또한 다른 사람들이 자기 부인에 대해서 이야기할 때에 의아스럽게 여기는 그런 온유한 자세에 그 최고의 가치가 있는 것입니다.

과거 어느 시대에는 사람들이 광야로 도망하거나 홀로 숨어서 은둔해 있어야 자기를 부인할 수 있다는 식으로 생각하기도 했습니다. 그러나 자기 부인을 실천하는 최고의 장소는 바로 사람들과 교제를 갖는 우리의 일상 생활이라는 것을 주 예수께서 친히 보여 주셨습니다. 그리하여 사도 바울도 여기서 말씀하기를, "우리 … 가 마땅히 … 자기를 기쁘게 하지 아니할 것이라 우리 각 사람이 이웃을 기쁘게 하되 선을 이루고 덕을 세우도록 할지니라 그리스도께서 자기를 기쁘게 하지 아니하셨나니 … 이러므로 그리스도께서 우리를 받아 하나님께 영광을 돌리심과 같이 너희도 서로 받으라"고 합니다. 자기를 기쁘게 하지 아니하신 우리 주님의 자기 부인이야말로 우리의 법입니다. 우리가 그의 모습이 되어야 합니다. 우리가 그의 행하신 대로 행해야 한다는 말입니다.

이 법이 가득 퍼진다면, 그리스도의 교회의 삶이 얼마나 영광스럽겠습니까! 각자가 다른 사람을 기쁘게 하는 것을 존재의 목적으로 여깁니다. 각자가 자기를 부인하고, 자기의 것을 구하지 않고, 자기보다 남을 낫게 여깁니다. 상처를 받는다거나 자존심이 상한다거나 무시를 당한다거나 하는 모든 생각이 사라져 버리고 없습니다. 그리스도를 따르는 제자로서, 각자 연약한 자를 참고 견디며 이웃을 기쁘게 하기를 구합니다. 참된 자기 부인은 바로 이런 데 있는 것입니다. 자기를 생각하지 않고 다른 사람들 속에서 살며 다른 사람들을 위하여 사는 데 있는 것입니다.

주님은 "누구든지 나를 따라오려거든 자기를 부인하고 자기 십자가를 지고 나를 따를 것이니라"라고 말씀하셨습니다. 이 말씀은 우리에게 자기 부인을 위한 의지를 주며, 또한 자기 부인을 위한 능력까지도 줍니다. 그리스도를 통하여 하늘에 이르기를 바라는 것이 아니라 그리스도를 위하여 그리스도를 따라오는 자는 그를 따르는 법입니다. 그리고 그런 사람의 마음속에서, 자기 자신이 차지하고 있던 그 자리를 예수님께서 곧바로 차지하십니다. 오직 예수님만이 그런 삶의 중심이요 목적이 됩니다.

전심으로 주를 따르는 일에 굴복한 사람에게는 그리스도께서 친히 그의 성령으로 말미암아 그 사람의 삶이 되는 이 놀라운 축복이 주어집니다. 그리스도의 자기를 부인하는 사랑이 그에게 부어진 바 되어서 자기를 부인하는 일이야말로 그 마음의 최고의 기쁨이요 하나님과의 깊고 깊은 교제의 수단이 되는 것입니다. 이제는 자기 부인이 자기 스스로 완전에 이르기 위하여 행하는 자신의 노력이 결코 아닙니다. 또한 자기 자신을 끊임없이 점검하는 일종의 부정적인 승리도 아닙니다. 그리스도께서 그 자신의 자리를 차지하고 계시며, 그리스도의 사랑과 온유함과 자비하심이 다른 사람에게까지 흘러나가고 있고, 이제 그 사람 자신과 완전히 결별하여 있는 것입니다. "그리스도께서 자기를 기쁘게 하지 아니하셨으니 우리가 자기를 기쁘게 하지 아니할 것이라"; "누구든지 나를 따라오려거든 자기를 부인하고 자기 십자가를 지고 나를 따를 것이니라"라는 계명보다 더 복되고 더 자연스러운 것이 없게 되는 것입니다.

사랑하는 주님, 주께서도 주님 자신을 기쁘게 하지 아니하셨으니 주님을 따르며 나 자신을 기쁘게 하지 말라는 이 새로운 말씀에 대해 감사를 드리옵니다. 과거에는 이 말씀이 두려웠으나, 이제는 두려움으로 이 말씀을 듣지 않게 된 것이 얼마나 감사한지 모르겠사옵니다. 주님의 계명들이 이제는 무겁지 않습니다.

주님의 멍에는 쉽고, 주님의 짐은 가볍사옵니다. 주님의 지상 생애의 모범에서 하늘에서 내가 받을 축복에 대한 확실한 보증을 보옵니다. 이것을 항상 이렇게 깨달은 것은 아니었사옵니다. 주님을 안지 오래되었으나, 나는 감히 자기 부인이란 것을 생각조차 하지 못했사옵니다. 그러나, 십자가를 진다는 것이 무엇인지를 배운 사람에게는, 주님과 함께 십자가에 못 박힌다는 것이, 또한 옛 사람이 십자가에 달려 못 박히는 것을 본다는 것이 더 이상 끔찍한 일이 아니옵니다. 오 나의 주여, 저주를 받아 십자가에 못 박혀 마땅한 죄인의 친구가 되기를 부끄러워하지 않을 사람이 과연 어디 있겠사옵니까?

주님이 나의 생명이시라는 것을, 또한 주님께 온전히 맡겨진 삶을 주께서 전적으로 책임지셔서 뜻을 갖게 하시고 일하게 하신다는 것을 배운 다음부터는, 주님의 발자취를 기쁨으로 따르는 자기 부인의 길로 나아가도록 사랑과 지혜를 혹시 주께서 주시지 않을까 염려하지 않사옵니다.

복되신 주님, 주님의 제자들은 이런 은혜를 받을 자격이 없는 존재들이옵니다. 그러나, 주께서 우리를 택하사 그런 은혜를 주셨으니, 우리는 기꺼이 우리를 기쁘게 하지 않고, 주께서 가르치신 대로 우리의 이웃을 기쁘게 하기를 힘쓸 것이옵니다. 성령께서 우리 속에서 그 일을 강력하게 이루시옵소서. 아멘.

제8일 자기를 희생함으로

"그리스도께서 너희를 사랑하신 것 같이 너희도 사랑 가운데서 행하라 그는 우리를 위하여 자신을 버리사 향기로운 제물과 희생제물로 하나님께 드리셨느니라" — 엡 5:2

"그가 우리를 위하여 목숨을 버리셨으니 우리가 이로써 사랑을 알고 우리도 형제들을 위하여 목숨을 버리는 것이 마땅하니라" — 요일 3:16

자기 희생과 자기 부인은 서로 어떻게 연관될까요? 자기 희생은 자기 부인의 뿌리입니다. 자기 부인으로 자기 희생의 여부를 알 수 있습니다. 이렇듯 자기 희생이 자기 부인을 통해서 강화되며, 또한 전적인 굴복을 새롭게 할 준비를 갖추는 것입니다. 우리 주 예수님의 경우에도 그랬습니다. 그의 성육신은 자기 희생이었습니다. 그의 자기 부인의 삶이 그 증거였습니다. 자기 부인의 삶을 통해서, 주님은 십자가에서 죽으시는 위대한 자기 희생의 행위를 할 수 있는 준비를 갖추신 것입니다. 그러므로 그리스도인의 경우도 마찬가지입니다. 그리스도인의 회심도 어느 정도는 자기를 희생하는 것입니다. 물론 무지와 연약함 때문에 그것이 아주 부분적으로만 되지만 말입니다. 자기를 굴복시키는 그 첫 행위로부터 날마다 자기를 부인하는 일을 실천할 의무가 생겨나는 것입니다. 그렇게 의무를 다하기 위하여 애쓰는 동안 그리스도인은 자기의 연약함을 깨닫게 되고, 그리하여 새롭고 더 전폭적인 자기 희생을 하도록 준비를 갖추게 되며, 그런 전적인 자기 희생 가운데서 비로소 계속적으로 자기를 부인할 수 있는 힘을 발견하게 되는 것입니다.

자기 희생이야말로 참된 사랑의 근본입니다. 사랑의 본질과 축복은 바로 자기를 잊어버리고 사랑하는 상대방의 행복을 추구하는 데 있습니다. 그 사랑하는 상대방에게 어떤 부족함이나 필요한 것이 있을 때에, 사랑은 그 본질상 자기 자신의 행복을 그 상대방을 위하여 드리고 자기 자신을 그 사랑하는 상대방과 연합시키며, 어떠한 희생을 치르고서라도 그 상대방으로 하여금 그 사랑의 축복을 함께 나누도록 만드는 것입니다.

죄가 허용되지 않았다면 하나님의 사랑이 절대로 충만하게 나타나지 못했을 것이기 때문에 죄가 허용되었다는 말이 있습니다만, 이것이 영원이 지난 후에 밝혀질 비밀 가운데 하나인지 아닌지 그 누가 말할 수 있겠습니까? 하나님의 사랑의 최고의 영광이 그리스도의 자기 희생에서 드러났습니다. 이 점에 있어서는 그리스도의 최고의 영광도 주님의 경우와 마찬가지입니다. 전적인 자기 희생이 없이는, 서로 사랑하라는 새 계명이 이루어질 수가 없습니다. 전적인 자기 희생이 없이는 예수님이 사랑하신 것처럼 서로 사랑할 수가 없는 것입니다.

사도는 말씀하기를, "너희는 하나님을 본받는 자가 되고 그리스도께서 너희를 사랑하신 것 같이 너희도 사랑 가운데서 행하라 그는 우리를 위하여 자신을 버리사 향기로운 제물과 희생제물로 하나님께 드리셨느니라"고 합니다. 여러분의 모든 생활과 대화가 그리스도의 모범을 따라 사랑 안에서 이루어지도록 하십시오. 그리스도의 희생을 하나님 보시기에 아름다운 향기가 되어 받으실 만하게 만들어 준 것은 바로 이 사랑이었습니다. 그리스도의 사랑이 자기 희생으로 그 모습을 드러냈듯이, 여러분의 사랑도 다른 사람들을 위하여 날마다 자기를 희생함으로써 그리스도의 사랑을 닮아가는 것임을 스스로 입증하도록 하십시오. 그렇게 하면 여러분의 사랑이 또한 하나님께서 받으실 만한 것이 될 것입니다. "우리도 형제들을 위하여 목숨을 버리는 것이 마땅하니라."

가정 생활에서 일어나는 일상적인 일에서도, 남편과 아내 사이의 대화에서도, 그리고 주인과 종의 관계 속에서도, 그리스도의 자기 희생이 우리의 삶의 법칙이 되어야 합니다. "남편들아 아내 사랑하기를 그리스도께서 교회를 사랑하시고 위하여 자신을 주심 같이 하라"(엡 5:25).

그리고 특별히 "그는 우리를 위하여 자신을 버리사 향기로운 제물과 희생제물로 하나님께 드리셨느니라"라는 말씀을 주목합시다. 여기서 우리는 자기 희생의 두 가지 면을 봅니다. 그리스도의 자기 희생은 하나님을 향한 면과 아울러 사람을 향한 면을 지녔습니다. 그의 희생은 우리를 위한 것이었으며, 동시에 그는 자기 자신을 하나님께 희생제물로 드리신 것입니다. 우리의 모든 자기 희생에 있어서도, 이 두 가지 면이 반드시 하나를 이루어야 합니다. 물론 때때로 그 중의 한 면이 다른 한 면보다 더 두드러지게 나타날 수는 있겠지만 말입니다.

우리 자신을 하나님께 희생시킬 때에 비로소 전적인 자기 희생을 할 수 있는 능력을 발견하게 됩니다. 성령께서는 신자에게 우리를 향한 하나님의 주장을 밝혀 주십니다. 곧, 우리가 우리 자신의 것이 아니라 하나님의 것이라는 사실을 말입니다. 우리가 핏값을 주고 사신 존재로서 절대적으로 하나님의 소유이며, 하나님께서 얼마나 놀라운 사랑으로 우리를 사랑하시며, 하나님께 온전히 굴복하는 것이 얼마나 복된 일인가를 깨닫게 되면, 신자는 자기 자신을 번제물로 온전히 하나님께 드리게 됩니다. 자기를 성별의 제단 위에 놓게 되고, 자기 하나님께서 받으실 만한 아름다운 향기가 되는 데서 최고의 기쁨을 발견하게 됩니다. 그렇게 되면, 그는 자신이 삶 속에서 이러한 전적인 자기 희생을 드러내 보이기를 하나님께서 얼마나 원하시는지 알기를 정말로 사모하게 되는 것입니다.

하나님께서는 신자에게 그리스도를 모범으로 제시하십니다. 그는 우리를 위하여 자기를 제물로 드리심으로써 하나님께 아름다운 향기가 되셨습니다. 자기를 온전히 드려서 하나님을 섬기는 신자들 각 사람에게 하나님께서는 그의 아들에게 주셨던 존귀와 영예를 똑같이 주십니다. 그를 다른 사람들에게 복을 전해 주는 도구로 사용하시는 것입니다. 그러므로 사도 요한은 이렇게 말씀합니다: "누구든지 하나님을 사랑하노라 하고 그 형제를 미워하면 이는 거짓말하는 자니 보는 바 그 형제를 사랑하지 아니하는 자가 보지 못하는 바 하나님을 사랑할 수 없느니라"(요일 4:20).

여러분이 여러분 자신을 드려서 하나님을 섬기는 자기 희생을 보인다면, 또한 여러분의 이웃 사람들 역시 섬기게 되어 있는 것입니다. 우리를 온전히 하나님의 것으로 만들어 주는 행위가 똑같이 우리를 우리 이웃들의 것으로 만들어 주는 것입니다.

이웃을 향하여 자기를 희생할 힘을 주며 또한 그런 희생을 기쁨으로 알도록 해 주는 것은 이처럼 하나님께 온전히 굴복하는 것입니다. "여기 내 형제 중에 지극히 작은 자 하나에게 한 것이 곧 내게 한 것이니라"(마 25:40)는 약속의 말씀을 믿음으로 내 것으로 만들면, 하나님을 향한 희생과 이웃 사람들을 위한 희생 사이에 영광스러운 조화와 일치가 있음을 깨닫게 됩니다. 많은 사람들이 토로하듯이 이웃 사람들과 나누는 교제가 하나님과의 끊임없는 교제에 방해거리가 되기는커녕, 오히려 그 교제가 하나님께 나 자신을 끊임없이 드리는 복된 기회가 되는 것입니다.

　이 얼마나 복된 부름입니까! 그리스도께서 우리를 사랑하사 자기를 하나님께 향기로운 제물과 희생제물로 드리신 것처럼, 사랑 안에서 행하라 하시니 말입니다. 오직 이렇게 함으로써만이 교회가 자기를 희생하는 그리스도의 사랑의 역사를 계속하며 그리스도의 고난의 남은 것을 채우도록 구별된 존재임을 세상을 향하여 드러내 보이고 입증하는 본연의 사명을 다할 수 있는 것입니다.

　그렇지만 과연 하나님께서 우리가 다른 사람들을 위하여 그렇게 완전히 우리 자신을 부인하기를 기대하실까요? 그런 것은 너무 지나치게 요구하는 것이 아닐까요? 과연 사람이 자기 자신을 그렇게 완전하게 희생한다는 것이 가능하겠습니까? 그리스도인 여러분, 하나님께서는 그런 것을 기대하십니다. 그러한 완전한 희생이 바로 그의 아들의 형상에 화합하는 것이며, 또한 하나님께서는 그 일을 위하여 여러분을 영원토록 예정하셨습니다. 이 길이야말로 예수님께서 그의 영광과 복락에 들어가신 길이요, 따라서 제자들로서도 주님의 기쁨에 들어갈 수 있는 길은 이 길 이외에는 없습니다. "그리스도께서 너희를 사랑하신 것 같이 너희도 사랑 가운데서 행하라."

　신자가 이 사실을 보고 깨닫는다면 이것이야말로 귀한 일입니다. 교회가 연약한 한 가지 큰 원인은 하나님의 백성들과 심지어 하나님의 종들까지도 이 사실을 별로 잘 깨닫지 못하고 있는 데 있습니다. 이 문제에 있어서, 교회는 과연 제2의 개혁이 절실히 필요합니다. 3세기 전에 일어난 위대한 종교개혁 시대에, 그리스도의 속죄의 죽으심의 능력과 의가 빛을 밝혔습니다. 그리하여 고뇌하는 심령들에게 큰 위로와 기쁨이 되었습니다. 그런데, 우리에게는 제2의 개혁이 필요합니다. 그리스도의 모범의 깃발을 우리의 법으로 높이 올리고, 그리스도의 부활의 능력의 진리를 회복시켜야 합니다. 그 부활의 능력이 우리를 우리 주님의 삶에 참여하게 하며 또한 우리를 그의 모습을 닮아가게 만드는 것입니다. 그리스도인들은 하나님과의 화목을 위하여 그들의 보증이 되시는 그리스도와의 충만한 연합을 믿어야 합니다만, 그와 더불어 그리스도께서 그들의 머리가 되시며 그들의 모범이시요 생명이 되신다는 사실을 믿어야 합니다.

그리스도인은 진정 이 땅에서 그리스도를 드러내어야 합니다. 그리고 머리이신 주께서 이 땅에 사셨을 때에 사신 모습을 그 머리의 지체들인 그리스도인들에게서 볼 수 있도록 되어야 하는 것입니다. 곳곳의 하나님의 자녀들이 그들을 부르신 거룩한 부르심을 올바로 깨닫도록 가르침을 받을 수 있기를 위해서 우리 모두 진정으로 기도해야 하겠습니다.

그리고 여러분이 이미 그것을 간절히 사모하고 계시다면, 오 여러분, 그리스도를 닮은 자기 희생의 위대한 행위로 여러분 자신을 하나님께 드리기를 두려워하지 마십시오. 회심할 때에, 여러분은 이미 여러분 자신을 하나님께 드렸습니다. 그리고 회심 이후로도 자기를 굴복시키는 일들을 통해서 여러분 자신을 또다시 하나님께 드려왔습니다. 그러나, 아직도 모자라는 것이 많다는 사실을 경험을 통해서 알고 계실 것입니다. 어쩌면 자기 희생이라는 것이 전폭적인 것이어야 하고, 또한 그렇게 전폭적일 수 있다는 것을 지금까지 전혀 모르고 계셨을지도 모르겠습니다.

자, 이제 오십시오. 오셔서 그리스도에게서 여러분이 따라야 할 모범을 보십시오. 그리고 자기 자신을 드리신 그리스도의 십자가의 희생에서, 하늘 아버지께서 여러분에게 기대하시는 것이 무엇인지를 보십시오. 자, 이제 오셔서 그리스도에게서 — 그는 여러분의 머리요 생명이십니다 — 그가 과연 여러분을 어떠한 사람들로 만들어 주실 수 있을지를 보시기를 바랍니다. 그를 믿으십시오. 그가 여러분의 모범으로서 이 땅에서 사시며 죽으시면서 이루신 그 일을, 이제는 그가 하늘로부터 역사하사 여러분 가운데서 이루실 것이라는 것을 말입니다.

그리스도 안에서 여러분 자신을 아버지께 드리시기를 바랍니다. 그리스도께서 자기 자신을 하나님께서 받으실 만한 제물로 전폭적으로, 또한 완전하게, 아버지께 드리셨던 것처럼 꼭 그렇게 여러분 자신을 드리고자 하는 열심으로 그렇게 하시기를 바랍니다.

그리스도께서 여러분 속에서 이 일을 이루시고 유지하시기를 기대하십시오. 하나님과의 관계가 깨끗하고 명확하게 유지되도록 해야 합니다. 여러분은 그리스도처럼 이미 전적으로 하나님께 드린 바 된 존재들이라는 것을 명심하십시오. 그러면, 그리스도께서 우리를 사랑하신 것처럼 사랑 안에서 행하는 일이 불가능하지 않습니다. 그렇게 되면 형제들과의 교제나 세상과의 사귐이, 여러분이 얼마나 완전하게 여러분 자신을 향기로운 제물로 하나님께 드렸는지를 하나님 앞에서 증명해 보일 수 있는 영광스러운 기회로 여겨질 것입니다.

오 나의 하나님, 내가 누구이관대 주께서 나를 택하시고, 자기를 희생하는 사랑을 보이신 주님의 아들의 형상을 닮아가게 하시나이까? 그가 자기 목숨을 아끼지 아니하고 오히려 죽음으로써 우리에게 그 목숨을 주셨다는 이 놀라운 사실에 하나님의 완전하심과 영광이 있사옵나이다. 그리고 이 일에 나도 주님을 닮기를 원하옵니다. 사랑 안에서 행함으로, 나도 나 자신을 하나님께 온전히 드렸다는 것을 증명하기를 바라옵니다.

오 내 아버지여, 주님의 목적이 곧 나의 목적이옵나이다. 이 엄숙한 순간에, 주님께 나를 구별하여 드린 사실을 다시 확인하옵니다. 내 힘으로가 아니오라, 나를 위하여 자기 자신을 주신 그분의 힘으로 말이옵니다. 나의 모범이신 그리스도께서 또한 나의 생명이시오니, 내가 감히 말씀드리겠나이다. 아버지여, 그리스도 안에서, 그리스도처럼, 나 자신을 여러 사람들을 위한 희생제물로 아버지께 드리나이다.

아버지여, 아버지의 사랑을 세상에 나타내시는 일에 나를 어떻게 사용하실지를 가르쳐 주시옵소서. 그 일을 위하여 아버지의 사랑으로 나를 충만하게 채워 주시옵소서. 아버지여 그렇게 하옵소서. 그리하시면 내가 그리스도께서 우리를 사랑하신 그런 사랑으로 행하리이다. 날마다 성령의 능력을 힘입어 만나는 사람들마다 사랑으로 대하며 살게 하옵소서. 어떠한 형편과 처지에서든지, 나의 사랑이 아니라, 주님 자신의 사랑으로 사랑하게 하옵소서. 아멘.

제9일 세상에 속하지 아니하며

"그들은 세상에 있사옵고 … 세상이 그들을 미워하였사오니 이는 내가 세상에 속하지 아니함 같이 그들도 세상에 속하지 아니함으로 인함이니이다 … 내가 세상에 속하지 아니함 같이 그들도 세상에 속하지 아니하였사옵나이다" ― 요 17:11, 14, 16
"주께서 그러하심과 같이 우리도 이 세상에서 그러하니라" ― 요일 4:17

예수님께서 세상에 속하지 아니하셨다면, 그는 무엇 때문에 이 세상에 계셨을까요? 그와 세상 사이에 일치점이 없었다면, 주님은 어째서 세상에 사셨을까요? 높고 거룩한 그곳에, 그가 본래 속하신 그 복된 세계 속에 그냥 계시지 않고 말입니다. 이에 대한 대답은 바로, 아버지께서 그를 세상 속으로 보내셨다는 사실에 있습니다. "세상에 있다"와 "세상에 속하지 아니하였다"는 이 두 가지 표현 속에서, 우리는 구주이신 그리스도의 사역의 비밀을, 그리고 신인(神人: the God-man)이신 그의 영광을 찾게 되는 것입니다.

그리스도께서 인성(人性)을 지니시고 세상에 계신 것은 하나님께서, 온 세계가 다른 신들이 아니라 바로 하나님께 속하였으며 따라서 이 세계가 신적인 생명을 받기에, 또한 이 신적인 생명 가운데서 최고의 영광에 이르기에, 가장 적합하다는 것을 보여주시기를 원하셨기 때문입니다.

그리스도께서 이 세상에 계시며 사람들과 교제를 나누신 것은, 그들과 사랑의 관계를 가지시고, 그들에게 아신 바 되어 그들을 다시금 아버지께로 돌이키시기 위함이었습니다.

그리스도께서 세상에 계시며, 세상을 다스리는 통치자와 권세들과 싸우신 것은, 순종을 배우시고 그리하여 인간의 본성을 완전하게 하시며 거룩하게 하시기 위함이었습니다.

그러나 이 세상에 속하지 아니하시고 하늘에 속하신 것은, 사람이 잃어버린 바 하나님 안에 있는 생명을 드러내며 그것을 가까이 가져오사 사람들로 하여금 그것을 바라보고 사모하도록 하시기 위함이었습니다.

그리스도께서 이 세상에 속하지 아니하신 것은, 세상의 죄와 또한 세상이 하나님께로부터 이탈한 것을, 또 세상이 하나님을 알고 그를 기쁘시게 할 능력이 없다는 사실을 증거하기 위함이었습니다.

그리스도께서 이 세상에 속하지 아니하신 것은, 전적으로 하늘에 기원을 두고 하늘에 본질이 있는 나라를, 세상이 바람직하게 여기고 필요한 것으로 여기는 모든 것들과는 완전히 다른 그런 나라를, 또한 세상을 지배하는 원리와 법칙과는 정반대 되는 원리와 법칙을 지닌 그런 나라를 세우시기 위함이었습니다.

그리스도께서 이 세상에 속하지 아니하신 것은 그에게 속한 모든 사람들을 구속하셔서 그들을 전혀 새로운 하늘의 나라로 들어가게 하시기 위함이었습니다.

그리스도께서는 세상에 계시면서도 세상에 속하지 아니하셨습니다. 이 표현 속에서 우리는 우리 구주 예수님 자신과 그의 사역의 그 큰 신비를 보게 됩니다. "세상에 속하지 아니하셨으며"; 곧, 하나님의 신적인 거룩하심의 능력 가운데서 세상을 판단하시고 이기신다는 말씀입니다. 그러나 그러면서도 그는 세상에 계십니다. 그의 인성과 사랑을 통해서 구원받을 수 있는 모든 사람들을 찾아서 구원하신다는 말씀입니다. 세상과는 완전히 구별되어 있는 면과 세상에 있는 자들과 정말로 친밀한 교제를 나누는 면 — 이 두 가지 극단적인 면들이 예수님 안에서 서로 만나고 있습니다. 주님은 이 두 가지 면을 서로 일치시키신 것입니다. 그러므로, 그리스도인도 마찬가지로 그의 삶 속에서 이러한 두 가지 면을 — 이 두 가지가 서로 아무리 달라 보인다 할지라도 — 하나로 연합시켜서 완전한 조화를 이루도록 해야 합니다. 이것이 그리스도인의 부름이요, 이러한 부름은 우리의 삶 속에서 이루어질 수가 있습니다. 신자들마다 각자 하늘에 속한 빛이 이 땅의 형식을 통해서 비쳐지는 것입니다.

　이 두 가지 진리 가운데 어느 하나만을 취해서 그것만을 기리는 일은 그리 어렵지 않습니다. 그리하여 "세상에 속하지 아니하며"를 취하여 자기들의 모토로 삼은 사람들을 주위에서 볼 수 있습니다. 수도원이나 사막으로 들어가야만 하나님을 섬길 수 있다고 생각하던 옛날부터, 세상에 속한 모든 것을 비판하는 극단적인 자세로 경건성을 보이려고들 생각하는 오늘날까지, 이런 태도만이 참된 기독교라고 생각한 사람들이 많이 있습니다. 죄와 단절한 동시에 죄인들과도 교제를 끊었습니다. 죄인은 주위에 부드러운 하늘의 사랑의 분위기가 있다는 것을 도저히 느낄 수 없었습니다. 그것은 한 쪽으로 치우친, 그러므로 결함이 있는 믿음이었습니다.

　그리고 또 다른 편에서는 "세상에 있다"는 점을 강조하며 그리하여 특별히 "만일 그리하려면 세상 밖으로 나가야 할 것이라"(고전 5:10)라는 사도의 말씀을 강조하는 사람들도 있습니다. 그들은 기독교가 우리를 불친절하게 만들어 주는 것이 아니며 또한 즐길 것을 모두 즐기지 못하도록 만드는 것이 아니라는 것을 보여 줌으로써 세상을 하나님께로 이끌어 하나님을 섬기게 할 수 있다는 식으로 생각합니다. 때때로 정말 세상을 아주 신앙적으로 만드는 데 성공을 거두는 일도 있기는 합니다만, 희생이 너무나도 큽니다. 곧, 기독교가 아주 세상적으로 되어 버리는 것입니다.

    예수님을 따르는 참된 제자는 이 두 가지를 하나로 합하여야 합니다. 자신이 세상에 속하지 않는다는 것을 분명히 보여 주고 또한 하늘의 삶이 더욱 복되다는 사실을 스스로 입증하지 못한다면, 죄악에 가득 찬 세상에게 어떻게 더 고귀한 삶이 있다는 것을 입증할 수 있으며 세상이 소유하지 못한 그런 삶을 바라고 사모하도록 가르칠 수가 있겠습니까? 순전함과 거룩함, 그리고 이 세상의 정신과 구별되어 있다는 사실이 그리스도인의 특징이 되어야 합니다. 하늘에 속한 정신을 드러내 보여서 자신이 이 세상에 속하지 않고 다른 나라에 속하여 있다는 것을 증명해 보여야 합니다. 이 세상의 것이 아닌 다른 세상에 속한 정신이, 곧 하늘의 정신이 그에게서 풍겨 나와야 한다는 말입니다.

    또한 동시에, 그리스도인은 "이 세상에서" 살 수밖에 없습니다. 하나님께서 그를 분명히 이 세상에, 이 세상에 속한 사람들 한가운데 가져다 놓으셨습니다. 그 사람들의 마음을 돌이키고, 그들에게 영향을 미치며, 자기 속에 있는 성령님을 그들에게 전달해 주도록 하시기 위해서 그렇게 하신 것입니다. 그러므로 그리스도인의 삶의 중요한 과제는 어떻게 그러한 사명을 감당할 수 있느냐 하는 것이어야 합니다. 기독교의 그 엄숙한 진리의 실체들을 양보하고, 타협하며, 낮추는 방법으로는 그 사명을 이룰 수 없습니다. 그것은 세상의 지혜가 가르치는 방법입니다. 절대로 그렇게 해서는 이룰 수가 없습니다. 사명을 이루는 길은 오직 이 세상에 있으면서도 이 세상에 속하지 않을 수 있는 법을 가르쳐 주실 수 있는 유일하신 분인 그리스도의 발자취를 따라 걷는 것밖에는 없습니다. 섬기며 고난당하는 사랑의 삶을 통해서 자신의 존재의 목적이 오로지 하나님의 영광이라는 사실을 분명하게 고백하며, 또한 성령에 충만하여 사람들에게 하늘의 삶의 그 따뜻함과 사랑을 직접 접하게 해 주어야만 비로소 자신이 세상에게 복이 될 수 있는 것입니다.

오, 우리의 일상 생활 속에서 이 세상에 있는 면과 이 세상에 속하지 않는 면을 하나로 묶을 수 있는 하늘의 비결을 우리에게 가르쳐 줄 분이 과연 누구시겠습니까? 그것은 바로, "내가 세상에 속하지 아니함 같이 그들도 세상에 속하지 아니하였사옵나이다"라고 말씀하신 바로 그분이십니다. 여기서 "같이"라는 말은 우리가 보통 알고 있는 것보다 더 깊은 의미가 있습니다. 성령께서 그 말의 의미를 우리에게 밝혀 주신다면, 그리스도께서 이 세상에 계신 것 같이 우리도 세상에 있다는 것이 무슨 의미인지를 깨닫게 될 것입니다. "같이"라는 단어의 뿌리와 기본 의미는 바로 생명의 연합(a life union)입니다. 이 말에서 우리는 이 세상에 더욱더 속하지 않을수록 세상에 있기에 더 합당해진다는 신적인 비밀을 발견하게 됩니다. 교회가 이 세상의 정신과 원리에서 자유로워질수록, 세상 속에서 더욱더 큰 영향을 끼치게 될 것입니다.

이 세상의 삶은 자기를 기쁘게 하는 것이요, 또한 자기를 높이는 것입니다. 그러나 하늘에 속한 삶은 자기를 부인하는 거룩한 사랑의 삶입니다. 수많은 그리스도인들이 자기 자신을 세상과 분리시키려 하면서도 그 삶에서 연약한 모습이 늘 드러납니다만, 그 이유는 그들이 너무나 세상의 정신에 속해 있기 때문입니다. 그들은 다른 무엇보다도 자기 자신의 행복과 완전을 더 추구합니다. 그러나 예수 그리스도께서는 이 세상에 속하지 않으셨고, 세상의 정신을 가지지도 않으셨습니다. 그렇기 때문에 주님은 죄인들을 사랑하시고 그들을 돌이키시고 그들을 구원하실 수 있으셨던 것입니다.

신자는 그리스도와 똑같이 세상에 속하여 있지 않습니다. 주님은, "내가 세상에 속하지 아니함 같이 저희도 세상에 속하지 아니하였사옵나이다"라고 말씀하십니다. 그리스도인은 새 사람이 되었고, 하늘로부터 났으며, 하늘의 생명과 사랑을 자기 속에 지니고 있습니다. 그 초자연적인 하늘의 생명이 그로 하여금 이 세상에 있으면서도 거기에 속하지 않을 수 있는 능력을 그에게 주는 것입니다. 자기의 내적 삶이 그리스도를 닮았다는 사실을 온전히 믿는 제자라면 그 사실이 참되다는 것을 몸소 체험할 것입니다. "그리스도와 같이 나도 세상에 속하지 않으니, 내가 그리스도 안에 있기 때문이니라"고 확신을 갖고 이야기할 것입니다.

세상과 분리되어 있는 상태를 유지하는 일은 오직 그리스도와 밀접하게 연합되어 있는 상태 속에서만 가능하다는 것을 그는 잘 이해합니다. 그리스도께서 그의 안에 살고 있는 한 그는 하늘의 삶을 이어갈 수가 있습니다. 자기의 부르심에 부응하는 유일한 길은, 한편으로는 이 세상에 대하여 십자가에 못 박힌 자가 되어 세상의 권세로부터 자기를 끊어내는 것이요, 또한 다른 한편으로는 그리스도 안에서 사는 자로서 세상 속으로 들어가 세상을 향하여 복이 되는 길이라는 사실을 그는 잘 깨닫고 있는 것입니다. 그는 이 땅에서 행하면서도 동시에 하늘에서 사는 것입니다.

그리스도인 여러분! 여기서 예수 그리스도를 참으로 닮는 길을 보십시오. "너희는 저희 중에서 나와서 따로 있으라 … 전능하신 주의 말씀이니라"(고후 6:17, 18)라고 말씀합니다. 그리고 그 약속이 성취됩니다: "내가 그들 가운데 거하며 두루 행하리라"(고후 6:16). 그리고는 아버지께서 그리스도를 보내셨듯이 그리스도께서도 여러분을 세상 속으로 보내십니다. 아버지를 영화롭게 하며 그의 사랑을 알리는 장소로 세상을 지정하셔서 여러분을 그리로 보내시는 것입니다. 참된 하늘의 정신은 세상을 떠나 하늘로 가고 싶어하는 자세에서 나타나는 것이 아닙니다. 오히려 이 땅에서 하늘의 삶을 살고자 하는 자세에서 나타나는 것입니다.

"세상에 속하지 아니하고"는 세상에서 분리되며 세상을 떠나는 것만이 아닙니다. 그것은 오히려 다른 세상의 — 우리가 진정으로 속하여 있는 하늘의 — 정신과 사랑과 능력을 활기 있게 드러내 보여서 그 하늘의 능력으로 이 세상을 축복에 함께 참여하는 존재로 만드는 것입니다.

오, 위대하신 대제사장이시여! 주께서 대제사장의 권위로 우리를 위하여, 이 세상에 속하여 있고 여전히 그런 상태 속에 있는 우리를 위하여 아버지께 구하시오니, 주의 그 능력이 크신 간구가 우리를 위하여 이루어지기를 바라옵니다.

여전히 세상이 우리 마음 속으로 들어오고 있사옵고, 세상의 이기적인 정신이 여전히 우리 속에 너무나 많이 있사옵니다. 새 사람이 되었으나, 아직도 우리의 불신앙으로 인하여 충만한 능력을 발휘하지를 못하옵니다. 주여, 간구하오니, 주님의 전능하신 간구의 결과로, "내가 세상에 속하지 아니함 같이 그들도 세상에 속하지 아니하였사옵나이다"라는 주님의 말씀이 우리 속에서 충만히 실현되게 하옵소서. 세상을 이기는 우리의 유일한 힘은 우리가 주님을 닮는 데 있사옵니다.

주여, 주님을 닮으려면, 우리가 주님과 하나이어야만 하옵니다. 주님과 동행할 때에만 비로소 우리가 주님 같이 행할 수 있나이다. 복되신 주님, 우리 자신을 굴복시켜서 오직 주님 안에 거하려 하나이다. 주님께 온전히 드려진 삶은 바로 주께서 온전히 소유하시는 삶이옵니다. 우리 속에 거하시는 성령께서 우리를 주님과 하나로 연합시키셔서 우리가 언제나 이 세상에 속하지 않은 자로서 살게 하옵소서.

　주의 성령께서 이 세상에서 행하시는 주님의 역사하심을 우리에게 알려 주시사 깊은 겸손과 열렬한 사랑 가운데서 이 세상에 속하지 않은 자로서 이 세상에 사는 자가 누리는 복된 삶의 모든 것을 드러내 보이는 것을 우리의 기쁨으로 삼게 하옵소서. 이 세상에 속하지 않는다는 사실을, 주님과 같이 이 세상에 있는 자들을 위하여 우리 자신을 희생하는 온유하면서도 열렬한 마음으로 증명해 보이도록 해 주시옵소서. 아멘.

제10일 하늘의 사명

"아버지께서 나를 세상에 보내신 것 같이 나도 그들을 세상에 보내었고" — 요 17:18
"아버지께서 나를 보내신 것 같이 나도 너희를 보내노라" — 요 20:21

주 예수께서는 아버지께로부터 받은 사명을 깊이 의식하며 이 땅에서 사셨습니다. 그는 "아버지께서 나를 세상에 보내셨다"라는 표현을 늘상 사용하셨습니다. 그는 그 사명이 무엇인지를 알고 계셨습니다. 아버지께서 바로 그 사명을 이루려 하는 목적으로 자기를 택하사 세상에 보내셨다는 것을 잘 알고 계셨습니다. 그 사명을 위하여 필요한 모든 것을 아버지께서 주실 것도 알고 계셨습니다. 아버지께서 자기를 보내셨다는 믿음이 그에게 그 사명을 이룰 동기와 힘을 주었던 것입니다.

이 세상의 일의 경우에도, 대사(大使)가 자기의 임무가 무엇인지를 분명히 알고 있는 것이 엄청난 도움이 됩니다. 임무를 분명히 알고 있으면, 오로지 그 임무를 수행하는 일에만 전념하게 되고, 그 한 가지 일에만 모든 것을 쏟아붓게 되는 것입니다. 그리스도인에게 있어서도, 자신의 사명을 바로 아는 것이 다른 일 못지않게 중요합니다. 그 사명의 본질이 무엇이며, 그 사명을 과연 어떻게 이룰 것인가를 아는 것이 너무나 중요한 것입니다.

우리가 지닌 하늘의 사명이야말로 우리 주님을 닮아가는 일에 속한 가장 영광된 부분의 하나입니다. 주님은 그의 생애의 가장 엄숙한 순간에 그 점을 아주 분명하게 말씀하십니다: "아버지께서 나를 보내신 것같이 나도 너희를 보내노라." 대제사장적인 기도에서 그 점을 아버지께 말씀드리시면서, 그 사실을 기반으로 그리스도인들을 지켜 주시고 거룩하게 하시기를 구하셨습니다. 또한 부활하신 후 제자들에게 그 사실을 말씀하시면서, 성령을 받아야 하는 근거를 거기에 두셨습니다. 우리의 사명과 그리스도의 사명이 얼마나 완전하게 일치하는지를 깨닫는 것 이상으로 우리의 사명을 알고 수행하는 일에 도움을 주는 것은 없습니다.

우리의 사명은 그 대상에 있어서 그리스도의 사명과 일치합니다. 아버지께서 그의 아들을 보내신 이유가 무엇이었습니까? 죄인들을 구원하심으로써 그의 사랑과 그의 뜻을 알게 하시기 위함이었습니다. 그리스도께서는 말씀과 교훈을 통해서만이 아니라 자기의 성품과 기질과 행실을 통해서 아버지의 거룩하신 사랑을 드러내셔야 했습니다. 그리하여 눈에 보이지 않는 하늘에 계신 아버지를 드러내 보여 주어서, 이 땅의 사람들로 하여금 아버지가 어떤 분이신지를 알도록 하셔야 했던 것입니다.

그런데 이제는 주님께서 이러한 그의 사명을 이루시고 승천하셔서, 아버지처럼 눈에 보이지 않으시는 분이 되셨습니다. 주님은 그 사명을 어떻게 이루는지를 친히 보여 주신 다음, 이제 그 사명을 제자들에게 주셨습니다. 제자들은 눈에 보이지 않는 그리스도를 스스로 드러내 보여야 합니다. 그래서 그들을 보면 그리스도가 어떤 분이신지를 판가름할 수 있도록 되어야 한다는 말입니다. 그리스도인은 누구나 예수님의 형상이 되어야 합니다. 그리스도께서 죄인들을 향하여 가지셨던 것과 똑같은 사랑을, 그리고 그들의 구원을 위한 똑같은 열정을 자기의 인격과 품행으로 드러내 보여야 합니다. 그래서 그리스도가 어떤 분이신지를 세상이 알도록 되어야 하는 것입니다. 오, 나의 영혼아! 이러한 하늘의 사상을 깊이 깨달을지어다! 우리의 사명은 그 대상에 있어서 그리스도의 사명과 똑같습니다. 곧, 이 땅의 모습에서 하늘의 거룩한 사랑을 드러내 보여 주는 것입니다.

또한 우리의 사명은 그 기원에 있어서도 그리스도의 사명과 일치합니다. 그 일을 위하여 그리스도를 택하시고 그를 그러한 존귀와 신뢰에 합당한 분으로 여기신 것은 바로 아버지의 사랑이었습니다. 우리 역시 그리스도의 택함을 받아 이 일을 사명으로 받은 자들입니다. 구속함을 받은 사람은 누구나 자기가 주님을 찾은 것이 아니요 주님께서 자기를 찾아 택하셨다는 것을 분명히 압니다. 그렇게 찾고 택하시는 가운데, 주님은 이러한 하늘의 사명을 염두에 두신 것입니다. "너희가 나를 택한 것이 아니요 내가 너희를 택하여 세웠나니 이는 너희로 가서 과실을 맺게 하고 또 과실이 항상 있게 … 하려 함이로다"(요 15:16).

신자 여러분! 여러분이 누구며 어느 곳에 거하든지, 주님께서는 여러분과 여러분의 처지를 아시고 여러분을 택하셔서 여러분이 처한 곳에서 주님의 대리자(representative)가 되게 하셨습니다. 이 사실을 마음에 깊이 두시기를 바랍니다. 주님께서 그의 마음을 여러분에게 두시고 여러분을 구원하신 것은, 여러분이 주변의 사람들에게 눈에 보이지 않는 그리스도의 영광의 형상을 드러내 보이도록 하기 위함인 것입니다. 오, 여러분이 지닌 하늘의 사명의 기원을 생각하기를 바랍니다. 그 기원은 바로 하나님의 영원하신 사랑에 있습니다. 주님의 사명 역시 아버지의 사랑에 기원을 둔 것이었습니다. 여러분의 사명은 과연 주님의 사명을 닮은 것입니다.

우리의 사명은 감당하게 해 주는 면에서도 그리스도의 사명과 일치합니다. 대사는 자신의 대사의 임무를 위해서 필요한 모든 것이 본국으로부터 공급될 것을 기대합니다. "나를 보내신 이가 나와 함께하시도다. 내가 항상 그의 기뻐하시는 일을 행하므로 나를 혼자 두지 아니하셨느니라"(요 8:29). 아버지께서는 아들을 보내시면서 언제나 그와 함께 계셨고, 그의 힘과 위로가 되셨다는 사실을 이 말씀이 가르쳐 줍니다. 그리스도의 교회가 그 사명을 감당할 때에도 꼭 마찬가지입니다. "그러므로 너희는 가서 모든 족속으로 제자를 삼아 … 가르쳐 지키게 하라"는 명령에 다음과 같은 약속이 함께 있는 것입니다: "볼지어다 내가 세상 끝날까지 너희와 항상 함께 있으리라"(마 28:19-20).

그리스도인은 모름지기 감당하지 못하겠다는 것을 이유로 뒤로 움츠러들어서는 안됩니다. 주님은 수행할 능력을 친히 주시지 않는 일은 절대로 요구하지 않으십니다. 신자는 누구나 주님의 능력 주심에 의지해서 사명을 이루는 것입니다. 아버지께서 아들에게 성령을 주셔서 그의 사명을 감당하게 하신 것처럼, 주 예수께서도 필요한 모든 것을 그의 백성들에게 주실 것입니다. 그리스도를 언제나 드러내고, 그가 보이신 그 모범의 그 사랑스러운 빛을 드러내며, 또한 그리스도 자신처럼 주위의 모든 이들에게 사랑과 생명과 축복의 근원이 되는 은혜가, 마음을 다하여 믿음으로 하늘의 부르심을 따르는 모든 이들에게 주어지는 것입니다. 그러므로 이 점에 있어서도, 곧 보내시는 분이 보냄을 받는 이들에게 필요한 모든 것을 보살피시고 공급하신다는 이 점에 있어서도, 우리의 사명은 주님의 사명을 닮았습니다.

우리의 사명은 헌신(consecration)을 요구한다는 점에서도 그리스도의 사명을 닮았습니다. 주 예수님은 그의 사명을 이루는 일을 위하여 전적으로 남김없이 자기 자신을 드리셨습니다. 그는 오직 그 사명만을 위해 사셨습니다. "때가 아직 낮이매 나를 보내신 이의 일을 내가(한글 개역 성경에는 '우리가'로

번역되어 있다—역자주) 하여야 하리라 밤이 오리니 그때는 아무도 일할 수 없느니라"(요9:4). 그가 이 땅에 계신 유일한 이유는 오직 아버지께서 주신 사명이었습니다. 예수님은 오직 하늘에 계신 아버지 하나님께서 얼마나 영광된 분이시며 얼마나 복된 분이신가를 인류에게 드러내 보이는 바로 이 일만을 위해서 사셨던 것입니다.

우리도 예수님과 마찬가지입니다. 그리스도께서 주신 사명이 우리가 이 땅에 존재하는 유일한 이유입니다. 그 사명이 아니라면, 우리를 이 세상에서 취해 가실 것입니다. 그런데 신자들 대부분은 이 사실을 믿지 않습니다. 그리스도께서 주신 사명이란 잘해야 그저 다른 이런저런 일들과 함께 행할 수 있는 것이고, 시간과 힘이 남아돌지 않아서 잘하지 못해도 그만인 그런 것 정도로 생각합니다. 그러나 여러분, 그리스도께서 주신 사명을 이루는 일이야말로 내가 이 땅에 존재하는 유일한 이유라는 사실을 분명히 알아야 합니다. 먼저 이 사실을 믿고, 그리고 주님처럼 그 사명을 위하여 나 자신을 남김없이 헌신하게 되면, 과연 하나님을 기쁘시게 하는 삶을 살게 되는 것입니다. 이 하늘의 사명은 너무도 크고 영광된 것이기 때문에, 전적으로 거기에 헌신되지 않고서는 절대로 이룰 수가 없는 것입니다. 그런 전적인 헌신이 없이는, 그 사명을 감당하도록 만들어 주는 능력이 우리를 사로잡을 수가 없게 됩니다. 그것이 없이는, 주님의 놀라운 도우심도 그의 복된 온갖 약속들의 성취도 기대할 수가 없게 되는 것입니다.

예수님의 경우와 꼭 마찬가지로, 우리의 하늘의 사명은 오직 전폭적인 헌신을 요구하는 것입니다. 과연 나는 그렇게 헌신할 준비가 되어 있습니까? 그럴 준비가 되어 있다면, 다음과 같은 예수님의 말씀에 담긴 그 거룩한 영광이 내게 밝혀져서 내가 그 영광을 몸소 체험할 수 있도록 만들어 주는 열쇠가 내게 있는 것과 다름이 없습니다: "아버지께서 나를 보내신 것 같이 나도 너희를 보내노라."

오 형제 여러분! 이 하늘의 사명은 과연 우리 자신을 전적으로 드리고 유일한 생의 목적으로 삼을 만한 충분한 가치가 있는 것입니다.

오, 주 예수님! 주께서는 하늘의 삶이 무엇인지를 우리에게 보여 주시기 위하여 하늘로부터 이 땅에 강림하셨사옵니다. 주님이 그렇게 하실 수 있으셨던 것은 바로 주께서 하늘에 속하신 분이셨기 때문이옵니다. 주님은 하늘의 삶의 형상과 영을 지니고 이 땅에 오셨사옵니다. 그러므로, 하늘의 영광을 정말로 놀랍게 드러내 보이셨사옵니다. 눈에 보이지 않으시는 아버지의 뜻과 사랑을 말이옵니다.

주님! 주님은 이제 눈에 보이지 않으시는 분으로 하늘에 계시면서 우리를 보내사 이 땅에서 구주이신 주님의 하늘의 영광을 대신 드러내 보이라 하시옵니다. 주님은 우리더러 사람들을 진정으로 사랑하여서 주님이 하늘에서 그들을 얼마나 사랑하는지를 우리가 주는 사랑으로 좀 깨닫게 되게 하라고 명하시옵니다.

복되신 주여! 우리 마음이 소리를 발하옵니다. 우리가 무엇이관대 그런 크나큰 소명을 주셔서 우리를 보내시옵니까? 사랑이 적은 우리에게서 어떻게 무엇을 기대하실 수 있사옵니까? 땅에 속한 우리가 하늘의 삶이 무엇인지를 어떻게 보여 줄 수가 있겠나이까?

귀하신 주님! 주께서는 주시는 것 이상으로 요구하시지 않으신다는 것을 우리가 아오니, 나의 영혼이 주님을 찬양하옵니다. 하늘의 생명이신 주께서 주의 제자들 속에 사시옵니다. 주의 거룩하신 이름이 찬양을 받으옵소서. 주의 제자들은 하늘로부터 성령을 받아 누리옵니다. 성령께서 과연 영혼 속에서 역사하는 하늘의 생명이시옵니다. 성령의 인도하심에 굴복하는 자마다 주께서 주신 사명을 이룰 수 있나이다. 성령의 기쁨과 능력 속에서 우리는 주님의 형상을 지닌 자들이 될 수 있으며, 또한 주님의 모습을 조금이나마 사람들에게 보여 줄 수 있나이다.

주여! 주의 모든 백성들을 가르치사, 주께서 세상에 속하지 않으셨듯이 우리가 세상에 속하지 않는다는 것을 깨닫게 하옵소서. 그리하여 주께서 아버지께로부터 보내심을 받으셨듯이, 우리도 주께로부터 보내심을 받은 자들로서 사랑과 순결과 축복이 가득한 하늘의 세계에 속한 자들임을 우리의 생활을 통하여 증명해 보이게 하옵소서. 아멘

제11일 하나님의 택하신 자로

"하나님이 미리 아신 자들을 또한 그 아들의 형상을 본받게 하기 위하여 미리 정하셨으니 이는 그로 많은 형제 중에서 맏아들이 되게 하려 하심이니라" — 롬 8:29

성경은 신자들 개개인을 택하신 사실에 대해서 가르쳐 줍니다. 어느 한 두 구절에서만 그것을 가르치는 것이 아니라, 이 땅에서 하나님의 역사가 이루어져 온 역사 전체를 통틀어서 영원한 하나님의 작정이 그러했음을 가르칩니다. 하나님 나라의 미래 전체가 그 개개인의 신자들이 신실하게 하나님 나라에서 자리를 차지하는 여부에 달려 있음을 우리는 계속해서 보게 됩니다. 하나님께서 목적을 수행하시는 유일한 안전책은 바로 개개인을 하나님께서 예정하셨다는 데 있는 것입니다. 세상의 역사와 하나님 나라의 역사의 확실한 근거는 — 개개인 신자의 역사도 마찬가지이지만 — 오로지 예정에 있는 것입니다.

그런데 그리스도인들 중에 이 사실을 보지 못하는 사람들이 있습니다. 그들은 인간의 책임을 손상시키지 않을까 염려하여 하나님의 예정 교리를 거부합니다. 왜요? 그 교리가 사람의 의지와 행동의 자유를 빼앗아 가는 것처럼 보이기 때문입니다. 그러나 성경은 그렇게 염려하지 않습니다. 성경은 어느 곳에서는 마치 선택이 없는 것처럼 인간의 자유 의지를 말씀하고, 동시에 다른 곳에서는 마치 인간의 자유 의지가 없는 것처럼 선택을 말씀하는 것입니다. 그리하여, 성경은 이 진리들을 서로 함께 놓고 붙들어야 한다는 것을 가르쳐 줍니다. 그 진리들을 온전히 이해하지 못한다 할지라도, 또한 그 두 진리를 서로 조화시키지 못한다 할지라도 말입니다. 영원의 빛 가운데서 보면, 이 신비의 해결책이 주어질 것입니다. 믿음의 눈으로 이 두 진리를 붙드는 사람은 곧바로 그 두 진리가 거의 상충되지 않는다는 것을 몸소 체험하게 될 것입니다. 하나님의 영원하신 목적에 대한 믿음이 강해질수록, 스스로 행하고자 하는 용기가 더욱더 강화된다는 것을 보게 될 것입니다. 또한 다른 면에서, 열심히 행할수록 모든 것이 하나님께 속해 있다는 것이 더욱더 분명해질 것입니다.

그렇기 때문에, 신자로서는 자신의 택하심을 확고히 하는 일이 매우 중요합니다. 성경은, 우리가 이것을 행하면 "언제든지 실족하지 아니하리라"(벧후 1:10)는 확신을 주고 있습니다. 내가 하나님께 택하신 바 되었다는 것을 믿고, 또한 이 택하심이 나의 부르심의 각 부분에 미친다는 사실을 깨달을수록, 하나님께서 친히 내 속에서 자기의 일을 온전하게 하실 것이라는 확신이 더욱더 강해질 것입니다. 그러므로, 내가 하나님께서 진정 기대하시는 모습이 된다는 것이 가능한 것입니다.

성경이 내게 지우는 온갖 의무들과 또한 내게 이루어지기를 사모하는 온갖 약속들 속에서, 내가 하나님의 목적들 속에서 나의 기대를 얹어 놓을 확고한 기반을 찾으며, 그 기대들을 이끌어갈 진정한 척도를 찾는 것입니다. 이 땅의 나의 삶은 아버지께서 나를 향하여 세워놓으신 하늘의 계획의 복사판이라는 것을 깨닫게 될 것입니다.

그리스도인 여러분! 여러분의 부르심과 택하심을 확실히 붙잡으십시오. 여러분이 택함을 받았다는 사실을 분명하게 해야 합니다. 뿐만 아니라 무엇을 위하여 택함을 받았는지도 분명히 하시기를 바랍니다. "너희가 이것을 행한즉 언제든지 실족하지 아니하리라"(벧후 1:10). 하나님의 변함이 없으신 목적을 근거로 하나님과 교제를 나눔으로써 영혼에 움직일 수 없는 확고함이 생겨나 실족을 방지하게 되는 것입니다.

그리스도 안에서 우리에 관하여 세워진 하나님의 목적을 말씀하는 표현 가운데 가장 복된 것 가운데 하나를 이 말씀에서 봅니다: "그 아들의 형상을 본받게 하기 위하여 미리 정하셨으니." 인간 그리스도 예수는 하나님의 택하신 분이십니다. 택하심의 처음과 마지막이 그의 안에 있습니다. "그 안에서 우리가 택함을 받았나니." 우리를 택하신 일이 일어난 것은 우리를 그리스도와 연합시키시고, 그리하여 하나님께 영광이 되도록 하기 위함이었습니다. 그저 자기 자신이 택함을 받은 사실과 구원이 확실하다는 것만을 추구하며, 그것을 두려움과 의심에서 놓임을 받으려 하는 신자는 그 택하심의 진짜 영광된 것을 거의 모릅니다.

택하심의 목적이 그리스도 안에서 우리를 위하여 예비된 모든 풍성한 것들을 다 포괄하며 또한 우리의 삶의 순간순간마다 필요로 하는 모든 것을 공급해 주는 것입니다. "창세 전에 그리스도 안에서 우리를 택하사 우리로 사랑 안에서 그 앞에 거룩하고 흠이 없게 하시려고 … 우리를 예정하사 … 자기의 아들들이 되게 하셨으니"(엡 1:4-5). 택하심과 거룩하게 하심의 상호 관계를 올바로 깨달을 때에 비로소 선택의 교리가 그 충만한 축복을 교회에 드러내는 것입니다(살후 2:13; 벧전 1:2 등을 보십시오).

선택의 교리는 신자 안에서 모든 일을 행하시는 것이 바로 하나님이시며 따라서 지극히 작은 일에 대해서까지라도 하나님께서 그의 백성을 향하여 이루시기를 원하시는 그의 변함 없으신 목적에 의지하여야 한다는 사실을 가르쳐 줍니다. 이런 사실을 볼 때에, "그 아들의 형상을 본받게 하기 위하여 미리 정하셨으니"라는 말은 그리스도의 모습을 자기 자신의 목표로 받아들이기 시작한 모든 이들에게 새로운 힘을 주는 것입니다.

그리스도인 여러분! 정말로 그리스도처럼 되기를 원하십니까? 그렇다면 정신을 모두어 이것이 여러분을 향한 하나님의 뜻이라는 사실을 확신하기를 바랍니다. 구속 사역 전체가 바로 여러분을 그렇게 되도록 하기 위하여 계획되었다는 것을 기억하기를 바랍니다. 그리고 여러분의 그런 바람이 이루어진다는 것을 하나님의 목적이 보증한다는 사실도 기억하시기 바랍니다. 여러분의 이름이 생명책에 기록되어 있는 한, "그 아들의 형상을 본받게 하기 위하여 미리 정하셨으니"라는 사실도 그대로 서 있는 것입니다.

하나님의 영원하신 목적의 첫 부분 — 인간 그리스도 예수 안에서 아버지의 완전하신 모습을 드러내는 일 — 을 이루는 데 역사한 하나님의 모든 능력이 둘째 부분을 이루는 데에도 똑같이 역사하여 하나님의 자녀 각 사람 속에 그 모습을 이루어가는 것입니다. 그리스도의 역사하심 가운데서, 이와 관련한 하나님의 목적을 이루는 데 필요한 모든 것이 가장 완전하게 공급되는 것입니다. 우리가 그리스도와 연합되어 있는 것이, 살아 있는 믿음으로 그리스도를 온전히 붙드는 것이, 모든 것을 이루는 능력이 되는 것입니다. 우리는 그 일을 하나님의 확실함으로 이미 정해진 것으로 의지하고 기댈 수가 있습니다. 그리고 우리가 그렇게 우리 자신을 거기에 맡기면 그 일이 이루어지는 것입니다. 하나님께서 우리를 택하사 그의 아들의 형상으로 화하도록 정하지 않으셨습니까?

이 진리를 생생하게 의식한다면 그 힘이 얼마나 강력하겠는지는 쉽게 이해할 수 있습니다. 이 사실은 하나님의 영원하신 뜻이 하나님의 능력으로 우리 속에서 그 목적을 이루도록 우리 자신을 거기에 온전히 드릴 것을 가르쳐 줍니다. 또한 우리의 인간의 노력이 얼마나 쓸모없고 얼마나 무기력한지를 잘 보여 주며, 따라서 하나님의 목적을 우리 속에 이루는 일은 그런 인간의 노력으로는 되지 않는다는 것을 잘 보여 줍니다. 하나님께 속한 모든 것은 반드시 그를 통하여 되어지는 것입니다. 처음이신 그분께서 중간도 되시고 또한 마지막도 되시는 것입니다. 이 사실이 정말로 놀랍게 우리의 믿음을 강화시켜서 오직 하나님만을 영화롭게 하고자 하는 거룩한 담대함을 줍니다. 그리고 하나님께서 그의 모든 약속과 모든 명령을 친히 성취하셔서 그가 뜻하시는 복되신 목적의 각 부분을 전부 이루시기를 기대하게 만드는 것입니다.

그러면, 그리스도의 형상을 본받는다는 것은 무엇일까요? 그것은 곧 아들이 된다는 것입니다. 그 아들의 형상을 본받는 것입니다. 그리스도를 닮는 삶에 온갖 서로 다른 특징들이 있습니다만, 이 모든 것이 바로 이 한 가지 사실을 그 처음과 마지막으로 삼는 것입니다. 우리는 "그 아들의 형상을 본받게 하기 위하여 미리 정하신" 바 되었습니다. 그리스도는 아들로서 사시면서 아버지를 섬기셨고 기쁘시게 하셨습니다. 마찬가지로, 내가 살면서 하나님을 섬기고 기쁘시게 할 수 있는 것은 오직 아들로서 하나님의 아들의 영을 내 마음 속에 모시고서만 되는 것입니다. 날마다 충만하고 확실한 의식 가운데서 행해야 하는 것입니다. 곧, 그리스도처럼 내가 지극히 높으신 하나님의 아들로서 위로부터 난 자요, 아버지께 사랑을 받는 자라는 의식 말입니다. 아들이기 때문에, 아버지께서는 나의 모든 필요를 공급하십니다. 아들이기 때문에 나는 아버지를 의지하고 신뢰하며 사랑과 순종과 기쁨과 소망 가운데서 사는 것입니다. 내가 아들로서 아버지와 함께 살 때에 비로소 희생을 치르고 아버지의 명령하신 바를 순종하는 일이 가능해지는 것입니다.

신자 여러분! 시간을 갖고 이 진리를 깨닫기 위해서 기도하기를 바랍니다. 그리고 그 진리가 여러분의 영혼 속에 충만한 능력을 발휘하도록 해야 합니다. 성령께서 여러분의 존재의 가장 깊은 곳에 새겨 놓으시도록 하십시오. 여러분이 "그 아들의 형상을 본받게 하기 위하여 미리 정하신" 존재라는 사실을 말입니다. 아버지의 목표는 아들의 존귀였습니다. 곧 "그로 많은 형제 중에서 맏아들이 되게 하려 하심"(롬 8:29)이 아버지의 목표였던 것입니다.

여러분도 이것을 여러분의 평생의 목표로 삼으시기를 바랍니다. 여러분의 맏형님 되시는 그리스도의 형상을 널리 보여서, 다른 그리스도인들도 오직 그만을 바라보며 그에게만 찬송을 돌리고 그를 더욱더 따르기를 힘쓰게 되도록 해야 하는 것입니다.

"내 몸에서 그리스도가 존귀히 되게 하려 하나니"(빌 1:20)라는 사도 바울의 소원이 여러분의 기도의 큰 목표가 되고, 여러분의 평생의 확고한 유일한 목적이 되도록 하기를 바랍니다. 이것이 여러분에게 새로운 확신을 주어서, 여러분으로 하여금 그리스도처럼 살기에 필요한 모든 것을 구하고 또한 기대하게 만들어 줄 것입니다. 여러분이 그리스도를 닮으면, 아들을 영화롭게 하시려는 아버지의 영원하신 목적이 영원토록 성취되는 것입니다. 그렇게 되면 그리스도를 닮는 일이 그야말로 거룩한 하늘의 일이 되어서, 여러분으로서는 그 일이 오로지 아버지께서 이루시는 일임을 깨닫게 됩니다. 그리스도를 닮는 그 귀한 일이 아버지의 역사로 말미암아 이루어지는 것입니다. 하나님의 목적으로 정해 놓으신 그것을 하나님의 능력이 이루는 것입니다. 하나님의 사랑이 정해 놓으시고 명령하신 것을 하나님의 사랑이 이루는 것입니다. 이 하나님의 영원하신 목적을 믿는 살아 있는 믿음이야말로 우리를 그리스도처럼 살도록 용기를 주고 또한 돕는 확실한 능력 가운데 하나인 것입니다.

    오, 측량할 수 없으신 하나님! 아버지 앞에 깊이 낮추어 경배를 드리나이다. 주의 아드님께서 나를 택하셔서 주께서 그를 보내신 것처럼 아드님께서도 나를 세상에 보내신 것을 알고 정말로 큰 힘을 얻었사옵니다. 그런데, 주님은 여기서 한 걸음 더 높이 인도하사, 세상에서 아드님처럼 되는 이 사명이 영원 전부터 주님께서 친히 정하신 것임을 보여 주셨사옵니다. 오 나의 하나님, 나의 영혼이 주 앞에서 티끌 가운데 부복하여 경배드리옵니다.

    주 하나님! 이제 주의 자녀가 감히 주 앞에 나아가 주님의 목적을 이루시기를 구하오며, 감히 확신을 갖고 주께 응답을 구하옵나이다. 그 어떠한 방해가 있다 할지라도 주의 뜻이 그보다 더 강하옵니다. 주를 신뢰하는 믿음이 부끄러움을 당하지 않으리이다. 주여! 거룩한 경외와 경배의 마음으로, 그러나 어린아이 같은 신뢰와 소망으로 이 기도를 드리옵니다. 아버지여 내 마음에 주의 아드님의 형상을 본받고자 하는 간절한 소원을 주시옵소서. 아버지여, 예수님을 닮는 것, 이것이 바로 나의 영혼이 주께 바라는 소원이옵나이다. 나로 하여금, 예수님처럼 주의 거룩한 자녀가 되게 하옵소서.

    오 나의 아버지여! 주의 기념책에 그것을 기록하시고, 내 기억 속에도 기록해 놓으시옵소서. 내가 무엇보다도 주의 아드님의 형상을 본받기를 주께 구하였다는 것을 말이옵니다.

    아버지여! 이 일을 위해서 나를 택하셨나이다. 주께서 주의 영광을 위해서 또한 아들의 영광을 위해서 내게 응답하실 것이옵니다. 아멘.

제12일 하나님의 뜻을 행함으로

"내가 하늘에서 내려온 것은 내 뜻을 행하려 함이 아니요 나를 보내신 이의 뜻을 행하려 함이니라" — 요 6:38; 5:30

하나님의 뜻에서 우리는 하나님의 신적인 완전하심과 동시에 그의 신적인 능력의 높은 힘에 대한 최고의 표현을 접하게 됩니다. 창조의 시작과 그 아름다움이 모두 이 하나님의 뜻으로 되어진 것입니다. 모든 자연 속에서 하나님의 뜻이 이루어집니다. 하늘의 천사들도 하나님의 뜻을 행하는 데서 최고의 복을 찾습니다. 사람이 자유 의지를 갖고 창조된 것도 역시 자기 스스로 선택하여 하나님의 뜻을 행할 능력을 지니도록 하기 위함이었습니다. 그런데, 마귀에게 미혹당하여, 사람은 하나님의 뜻보다 자기 자신의 뜻을 행하는 크나큰 죄를 범하였습니다. 그렇습니다! 하나님의 뜻이 아니라 자기의 뜻을 행하는 것입니다! 바로 여기에 죄의 비참함과 뿌리가 있는 것입니다.

예수 그리스도께서 사람이 되신 것은 하나님의 뜻을 행하는 복된 자리로 우리를 돌이키시기 위함이었습니다. 구속의 큰 목표는 바로 우리와 우리의 의지를 죄의 권세로부터 자유롭게 하여 우리로 하여금 다시금 하나님의 뜻 아래서 살며 그 뜻을 행하도록 하게 하는 데 있었습니다. 예수께서는 지상 생애를 통해서 오직 하나님의 뜻을 위하여 산다는 것이 어떤 것인지를 친히 보여 주셨습니다. 그의 죽으심과 부활을 통해서, 주님은 그가 행하신 대로 하나님의 뜻 안에서 살며 그 뜻을 행할 수 있는 능력을 받으셔서 우리에게 주셨습니다.

"보시옵소서 내가 하나님의 뜻을 행하러 왔나이다"(히 10:9). 이 말씀은 그리스도께서 탄생하시기 오래 전에 성령을 통하여 그의 선지자 중 한 사람의 입으로 말씀하신 것으로, 그리스도의 지상 생애를 푸는 열쇠가 됩니다. 나사렛의 목수의 작업장에서나, 세례 요한과 함께 요단 강가에 계실 때에나, 광야에서 사탄에게 시험을 받으실 때에나, 수많은 무리와 함께 계실 때에나, 살거나 죽거나 간에, 언제나 바로 이 말씀이 그를 인도하였고, 기쁨을 주었고, 영감을 주었던 것입니다. 아버지의 영광된 뜻이 그에게서, 그로 말미암아 이루어져야 했던 것입니다.

그러나 여기에 그리스도에게 아무런 희생이 없었다는 식으로 생각해서는 안 됩니다. 그는 계속해서, "나의 뜻이 아니라 아버지의 뜻"을 말씀하셨습니다. 곧, 거기에는 자기 자신의 뜻을 부인하는 것이 있었다는 것을 깨닫게 됩니다. 자기 자신을 희생제물로 드려야 할 시간이 임박해 올 무렵 겟세마네 동산에서 우리는 그리스도 자신의 목숨 전체를 아버지께 합당하게 드리고자 하는 그의 자세를 보여 주는 완벽한 표현을 보게 됩니다. 사람이 하나님의 뜻 이외에 다른 뜻을 가지고 있는 것 자체는 죄가 아닙니다. 그러나 창조주 하나님의 뜻과 자기의 뜻이 이반될 경우 자기의 뜻에 기울면 바로 그때에 죄가 성립이 되는 것입니다.

인간이신 예수께서는 인간의 뜻을 가지고 계셨습니다. 죄악되지는 않으나 인간 본성에 속한 자연적인 욕구들이 그에게 있었습니다. 그는 하나님께서 가르쳐 주시기를 기다려서 비로소 그 뜻이 무엇인지를 배우셔야 할 때도 있었습니다. 그러나 아버지의 뜻이 일단 그에게 알려졌을 때에는, 언제나 자기 자신의 인간적인 뜻을 포기하고 아버지의 뜻을 행하셨던 것입니다. 그렇기 때문에 그의 자기 희생이 완전하며 값어치가 있는 것입니다. 그는 인간으로서 자기 자신을 단번에 완전히 굴복시키셨고, 오직 하나님의 뜻 가운데서, 그 뜻을 위하여만 사신 것입니다. 그는 언제나 오직 그 뜻을 행할 자세를 갖추고 계셨습니다. 겟세마네 동산과 갈보리 십자가의 희생에 이르기까지 완전히 하나님의 뜻을 행하신 것입니다.

그런데 주 예수께서 육체 가운데서 이루신 이 순종의 삶이 우리에게 전가될(imputed) 뿐 아니라, 성령을 통하여 우리에게 실제로 주어졌습니다(imparted). 우리 주님 예수께서는 그의 죽으심을 통해서 우리의 자기 의지와 불순종에 대해서 속죄하셨습니다. 자기 자신의 완전한 순종으로 그것을 정복하심으로써 그것을 위하여 속죄하신 것입니다. 그리하여 우리의 자기 의지의 죄과를 하나님 앞에서 완전히 말소시키셨을 뿐 아니라, 우리 속에서 역사하는 그 능력까지도 깨뜨리셨습니다. 그리고 부활하심으로써, 주님은 죽은 자에게서 모든 자기 의지를 정복하고 깨뜨린 새 생명을 회복시키셨습니다.

그러므로 예수님의 죽으심과 부활의 능력을 아는 신자라면 자기 자신을 전적으로 하나님의 뜻을 위하여 헌신할 수 있는 능력을 지니고 있는 것입니다. 그리스도를 따르라는 부르심은 바로 "내 뜻을 행하려 함이 아니요 아버지의 뜻을 행하려 함이니라"라고 하신 주님의 말씀을 그대로 취하여 엄숙하게 서원하며 그대로 행하는 것을 의미하는 것입니다.

이를 이루기 위해서 우리는 먼저 우리 주님이 취하셨던 것과 똑같은 입장을 취하여야 합니다. 하나님의 뜻을 전부로 여겨야 합니다. 여러분이 이 땅에서 사는 유일한 목적으로 삼아야 합니다. 해와 달, 풀과 꽃들을 보십시오. 그것들이 각기 영광을 소유하고 있는 것은 오직 그것들이 각기 하나님의 뜻을 행하고 있기 때문인 것입니다. 그러나 그것들은 자기 스스로 알지 못하는 가운데 그렇게 행합니다. 여러분은 그보다 훨씬 더 영광스럽게 그 일을 행할 수 있습니다. 왜냐하면 우리에게는 지각과 의지가 있어서 그것을 드려서 그 일을 행하기 때문입니다.

여러분의 마음에 하나님의 자녀들에 관하여, 또한 여러분 자신에 관하여, 하나님께서 가지고 계시는 그 영광된 뜻을 생각하는 것으로 가득 차게 하기를 바랍니다. 그것이야말로 여러분에게서 반드시 이루어질 목적이라고 말하십시오. 여러분 자신을 자주, 분명하게 아버지께 드리십시오. 예수님께서 그러하셨던 것처럼 여러분에게도, 아버지의 아름답고 복된 뜻을 이행하는 일이야말로 이미 확고하게 서 있는 사실이라고 선언하십시오. 조용히 묵상할 때에 기쁜 마음으로, 신뢰하는 마음으로 다음과 같은 말을 자주 하십시오: 하나님! 내가 오직 하나님의 뜻을 행하기 위하여만 살게 하옵소서!

두려움이 생겨서 여기서 뒤로 물러서지 않도록 하십시오. 이 뜻이 너무나 어려워서 우리로서는 도저히 행할 수 없다는 식으로 생각해서는 안 됩니다. 하나님의 뜻이 어려워 보이는 것은 우리가 그 뜻을 멀리 떨어져서 바라보기 때문이요, 또한 그 뜻에 굴복할 마음이 없기 때문입니다. 하나님의 뜻이 자연의 모든 것을 얼마나 아름답게 만들어 주는지를 다시 한 번 보시기 바랍니다. 그리고 스스로 물어보십시오. 하나님께서 여러분을 그의 자녀로 사랑하시고 복 주시는데 그를 신뢰하지 못하는 것이 과연 올바른 일인지를 말입니다. 하나님의 뜻은 그의 사랑의 뜻입니다. 그런데 어떻게 여러분 자신을 그 뜻에 굴복시키기를 두려워할 수 있단 말입니까?

또한 여러분이 그 뜻에 순종할 수가 없을 것이라는 두려움 때문에 물러서는 일이 있어서도 안 됩니다. 하나님의 아들이 이 땅에 강림하신 것은 사람의 삶이 어떠해야 하는지를 보여 주시기 위함이었습니다. 그리고 그의 부활의 생명이 우리에게 그가 사신 것처럼 살 수 있는 능력을 주는 것입니다. 예수 그리스도께서 그의 성령으로 말미암아, 육체를 따라 행하지 않고 하나님의 뜻에 따라 행하는 일을 우리에게 가능하게 해 주시는 것입니다.

"보시옵소서 내가 하나님의 뜻을 행하러 왔나이다." 예수 그리스도께서 이 땅에 오시기도 전에 구약 시대의 한 신자는 성령을 통하여 그 말씀을 그리스도를 위하여서는 물론이요, 자기 자신에게 말할 수 있었습니다. 그리스도께서는 그 말씀을 취하여서 새로운 생명의 능력으로 가득 차게 하셨습니다. 그러므로 지금도 주님은 ─ 친히 이 땅에서 그렇게 사셨기 때문에 ─ 구속함을 받은 그의 백성들이 그보다 더 마음을 다하여 전적으로 그 말씀을 자기들의 몫으로 취하기를 기대하고 계십니다.

자, 그러니 그렇게 하도록 합시다. 먼저 한 번 시도해 보고난 후에 과연 우리가 하나님의 뜻을 행할 수 있는지를 보고서, 그리고 나서야 비로소 전적으로 거기에 헌신할 소망을 가질 수 있는 것이 아닙니다. 아닙니다. 이것은 바른 길이 아닙니다.

먼저 하나님의 뜻을 전부로 인식해야 합니다. 그것이 주는 축복과 영광과 더불어 그것이 우리에게 순종을 요구한다는 사실을 인식해야 합니다. 하나님 자신에게 굴복하듯이 그의 뜻에 굴복해야 합니다. 그의 뜻에 순종하는 것을 우리의 신앙 고백의 첫 항목으로 삼읍시다. 내가 이 세상에 존재하는 것은 그리스도처럼 오직 아버지의 뜻을 행하기 위함인 것입니다. 이렇게 굴복하게 되면 우리는 모든 명령과 모든 하나님의 섭리를 우리가 이미 우리 자신을 드린 그 뜻의 일부로 즐겁게 받아들이기를 배우게 됩니다. 이렇게 굴복하면 하나님의 확실하신 인도하심과 힘을 기다릴 용기를 얻게 됩니다. 오직 하나님의 뜻만을 위해 사는 사람은 하나님께 의지하여 판단할 것이기 때문입니다.

이렇게 굴복하게 되면 우리의 철저한 연약함을 더욱 깊이 인식하게 됩니다. 뿐만 아니라 사랑하는 아들의 교제와 그의 모습을 닮아가는 일이 더욱 깊어집니다. 그리하여 아들이 우리를 위하여 예비해 놓으신 모든 축복과 사랑을 누리게 됩니다. 하나님의 뜻을 사랑하며 지키며 행하는 것 이외에 그 어떠한 것도 그리스도와 연합한 상태에서 하나님께 더 가까이 나아가게 해 줄 수가 없는 것입니다.

하나님의 자녀 여러분! 그리스도의 형상을 본받는 가장 첫째가는 증표는 바로 순종입니다. 하나님의 뜻에 모든 것을 내어 놓고 맡기고 따르는 단순하면서도 함축적인 순종입니다. 바로 이러한 순종이 여러분의 삶에서 가장 두드러지게 나타나게 하십시오. 먼저 하나님의 거룩한 말씀의 명령 하나하나를 기꺼이 전심으로 지키기를 힘쓰십시오. 여러분의 양심에 옳다고 여겨지는 모든 것에 계속해서 부드럽게 여러분 자신을 드리십시오. 하나님의 말씀이 직접적으로 명령하지 않을 경우에도 말입니다. 이렇게 함으로써 더욱 높이 올라가게 됩니다.

여러분이 아는 한도 내에서 마음을 다하여 명령들을 순종하며 양심이 말을 할 때마다 거기에 기꺼이 순종할 자세를 갖는 것이 바로 성령을 통한 하나님의 가르치심을 받을 준비를 갖추게 해 줍니다. 그리고 성령의 가르치심을 통해서 하나님의 말씀의 의미와 적용 속으로 더욱 깊이 들어가게 되는 것입니다. 여러분 개인에 대한 하나님의 뜻을 좀 더 직접적으로 영적으로 통찰하게 될 것입니다. 하나님께서는 자기를 순종하는 자들에게 성령을 주시며, 또한 그를 통해서 하나님의 복된 뜻이 빛으로 임하여 계속해서 그 사람의 길을 밝혀 주는 것입니다. "사람이 하나님의 뜻을 행하려 하면 … 알리라"(요 7:17). 오, 복된 하나님의 뜻이여! 하나님의 뜻에 순종함이여, 얼마나 복된 일인가! 이러한 순종을 우리의 가장 귀한 보물로 알고 간직한다면 얼마나 좋겠는가!

그래도 오직 하나님의 뜻만을 위해서 사는 것이 너무 힘들어 보이면, 그리스도께서 어디서 힘을 얻으셨는지를 기억하도록 합시다. 그것이 아버지의 뜻이었기 때문에 아들이 그것을 행하기를 기뻐하셨던 것입니다. "이 계명은 내 아버지에게서 받았노라"(요 10:18). 바로 이 사실이 그의 목숨까지도 내어 놓는 일을 가능하게 만들었던 것입니다. 우리가 예수님과 연합되어 있다는 사실, 그리고 우리가 그처럼 살라는 부르심을 받고 있다는 사실은 언제나 그가 아들이시라는 사실이 그의 생명과 힘의 비결이었다는 사실을 지적해 줍니다.

날마다 "나는 아버지의 사랑하시는 자녀이옵니다"라는 말을 하는 것을, 그리고 모든 명령 하나하나를 아버지의 뜻으로 여기는 것을, 우리의 최고의 소원으로 삼읍시다. 그리스도처럼 아들이라는 의식을 가질 때에 그리스도처럼 순종하게 되는 것입니다.

오 나의 하나님, 주의 아드님께서 사람이 되신 이 놀라운 선물에 대해서 감사드리옵고, 사람이 어떻게 하나님의 뜻을 행할 수 있는지를 가르쳐 주셨으니 감사를 드리옵니다. 그리스도를 닮도록 부르셨사오니 감사를 드리옵니다. 그리스도와 함께 주의 영광되고 완전한 뜻에 온전히 일치하는 그 복된 삶을 맛보게 하셨사오니 감사드리옵니다. 또한 그리스도 안에서 그 모든 뜻을 행하고 드러낼 수 있는 능력을 주셨사오니 감사를 드리옵니다. 내가 주의 아드님처럼 될 수가 있다는 이 사실에 대해서도 감사를 드리옵니다.

오 나의 아버지여, 이제 나를 부르신 부르심을 어린아이처럼 기쁜 신뢰와 사랑으로 새롭게 취하려 하나이다. 주님, 내가 오직 주의 뜻만을 행하며 살기를 원하옵니다. 말씀 안에 거하며 주의 성령을 기다리기를 바라나이다. 주의 아드님처럼, 기도로 주님과 교제하며 살려 하나이다. 날마다 나로 하여금 주의 뜻을 더욱 분명하게 알도록 해 주시리라는 확신 가운데서 살기를 원하나이다.

오 나의 아버지여, 나의 소원이 주의 보시기에 합당하게 하옵소서. 그 소원을 영원토록 내 마음의 생각 속에 품게 하옵소서. 나의 뜻이 아니라 내 아버지의 뜻이 이루어지이다! 진정 기쁨으로 계속해서 이 말을 할 수 있도록 내게 은혜를 주옵소서. 나는 오직 나의 하나님의 뜻만을 행하기 위하여 이 땅에 있나이다. 아멘.

제13일 그가 불쌍히 여기시듯이

"예수께서 제자들을 불러 이르시되 내가 무리를 불쌍히 여기노라" — 마 15:32
"내가 너를 불쌍히 여김과 같이 너도 네 동료를 불쌍히 여김이 마땅하지 아니하냐"
— 마 18:33

마태는 우리 주님이 무리들을 불쌍히 여기신 사실을 세 번 기록하고 있습니다. 주님의 전 생애는 죄인들을 보시며 가지신 불쌍히 여기는 마음과, 또한 비참함과 슬픔을 보실 때에 지니셨던 온유한 연민의 마음의 표현이었습니다. 이 점에 있어서 주님은 사랑이 풍성하신 우리 하나님의 진정한 표상이요, 탕자를 사랑하고 불쌍히 여겨 목을 껴안고 입을 맞춘 아버지의 표상이라 하겠습니다.

주 예수님의 이러한 불쌍히 여기시는 마음에서 우리는 그가 하나님의 뜻을 하나의 의무나 임무로 바라보지 않으셨다는 것을 볼 수 있습니다. 오히려 주님은 자기 속에 거하고 있는 하나님의 뜻을 자기 자신의 뜻으로 여기셨고, 그리하여 그 뜻이 그의 모든 감정과 동기를 불러일으키고 또한 다스렸던 것입니다. 주님은 "내가 하늘로서 내려온 것은 내 뜻을 행하려 함이 아니요 나를 보내신 이의 뜻을 행하려 함이니라"라고 말씀하신 다음 곧바로 이어서 이렇게 말씀하셨습니다: "나를 보내신 이의 뜻은 내게 주신 자 중에 내가 하나도 잃어버리지 아니하고 마지막 날에 다시 살리는 이것이니라"(요 6:38-39); "내 아버지의 뜻은 아들을 보고 믿는 자마다 영생을 얻는 이것이니 마지막 날에 내가 이를 다시 살리리라"(40절).

주 예수님께서는 하나님의 뜻이란 이런저런 금지나 명령들 속에 있는 것이 아니었습니다. 아닙니다. 주님은 하나님의 뜻의 중심을 이루는 거기에까지 들어가신 것입니다. 그리고 그 중심은 바로 잃어버린 죄인들을 구원하여 영생을 주는 일이었던 것입니다.

하나님 자신이 사랑이시기 때문에, 그의 뜻은 곧 그 사랑이 죄인을 구원하는 일에 전면적으로 드러나도록 하는 데 있습니다. 주 예수께서 이 땅에 강림하신 것은 하나님의 이러한 뜻을 드러내고 이루시기 위함이었습니다. 그는 마치 종이 전혀 모르는 외인(外人)의 뜻을 행하듯이 그렇게 그 뜻을 행하지 않으셨습니다. 그의 삶과 그의 모든 성향을 통해서, 그는 죄인을 구원하고자 하시는 아버지의 사랑의 뜻을 자기 자신의 뜻으로 삼고 계셨음을 스스로 증명하신 것입니다. 골고다에서 십자가에 달리신 일만이 아니라, 모든 비참한 자들의 필요를 취하시고 담당하신 그의 연민과 또한 그들과 함께 나누신 그의 부드러운 교제까지도 모두 다 아버지의 뜻이 진정으로 주님 자신의 뜻이 되었음을 보여주는 증거였던 것입니다. 주님은 자신의 삶을 온전히 아버지의 뜻을 행하는 기회로 보셨던 것입니다.

그리스도를 따르는 사랑하는 성도 여러분! 이제 주님을 본받는 일에 여러분 자신을 드리셨으니, 주님께서 그러하셨듯이 아버지의 뜻을 여러분 자신의 뜻으로 삼으시기를 바랍니다. 아들의 사명을 통해 이루어진 아버지의 뜻은 바로 잃어버린 바 된 죄인들에 대한 하나님의 긍휼을 드러내고 또한 승리를 거두는 것이었습니다. 예수님의 경우에도 그 뜻을 이루는 방법은 이러한 하나님의 긍휼을 함께 지니시고 또한 그것을 보여 주시는 것 이외에 다른 것이 있을 수가 없었습니다. 우리를 향한 하나님의 뜻도 예수님의 경우와 마찬가지입니다. 곧, 멸망해 가는 자들을 구원하는 것입니다. 우리로서는 우리 하나님의 그 긍휼히 여기심을 우리가 친히 가지고서 우리의 삶 속에서 보여 주는 것 이외에는 그 뜻을 이룰 방법이 없습니다.

하나님의 뜻을 구하려 하면서, 하나님이 금하시는 이런저런 일들을 행하지 않고, 하나님이 명령하시는 이런저런 일들을 행하는 것만으로 그쳐서는 안 됩니다. 우리 자신을 굴복시켜서, 하나님께서 죄인들을 향하여 가지신 것과 동일한 마음과 자세를 우리도 갖고, 또한 오직 그 일을 위해 사는 데서 기쁨과 즐거움을 찾도록 되어야 하는 것입니다. 우리 주위에서 불쌍하게 멸망해 가는 죄인 한 사람 한 사람에게 지극히 인격적으로 헌신함으로써, 또한 긍휼히 여기는 사랑으로 그들을 돕는 일을 통해서, 과연 하나님의 뜻이 우리의 뜻이 되었다는 것을 보여 줄 수가 있는 것입니다. 긍휼이 풍성하신 하나님을 우리 아버지로 모시고 있고, 언제나 죄인들을 불쌍히 여기신 그리스도를 우리의 생명으로 함께 하고 있으니, 그리스도인은 누구나 불쌍히 여기는 사랑의 삶을 살아야 한다는 명령만큼 당연한 것이 없을 것입니다.

불쌍히 여기는 연민은 궁핍한 상황이나 비참한 상황을 봄으로써 일깨워지는 사랑의 자세입니다. 그렇게도 세상이 온갖 비참과 죄로 가득 차 있으니, 이러한 하늘의 연민과 사랑이 절실하게 필요한 경우가 얼마나 많이 있겠습니까! 그러므로 그리스도인은 모두 기도와 실천을 통해서 불쌍히 여기는 마음을 복되신 주님을 닮아 가는 가장 고귀한 표증의 하나로 여겨서 그 마음을 배양해야 하는 것입니다. 영원한 사랑은 멸망해 가는 세상을 위해서 자기 자신을 내어 주기를 사모하며 잃어버린 자들을 구원하는 데서 만족을 찾기를 염원하는 것입니다.

그것은 그릇 속에 하나님의 사랑을 가득 채워서 죽어 가는 자들에게 보내어 그들로 하여금 그 사랑을 마시고 영원토록 살게 해 주기를 구하는 것입니다. 그것은 죄인들에게 닥치는 온갖 필요를 볼 때에 마음에 따뜻한 연민이 가득하게 되기를 구합니다. 그리하여 하나님의 긍휼을 나누어 주는 일을 최고의 복으로 기리며, 죄인들을 복 주고 구원하는 일을 위하여 삶 전체를 드리는 것입니다.

오 형제 여러분, 여러분에게 긍휼을 주신 영원한 사랑의 주님께서 여러분을 부르고 계십니다. 여러분이 긍휼을 받은 자로서, 그 긍휼로 가득 채워지기를 원하십니다. 여러분 스스로 불쌍히 여기는 자세를 주위에 보임으로써 하나님의 긍휼히 여기시는 사랑을 증거하는 자들이 되어야 마땅한 것입니다.

우리 주위의 모든 이들에게 긍휼을 보여 줄 기회가 얼마든지 많습니다. 물질적인 궁핍이 주위에 얼마나 많이 있습니까! 가난한 자들과 병든 자들, 과부와 고아들, 괴로움과 낙심 중에 있는 심령들이 주위에 얼마든지 많습니다. 이들에게는 마음에서 우러나오는 긍휼 이상 새로운 용기와 힘을 주는 것이 없습니다. 이 사람들은 그리스도인들과 더불어 살고 있습니다. 그런데 자기들의 구원 문제에만 관심 갖는 사람들보다 차라리 세상 사람들이 더 자기들에게 긍휼을 베푼다고 불평하는 경우가 많습니다.

오 형제 여러분, 불쌍히 여기는 마음을 달라고 간절히 기도하시기 바랍니다. 그리고 언제나 주위를 살펴서 무언가 사랑의 일을 행할 기회를 찾고, 또한 언제나 하나님의 긍휼의 도구가 될 준비를 갖추고 있어야 하는 것입니다. 이 땅에서 그렇게 많은 사람들이 주님께 이끌린 것은 바로 예수님의 그 긍휼히 여기시는 사랑 때문이었습니다. 지금도, 다른 무엇보다도 바로 그러한 긍휼히 여기는 따뜻한 마음이 심령들을 여러분께로, 또한 여러분의 주님께로 이끌어 주는 것입니다.

그리고 우리 주변 사면을 돌아볼 때에, 영적으로 비참한 상태가 또한 얼마나 많습니까! 부자이면서도 정말 불쌍한 사람들이 있습니다. 어리석고 생각 없는 젊은이도 있습니다. 가련한 술주정뱅이도, 소망이 없을 정도로 타락한 사람들도 있습니다. 또한 이런 상태는 아니지만 주변의 세상의 어리석음에 완전히 젖어 있는 사람들도 얼마든지 많습니다. 이런 모든 사람들을 향하여 사랑이 없이 무관심한 말들을 던지며, 거칠게 판단하며, 태만스레 지나치는 경우가 얼마나 많습니까!

긍휼히 여기는 마음이 잘 보이지 않습니다. 긍휼은 깊고 깊은 비참의 상태를 하나님께서 자기를 예비하신 자리로 바라보며 거기에 이끌리는 것입니다. 긍휼은 절대로 지치지 않으며, 절대로 소망을 포기하지 않습니다. 긍휼은 배척을 당하고 가만히 있지를 않습니다. 그것은 자기 자신을 부인하는 그리스도의 사랑이 불러일으키는 것이기 때문입니다.

그리스도인은 긍휼의 마음을 자기가 속한 부류에만 제한시키지 않습니다. 넓은 마음을 가지고 있기 때문입니다. 이방 세계 전체가 그가 감당해야 할 장(場)이라는 것을 주님께서 보여 주셨습니다. 그는 이방인의 처지와 상황을 접하여 알려고 노력합니다. 그들의 짐을 자기 마음으로 함께 집니다. 긍휼의 마음으로 정말 감동을 받습니다. 그리고 그들을 실질적으로 도와줄 방도를 찾습니다. 이방인의 삶이 가까이 있든 멀리 있든, 그런 삶의 모습이 아무리 더럽고 추하다 할지라도, 긍휼히 여기는 사랑은 오로지 멸망으로 향하는 자들을 구원하여 하나님의 뜻을 이루기 위해서만 사는 것입니다.

그리스도께서 불쌍히 여기셨듯이 ― 이것을 우리의 모토로 삼읍시다. 강도를 만난 낯선 사람을 불쌍히 여기고 도와준 선한 사마리아 사람의 비유를 말씀하신 다음, 주님은 "가서 너도 이와 같이 하라"고 말씀하셨습니다(눅 10:37). 자기 스스로 선한 사마리아인이신 주님께서 자기에게 구원을 받은 우리들 한 사람 한 사람에게 말씀하고 계십니다: "가서 너도 이와 같이 하라." 내가 네게 한 것처럼, 너도 가서 그대로 행하라는 것입니다. 주님의 긍휼 덕택에 모든 것을 얻은 우리가 아닙니까! 우리 스스로 주님을 따르는 자들이요 주의 발자취를 따라 걷고 그의 형상을 본받는 자들이라고 자처하지 않습니까!

오, 여러분, 세상을 향하여 그리스도의 긍휼을 보여 줍시다. 우리는 할 수 있습니다. 그리스도께서 우리 속에 살고 계시며, 그의 성령께서 우리 속에서 역사하고 계시기 때문입니다. 많은 기도와 확고한 믿음으로 그가 보이신 모범을 우리도 이룰 수 있는 확실한 약속으로 바라보도록 합시다. 우리가 그럴 자세를 갖춘다면, 주님은 말할 수 없는 즐거움으로 기뻐하실 것입니다. 주님께로부터 받은 긍휼히 여기는 사랑을 세상에게 보여 줍시다. 그러면, 사랑과 긍휼이 풍성한 그리스도의 마음을 소유하는 그 말로 다할 수 없는 기쁨이 우리의 것이 될 것입니다.

오 나의 주님! 나를 부르신 부르심이 너무나 높아서 올라갈 수 없을 것처럼 보이옵니다. 주님의 긍휼히 여기시는 사랑에 있어서도, 내가 주님을 따르고 본받으며 주님의 삶을 재생해야 한다는 것을 잘 아옵니다. 내가 긍휼히 여기는 사랑으로 모든 육체적·영적 비참한 상태를 보고 도우며, 따뜻하고 부드러운 사랑으로 모든 죄인들을 대함으로써 세상이 주님의 긍휼하심에 대해서 무언가를 보도록 되어야 한다는 것도 알고 있사옵니다.

그러나 긍휼이 풍성하신 주님! 지금까지 세상이 내게서 그런 것을 거의 보지 못하였사오니, 나를 용서하옵소서. 권능이 풍성하신 구속주여! 주님의 긍휼하심이 나를 구원하셨으니 이제 그 긍휼하심이 나를 사로잡으며 내 속에 거하여 그것이 나의 삶의 호흡과 기쁨이 되게 하옵소서. 나를 향하신 주님의 긍휼하심이 내 속에서 살아 있는 긍휼의 샘이 되어 다른 이들에게까지 넘쳐 흐르도록 해 주시옵소서.

주 예수님! 주께서는 이것을 주시되 한 가지 조건을 붙이시는 것을 알고 있사옵니다. 곧, 나 자신의 삶과 나 자신의 노력을 기울여 그 삶을 지키고 거룩하게 하며, 그리하여 주님께서 내 속에서 사시고 나의 삶이 되시도록 한다는 조건 말이옵니다. 오, 무한히 긍휼하신 주여! 나 자신을 주께 드리옵니다. 오직 주께서 내게 권리를 소유하고 계시옵니다. 주님의 긍휼하신 모습보다 더 귀한 것은 없사옵니다. 주님을 닮는 것보다 더 복된 것이 무엇이겠나이까?

주여, 내가 여기 있나이다. 주님을 믿사오니, 주님께서 나를 가르치시고 구비시키사, "내가 너를 불쌍히 여김과 같이 너도 네 동료를 불쌍히 여김이 마땅하지 아니하냐"라고 하신 주의 말씀을 순종하게 하옵소서. 이러한 믿음으로, 오늘 나가서 다른 사람들과 나누는 교제 속에서 주께서 나를 사랑하신 그 사랑을 보여 줄 기회를 찾겠나이다. 이러한 믿음으로, 사람들을 주님께로 이끄는 일을 내 생애의 최고의 목표로 삼을 것이옵나이다. 아멘.

제14일 아버지와 하나 되심같이

"거룩하신 아버지여 내게 주신 아버지의 이름으로 그들을 보전하사 우리와 같이 그들도 하나가 되게 하옵소서 … 아버지께서 내 안에, 내가 아버지 안에 있는 것 같이 그들도 다 하나가 되어 우리 안에 있게 하사 세상으로 아버지께서 나를 보내신 것을 믿게 하옵소서 내게 주신 영광을 내가 그들에게 주었사오니 이는 우리가 하나가 된 것 같이 그들도 하나가 되게 하려 함이니이다 곧 내가 그들 안에 있고, 아버지께서 내 안에 계시어 그들로 온전함을 이루어 하나가 되게 하려 함은 아버지께서 나를 보내신 것과 또 나를 사랑하심 같이 그들도 사랑하신 것을 세상으로 알게 하려 함이로소이다" — 요 17:11, 21-23

이 주님의 대제사장적인 기도 속에 정말 말로 할 수 없는 보화가 있습니다. 여기에 우리 주님의 마음이 우리에게 환히 드러나 있습니다. 그의 사랑이 우리에 대해서 무엇을 바라시는지를 여기서 확실하게 볼 수 있습니다. 말하자면, 하늘이 여기에 환히 열려 있어서, 우리의 중보자 되시는 주님께서 항상 우리를 위해서 아버지께서 무엇을 간구하시는지를 배우게 되는 것입니다.

이 기도에서는 신자들의 상호 간의 연합이 다른 무엇보다 더 중요합니다. 본문 20-26절에서 주님은 장차 믿음을 갖게 될 모든 사람들을 위해서 기도하시는데, 그들의 연합이 가장 주된 간구의 제목인 것입니다. 주님은 이처럼 신자의 연합을 위한 기도를 세 차례나 반복하고 계십니다.

주님은 자신이 어째서 그것을 그렇게 강하게 바라시는지 그 이유를 분명하게 말씀해 주고 계십니다. 그것은 바로 신자의 연합이야말로 아버지께서 그를 보내셨다는 유일한 설득력 있는 증거가 되기 때문입니다. 세상은 맹인의 상태에서 이기적인 마음이 죄의 저주라고 알고 있습니다. 하나님의 자녀들이 아무리 거듭났다고 이야기하고, 행복하다고 이야기하고, 예수님의 이름으로 이적을 행할 수 있다고 이야기하고, 성경이 가르치는 것이 진리임을 증명할 수 있다고 이야기해도 별 도움이 되지를 못합니다. 이기적인 마음이 사라진 그런 교회를 보게 되면, 그때에 비로소 세상이 그리스도의 신적인 사명을 시인하게 됩니다. 왜냐하면 그런 교회의 모습이야말로 — 진정으로 마음을 다하여 서로 사랑하는 사람들의 공동체야말로 — 예수님께서 과연 놀라운 이적을 행하셨다는 증거이기 때문입니다.

주님은 세 차례에 걸쳐서 이 성도 간의 연합을 아버지와 주님 자신의 연합을 본받는 것으로 말씀하고 계십니다. 그러한 연합이야말로 신격의 완전성이라는 사실을 주님은 잘 알고 계셨습니다. 아버지와 아들이 서로 구별된 인격체이시지만 동시에 성령의 살아 있는 교제 속에서 완전한 하나를 이루고 계십니다. 그러므로 성도들의 관계에 대해서도 이보다 더 높고 귀한 것과 결부시킬 수가 없으셨습니다. 믿는 신자들은 주님과 하나가 되며, 주님 안에서 서로서로 하나가 됩니다. 주님과 아버지께서 하나이시듯이 말입니다.

주 예수님의 간구는 그대로 효력을 발생합니다. 그것이야말로 모든 것을 이루는 것입니다. 그가 구하는 것은 아버지께로부터 반드시 받으십니다.

그런데, 참 안타깝습니다! 위로부터 복이 내려도, 사람들의 마음의 문이 닫혀 있으니 속으로 들어가지를 못하고 있으니 말입니다. 아버지와 아들이 하나인 것처럼 서로 하나가 되기를 원치 않는 신자들이 얼마나 많은지 모르겠습니다! 그들은 이기적이고 불완전한 사랑의 삶에 너무나 익숙해 있어서 그런 완전한 사랑을 사모하지조차 않는 것입니다. 그들은 천국에서 함께 만날 때까지 그런 연합을 연기해 두고 있는 것입니다. 그러나, 주님은 "세상이 알게 하려 함이로소이다"라고 두 번씩이나 말씀하셨는데, 이는 바로 이 땅에서 이루어지는 사랑의 삶을 두고 하신 말씀인 것입니다.

"우리와 같이 저희도 하나가 되게 하옵소서"라고 말씀합니다. 교회는 각성하여 이 기도의 의미를 깨달아야 하고, 또한 그 가치를 올바로 알아야 마땅합니다. 이러한 연합은 동시에 삶의 연합이요 사랑의 연합입니다. 어떤 이들은 이 말씀이, 겉으로는 비록 분리되어 있지만 모든 신자들이 내적으로 은밀하게 서로 생명의 연합으로 묶여져 있음을 가리키는 것이라고 설명합니다. 그러나 주님이 뜻하시는 것은 그런 것이 아닙니다. 주님은 세상이 볼 수 있는 어떤 것을 말씀하십니다. 성부 하나님과 성자 하나님 사이의 연합을 닮은 어떤 것을 말씀하시는 것입니다. 속에 감추어진 내적인 생명의 연합은 반드시 눈에 보이는 연합체로 사랑의 교제로 드러나야만 하는 것입니다.

신자들이 자기들이 속해 있는 이런저런 작은 그룹들 속에서 주위의 하나님의 자녀들과 충만한 사랑의 하나 됨 속에서 살지 않을 수 없도록 될 때에, 그때에 비로소 그 하나 됨의 가능성이 충만히 실현될 것입니다. 그리스도께서 우리에게 보이셨고, 또한 아버지께서 그에게 보이셨던 그런 서로서로를 사랑하는 삶이야말로 신자들 개개인에게 주어진 단순한 의무라는 사실을 배우고서 성령께서 역사하셔서 그런 삶을 이루시도록 하나님께 부르짖기 시작할 때에, 그때에 비로소 이런 면에서 변화를 기대할 수가 있을 것입니다. 그럴 때에, 그러한 연합의 불길이 이 그룹에서 저 그룹으로, 이 교회에서 저 교회로 퍼져나가서, 결국 하나님의 뜻을 진정으로 행하는 모든 이들이 사랑 가운데 거하는 일에 자신을 드리게 될 것입니다. 하나님은 사랑이시기 때문입니다.

그러면, 그런 날을 기다리며 그날이 속히 오기를 사모하면서, 지금 우리가 해야 할 일은 무엇입니까? 주님의 말씀을 진지하게 대하는 사람은 누구나 자기가 속한 그룹에서부터 시작해야 합니다. 그리고 그 그룹 속에서도 먼저 자기 자신으로부터 시작해야 합니다. 주위에 있는 그리스도의 몸의 지체들이 아무리 연약하고 병들어 있다 해도, 아무리 악하고 부패해 있다 할지라도, 그들과 친밀한 교제를 나누며 사랑을 나누며 살도록 합시다. 그들이 그것을 원하든 원치 않든, 받아들이든 거부하든, 그리스도와 같은 사랑으로 그들을 사랑하도록 합시다. 그렇습니다. 그리스도처럼 그들을 사랑하는 것이 삶의 목표가 되어야 합니다. 이렇게 사랑하면 상대방의 마음 속에 최소한 어떤 반응이 나타나게 될 것이며, 사랑과 완전한 연합의 삶을 구하고 싶은 열망이 그들 속에서 일어나게 될 것입니다.

그러나, 지금까지 그저 일상적인 그리스도인의 삶을 사는 것으로 만족해 온 신자가 열심히 노력한다 해도 과연 이 높은 표준에까지 도달할 수는 없습니다. 인격적으로 온전히 자기를 드리지 않고서는 아무것도 소용이 없다는 것을 곧 깨닫게 될 것입니다. 그리스도와 같은 사랑을 소유하려면, 진정으로 그리스도와 같은 삶을 소유하고 있어야 합니다. 몸소 그리스도의 삶을 살아야 한다는 말입니다. 그러므로 다음과 같은 교훈을 다시 배워야겠습니다. 곧, 그리스도께서는 그 말 그대로 감히 그를 신뢰하는 자들의 삶이 되어 주신다는 것 말입니다. 그리스도를 충만한 신뢰로 신뢰하지 못하면 충만한 사랑으로 사랑할 수가 없는 것입니다.

　신자 여러분, 그런 삶을 향하여 나아가는 간단한 길을 다시 한 번 귀담아 들어 보시기 바랍니다. 무엇보다 먼저, 그리스도와 똑같은 삶을 살며 사랑하라고 부르시는 부르심을 인정하십시오. 그리고 이러한 부르심을 이행할 능력이 여러분에게 조금도 없다는 것을 그대로 고백하십시오. 주님께 남김없이 여러분 자신을 드리면, 그리스도께서 여러분으로 하여금 이 부르심을 이행할 수 있도록 구비시켜 주시며, 그리스도께서는 그렇게 되기를 기다리고 계신다는 말씀을 들으십시오. 그리고 굴복하십시오. 여러분 자신의 힘으로는 그 어떠한 일도 행할 수 없다는 사실을 의식하고 여러분 자신을 주님께 온전히 드려서 그가 여러분 속에서 역사하셔서 그 일을 원하고 행하게 하시도록 하십시오.

　그리고 그를 철저히 신뢰하십시오. 그는 끊임없이 여러분을 위하여 간구하시며, 또한 여러분을 위해서 아버지께 간구하신 그 일을 여러분 속에서 완전히 이루시는 분이십니다. 그렇습니다. "아버지께서 내 안에, 내가 아버지 안에 있는 것 같이 저희도 다 하나가 되어 우리 안에 있게 하옵소서"라고 아버지께 구하신 주님을 믿고 신뢰하시기를 바랍니다. 그가 여러분 속에서 하늘의 능력으로 그의 생명을 드러내 보이실 것입니다. 그리고 여러분이 그의 생명으로 살면, 여러분이 그의 사랑으로 사랑하게 될 것입니다.

　사랑하는 형제 그리스도인 여러분, 그리스도께서 아버지와 하나이신 것이 우리의 모델입니다. 주께서 아버지와 하나이시니, 우리도 하나여야 마땅합니다. 서로 사랑하며, 서로 섬기며, 서로를 참아 주며, 서로를 도우며, 서로를 위해 살도록 합시다. 우리의 사랑은 너무나 작습니다. 그러나 그리스도께서 그의 사랑을 우리에게 주셔서 우리로 서로 사랑할 수 있게 되도록 해 주시기를 진지하게 기도하여야 합니다. 성령을 통하여 우리의 마음 속에 하나님의 사랑이 널리 비추어지면, 우리는 서로 하나가 되고, 그리하여 아버지께서 아들을 세상에 보내셨다는 것과 또한 그리스도께서 우리 속에 하늘의 생명과 사랑을 주셨다는 것이 정말로 진리임을 세상이 알게 될 것입니다.

    거룩하신 아버지여, 지금도 사셔서 주님께 끊임없이 간구하시며, 항상 주 앞에 나아가시는 그리스도 예수님께서 과연 무엇을 간구하시는지를 이제 알았사옵니다. 주님은 제자들의 완전한 연합을 위해서 그렇게 간구하고 계시옵니다. 아버지여, 우리도 이 축복을 위해 주께 외치옵니다. 주여, 안타깝게도 교회가 얼마나 나뉘어 있사옵니까! 그저 언어나 나라 때문에 나뉘어 있다는 것을 안타까워하는 것도 아니요, 교리나 가르침이 다른 것 때문에 답답해하는 것도 아닙니다. 주님! 우리는 주님의 교회가 영적으로 사랑으로 하나가 되어 세상을 향하여 과연 하늘에 속한 공동체임을 스스로 드러내 보여 주기를 원하옵니다.

    오, 주님! 주님 앞에 고백하옵나이다. 주님의 자녀들 가운데 아직도 차가움과 이기심과 불신과 쓰라린 반목이 때때로 드러나고 있음을 깊이 깊이 부끄러운 마음으로 고백하옵나이다. 주님이 우리를 열렬하고도 완전한 사랑을 보이도록 부르셨사온데 우리가 그런 사랑을 보이지 못하는 것을 주 앞에 고백하나이다. 오 주님, 용서하옵소서. 우리를 긍휼히 여기시옵소서.

    주 하나님이여! 주의 백성을 찾아 오시옵소서. 한 성령 안에서 우리가 한 주님 안에서 하나가 되었음을 알 수 있고 또한 보여 줄 수 있나이다. 성령께서 주님의 믿는 백성들 속에 능력으로 역사하시도록 하셔서 그들을 하나로 만들어 주시옵소서. 어디서든지 하나님의 자녀가 서로 만나며 그리하여 예수님의 사랑 안에서 하나가 되는 일이 얼마나 절실한지를 몸소 느끼게 해 주시옵소서. 그리고 나의 마음도 나 자신으로부터 벗어나서 주님의 자녀들과의 교제 속에서 우리가 과연 하나가 되었음을 진정으로 깨닫게 해 주시옵소서. 주님께서 아버지와 하나이시듯이 말이옵니다. 아멘.

제15일 아버지를 의지하심같이

"내가 진실로 진실로 너희에게 이르노니 아들이 아버지께서 하시는 일을 보지 않고는 아무것도 스스로 할 수 없나니 아버지께서 행하시는 그것을 아들도 그와 같이 행하느니라 아버지께서 아들을 사랑하사 자기의 행하시는 것을 다 아들에게 보이시고 또 그보다 더 큰 일을 보이사 너희로 놀랍게 여기게 하시리라" — 요 5:19-20
"나는 선한 목자라 내가 내 양을 알고 양도 나를 아는 것이 아버지께서 나를 아시고 내가 아버지를 아는 것 같으니 나는 양을 위하여 목숨을 버리노라" — 요 10:14-15

예수님과 우리의 관계는 주님과 아버지의 관계를 닮았습니다. 그러므로 주님께서 아버지와의 교제에 대해 하신 말씀은 우리들에게도 그대로 적용되는 것입니다. 요한복음 5장에 나타난 예수님의 말씀이 이 땅에서나 하늘에서나 모든 아버지와 자식 사이의 자연스런 관계를 말씀해 주기 때문에, 그 말씀은 독생자 예수님께만이 아니라 하나님의 자녀로 부르심을 받은 모든 사람에게 그대로 적용되는 것입니다.

주님의 이 말씀에 나타난 분명한 진리와 의미를 생각하는 데에는 예수님께서 목수인 이 땅의 아버지에게 목수일을 배우신 사실을 생각하는 것만큼 좋은 방법이 없습니다. 거기서 첫 번째로 주목할 것은 바로 전적으로 의지한다는 사실입니다. "아들이 아버지의 하시는 일을 보지 않고는 아무것도 스스로 할 수 없나니"라고 하십니다. 그 다음에는 아버지를 그저 따라 하고자 하는 철저한 순종을 봅니다: "아버지께서 행하시는 그것을 아들도 그와 같이 행하느니라." 그리고 나서 아버지가 아들을 대하는 사랑의 친밀한 관계를 보게 됩니다. 아버지께서는 자기의 비밀을 남김없이 아들에게 다 가르쳐 줍니다: "아버지께서 아들을 사랑하사 자기의 행하시는 것을 다 아들에게 보이시고." 그리고, 이처럼 아들의 편에서 아버지를 의지하며 순종하며, 아버지의 편에서 사랑으로 가르치는 가운데 더 큰 일을 위한 발전이 보장되어 있는 것입니다. 한 걸음 한 걸음, 아들은 아버지께서 하실 수 있는 모든 일을 다 할 수 있도록 자라가는 것입니다: "또 그보다 더 큰 일을 보이사 너희로 놀랍게 여기게 하시리라."

이러한 묘사 속에서 우리는 성부 하나님과 인간의 몸을 입으신 성자 하나님의 관계를 보게 됩니다. 만일 그의 인성이 과연 진짜라면, 또한 우리가 그리스도께서 과연 우리의 모범이시라는 것을 인정하고 이해해야 한다면, 우리는 주님께서 여기서 자신의 내적 삶의 비밀들에 대해서 우리에게 계시하시는 바를 완전히 믿어야 할 것입니다. 그가 하시는 말씀은 문자 그대로 진리입니다. 그리스도께서는 이 땅에 사시는 매 순간마다 아버지께 절대적으로 강렬하게 진짜로 의지하셨습니다: "아들이 아버지의 하시는 일을 보지 않고는 아무것도 스스로 할 수 없나니."

그는 아버지의 명령을 기다리는 일을 전혀 굴욕으로 여기지 않으셨습니다. 오히려 아버지께 어린아이처럼 인도하심과 이끄심을 받는 것을 최고의 복으로 여기셨습니다. 그리하여, 주님은 스스로 아버지께 철저히 순종하여 아버지께서 보여주시는 것만을 말하고 행하신 것입니다: "아버지께서 행하시는 그것을 아들도 그와 같이 행하느니라."

이 사실에 대한 증거를 우리는 주님께서 언제나 아주 조심스럽게 성경 말씀을 지키셨다는 데에서 볼 수 있습니다. 그는 고난당하실 때에, 성경의 예언들이 성취되도록 모든 것을 다 견디셨습니다. 이를 위하여 그는 밤새 도록 기도로 지새우셨습니다. 그런 계속되는 기도를 통해서, 그는 자기의 생각을 아버지께 고하셨고, 응답을 기다리셨습니다. 아버지께서 그를 알고 계시기 때문이었습니다. 이 세상의 어떠한 아들이나 종도, 주 예수께서 하늘에 계신 그의 아버지의 가르치심과 인도하심을 따르는 것만큼 그렇게 완전하게 자기의 아버지나 주인의 가르침과 명령을 따른 사람은 없습니다. 그렇기 때문에 아버지께서는 주님께 아무것도 감추어두지 않으셨습니다. 주님이 전적으로 아버지를 의지하고 언제나 배우시기를 원하셨기 때문에, 주님은 아버지의 모든 비밀들을 완전하게 전달받는 특권을 누리셨던 것입니다. "아버지께서 아들을 사랑하사 자기의 행하시는 것을 다 아들에게 보이시고 또 그보다 더 큰 일을 보이사 너희로 기이히 여기게 하시리라."

아버지께서는 아들을 위하여 영광된 생의 계획을 세우셔서, 그로 말미암아 인간의 처지에서 아버지의 신적인 생명이 드러나도록 하셨습니다. 그리고 아버지께서는 이 계획을 그 모든 것이 영광 가운데서 성취되기까지 아들에게 하나하나 보여주셨던 것입니다.

하나님의 자녀 여러분, 독생자 예수 그리스도를 위해서만 생의 계획이 마련된 것이 아닙니다. 그의 자녀 한 사람 한 사람마다 다 생의 계획이 마련되어 있습니다. 우리가 얼마나 전적으로 아버지의 뜻에 의지하며 사느냐에 따라서 그 생의 계획이 우리의 삶 속에 어느 정도나 실현되느냐 하는 것이 달려 있습니다. 신자가 "아버지께서 하시는 일을 보지 않고는 아무것도 스스로 하지 않으시는" 아들의 전적인 의지에 가까이 갈수록, 그리고 "아버지께서 행하시는 그것을 그와 같이 행하시는" 아들의 전적인 순종에 가까이 갈수록, 다음과 같은 약속이 우리에게 더욱더 풍성하게 실현될 것입니다: "아버지께서 아들을 사랑하사 자기의 행하시는 것을 다 아들에게 보이시고 또 그보다 더 큰 일을 보이시리라."

그리스도처럼! 이 말은 아버지께 전적으로 의지하셨던 독생자의 모습과 합한 삶을 살라고 우리를 부르고 있습니다. 우리들 각자 각자가 그렇게 살아야 마땅한 것입니다.

그렇게 아버지를 의지하는 삶을 살기 위해서, 가장 먼저 필요한 것은 아버지께서 그의 뜻을 우리에게 알게 해 주시리라는 확고한 믿음을 갖는 것입니다. 제가 보기에 여기서 많은 사람들이 뒤로 물러서는 것 같습니다. 하나님께서 예수님께 하셨던 것처럼, 신자들 하나하나를 보살펴서 자신의 뜻을 가르쳐 주시고 또한 알게 하시리라는 것을 믿지 못하는 것입니다.

그리스도인 여러분, 여러분은 여러분 스스로 알고 있는 것보다 아버지께 더 가치 있는 존재들입니다. 여러분은 하나님께서 여러분을 위해 그런 엄청난 값을, 즉 그의 독생자의 피를 치르실 만한 가치 있는 존재들입니다. 그러므로, 아버지께서는 여러분과 관련된 것이라면 아무리 하찮은 것도 최고의 가치를 부여하시며, 그런 하찮은 일에까지 여러분을 인도하실 것입니다. 여러분이 생각하는 것 이상으로 아버지께서는 여러분과의 친밀하고 지속적인 교제를 바라고 계십니다. 아버지께서는 여러분이 생각하는 것 이상으로 그의 영광을 위하여 여러분을 사용하시고 또한 여러분을 귀한 존재로 만드실 수 있습니다. 아버지께서 그의 자녀를 사랑하셔서 자기가 행하시는 일을 보여 주시는 것입니다.

이 사실을 예수님에게서 증명해 보이셨고, 또한 여러분에게서도 증명해 보이실 것입니다. 우리로서는 온전히 아버지께 굴복하여 그의 가르치심을 기대하고 받을 뿐입니다. 아버지께서는 그의 성령을 통하여 그런 가르침을 지극히 부드럽게 온전하게 주십니다. 우리를 우리가 속한 그룹에서 이끌어 내지 않으시고도, 아버지께서는 우리를 그리스도의 형상으로 화하게 하셔서 우리로 하여금 모든 이들에게 복이 되며 기쁨이 되도록 하실 수가 있습니다. 아버지의 이러한 지극한 사랑을 불신하여 모든 일에서 아버지의 인도하심을 기대하는 일이 불가능해지도록 하는 일이 있어서는 안 될 것입니다.

또한 여러분 자신을 아버지께 굴복시키고 싶지 않은 마음 때문에 뒤로 물러서는 일이 있어서도 안 될 것입니다. 이것이 두 번째 큰 장애거리입니다. 아버지께로부터 벗어나 홀로 서고픈 갈망이 낙원에서 아담을 타락시켰던 유혹이었습니다. 그런데 이 유혹이 우리들 각자의 마음 속에 존재하고 있습니다. 아무것도 아닌 존재가 되고, 아무것도 알지 못하고 아무것도 뜻하지 않는 존재가 되는 것이 매우 어려워 보입니다. 그러나 그것이야말로 지극히 복된 것입니다. 이렇게 온전히 아버지를 의지하면 아버지와의 지극히 복된 교제 속에 들어가게 됩니다. "아버지께서 아들을 사랑하사 자기의 행하시는 것을 다 아들에게 보이시고"라고 예수님에 대해서 말씀했습니다만, 이 말씀이 우리에게도 사실이 될 것입니다.

이처럼 아버지를 온전히 의지하면 온갖 근심 걱정과 책임이 우리에게서 사라집니다. 우리는 그저 명령만 순종하면 그뿐입니다. 그렇게 하면 진정한 의지력과 힘이 주어집니다. 왜냐하면 아버지께서 우리 속에서 역사하셔서 뜻을 갖게 하시고 행하게 하신다는 것을 우리가 알기 때문입니다. 뿐만 아니라, 우리의 일이 성공을 거두리라는 복된 확신도 주어집니다. 왜냐하면 하나님께서 모든 일을 주도하시도록 그에게 모든 것을 맡겼기 때문입니다.

형제 여러분, 의식적으로 아버지를 의지하고 단순하게 그에게 수종하는 이러한 삶에 대해서 지금까지 별로 아는 것이 없었다면, 오늘 바로 시작하십시오. 여러분의 구주 예수님을 여러분의 본으로 삼기를 바랍니다. 여러분 속에 스스로 사시며 또한 여러분 속에서 과거 이 땅에 계실 때의 모습을 다시 한 번 실현시키는 것이야말로 주님의 복된 뜻인 것입니다. 주님은 그저 여러분의 동의를 바라고 계십니다. 그렇게 동의하면 주님께서 여러분 속에서 그 일을 이루실 것입니다.

오늘 바로 아버지께 여러분 자신을 드리십시오. 독생자 그리스도를 본받아서 아버지께서 보여주시는 일 이외에는 스스로 아무것도 하지 않겠다고 결심하십시오. 오직 예수님만을 모범으로 바라보며, 그에게서 약속을 보시기를 바랍니다. 여러분을 위하여 자신을 낮추시사 하나님을 의지하는 삶이 얼마나 복된 것인지를 몸소 보여주신 주님을 사모하시기 바랍니다.

하나님을 의지한다는 것이야말로 얼마나 복된 것인지 모릅니다. 그렇게 완전히 하나님을 의지함으로써, 그는 하나님으로서 본래 자신의 것인 영광을 얻으셨습니다. 하나님을 의지함으로써, 영혼이 평안과 안식을 누리게 됩니다. 왜냐하면 그렇게 함으로써 모든 것에 대한 염려를 하나님께 맡겨버리기 때문입니다. 하나님을 의지함으로써 심령이 고요해지며 아버지의 가르침을 받아 사용할 준비를 갖추게 됩니다. 그리고, 그렇게 하나님을 의지하면, 거룩한 교제를 더욱 깊이 체험하는 영광을 누리게 되며, 하나님의 뜻을 더욱더 확실하게 발견하게 되며, 아버지께서 기뻐하시고 영광을 받으시는 일들을 하게 되는 것입니다. 하나님을 의지한다는 것! 이것이야말로 독생자께서 이 땅을 사신 자세였으니, 이것이야말로 우리 영혼의 바람이어야 마땅할 것입니다.

하나님을 의지한다는 것! 예수님께서 그렇게 아버지를 의지하기를 사모하신 것은 자신이 하나님의 아들이심을 알고 계셨기 때문이었습니다. 예수 그리스도를 닮는 일에 관한 모든 가르침 가운데서, 이것이 중심이요 대요 입니다. 곧, 내 아버지와 함께 아들로서 살아야 한다는 것 말입니다. 이러한 관계를 분명히 하여, 아들로서 아버지께서 내게 전부가 되신다는 것을 인식하면, 아들다운 삶이, 아버지를 통하여 살며 아버지를 위하여 사는 삶이 자연스럽게 자발적으로 이루어질 것입니다.

오 나의 아버지여, 독생자의 형상을 바라보면 볼수록 나의 본성의 저 끔찍한 패망의 모습이 더욱 뚜렷하게 드러나오니, 죄가 나를 아버지께로부터 얼마나 벗어나게 했는지 모르옵니다. 아버지께 의지한다는 것 이외에 더 높은 복이 없사옵니다. 모든 일에 대해서 하나님으로서 지혜로우시고 선하시며 풍성하시고 능력이 충만하신 아버지를 신뢰하는 것 외에 무엇이 있겠사옵니까! 그런데 아버지여, 그것이 그렇게 힘든 일이 되어 버렸사옵니다. 모든 영광 가운데 계신 하나님을 의지하기보다는 차라리 우리의 어리석은 것을 의지하려 하옵나이다.

오, 지극히 복되신 아버지여! 아버지의 자녀들도 자기들의 생각과 뜻을 포기하고 하나님께 절대적으로 의지하는 것만이 진정한 복이라는 것을 믿기가 너무나 힘들다는 생각을 가질 때가 많사옵니다.

주여! 주께 나아가 겸손히 간구하오니 이것을 가르쳐 주옵소서. 자신의 피로 값주고 나를 사신 주님께서 무엇이 참된 복인지를 그의 지상의 삶을 통해서 내게 보여주셨사옵니다. 그리고, 주께서 지금도 나를 인도하셔서 그런 삶을 내 속에서 이루실 것을 아옵나이다. 오 나의 아버지여! 아버지의 독생자 안에서 나 자신을 아버지께 드리옵니다. 나를 그와 같이 만들어 주옵소서. 그리하여 아버지께서 하시는 일을 보지 않고서는 아무것도 나 스스로 행하지 않게 하옵소서. 아버지여! 주께서는 독생자를 위하여 나를 취하셔서 훈련시키시며, 주께서 행하시는 바를 내게 보여주시옵니다. 오 나의 하나님! 그리스도께 아버지이시듯이, 내게도 아버지가 되시옵소서. 그리스도께서 아버지의 아들이셨듯이, 나도 아버지의 아들이 되게 하옵소서. 아멘.

제16일 그의 사랑하심처럼

"새 계명을 너희에게 주노니 서로 사랑하라 내가 너희를 사랑한 것 같이 너희도 서로 사랑하라" — 요 13:34

"내 계명은 곧 내가 너희를 사랑한 것 같이 너희도 서로 사랑하라 하는 이것이니라" — 요 15:12

우리에게 죄와 연약함을 수긍하게 해 주는 것은 율법의 계명이 아니라, 그보다 더 나은 약속에 근거한 새 언약에 속한 새 계명입니다. 자신이 공급해 주시지 않는 것은 요구하지 않으시는 그분이 지금 제시하시는 계명입니다. 그는 자신이 우리 속에서 일하시지 않으시는 것은 아무것도 우리에게 기대하지 않으신다는 확신입니다. 주님의 말씀은 이렇습니다. 곧, '내가 너희를 사랑하였고 매 순간마다 성령을 통하여 그 사랑을 너희에게 부어주고 있으니 너희가 서로 사랑하라. 너희의 사랑의 힘과 역사가 모두 내가 너희에게 주는 사랑 안에 있는 것이라'는 것입니다.

"내가 너희를 사랑한 것 같이." 이 말씀은 우리가 서로 어느 정도나 사랑하여야 하는지 그 정도를 제시해 주고 있습니다. 참된 사랑은 정도를 모릅니다. 자기 자신을 완전히 주는 것입니다. 그 자체가 드러나려면 시간이 지나서 그것이 어느 정도 생각되어야 합니다만, 사랑 그 자체는 언제나 하나이고 나뉘는 법이 없습니다. 아버지와 아들, 이 두 분께서 사랑 가운데서 한 존재이시며, 각자가 다른 분 속에 자신을 온전히 드리고 계시다는 것 — 바로 이것이야말로 우리가 소유하고 있는 하나님의 사랑의 크나큰 영광입니다. 아버지께서 자기를 사랑하시듯 그렇게 우리를 사랑하신다는 것이 하나님의 형상이신 예수님의 사랑의 영광된 모습입니다. 그러므로, 하나님과 그리스도처럼 사랑한다는 것 이외에 다른 법칙을 모른다는 것이야말로 신자들 간의 형제적인 사랑의 영광이라 하겠습니다.

그리스도처럼 되기를 바라는 자는 주저 없이 이것을 자기의 삶의 법칙으로 받아들여야 마땅합니다. 거슬리는 것과 보기 싫은 것이 많이 나타나는 데도 불구하고 형제를 그렇게 사랑한다는 것은 정말로 어렵고 불가능해 보이기까지 한다는 것을 그는 잘 알고 있습니다. 그러므로 그는 구체적인 처지에서 형제들을 만나 자기의 사랑이 시험을 받게 되기 전에, 은밀한 가운데 주님께로 먼저 나아갑니다.

자기 자신의 죄와 무가치함에 시선을 고정시키고서 묻습니다. 내가 주님께로부터 얻은 은혜가 얼마인가? 라고 말입니다. 그는 십자가로 나아가서 주께서 자기를 사랑하신 그 사랑의 깊이를 깨달으려 애씁니다. 하늘에 계신 그분의 그 무궁한 사랑의 빛이 그의 영혼에 비추어져서, 그 신적인 사랑에는 오직 한 가지 법칙밖에는 없다는 것을 느끼고 깨닫게 됩니다. 곧, 사랑은 자기 자신을 구하지 않으며 자기 자신을 온전히 준다는 법칙을 말입니다.

그리고 그는 자기 자신을 그의 주님 앞의 제단 위에 올려 놓습니다. '주께서 나를 사랑하셨듯이 내가 형제를 사랑하리이다. 내가 예수님과 연합되어 있고, 또한 예수 안에서 그들과 연합되어 있으니 내가 그리스도처럼 그들을 사랑한다는 것에는 의문이 있을 수 없다'라고 고백합니다. 오, 그리스도인들이 자기들의 마음의 이런저런 온갖 생각들에 귀를 닫아 버리고 그들을 사랑하신 주님께서 몸소 본을 보여 행하신 그 법에만 시선을 고정시킨다면 얼마나 좋겠습니까! 그렇게 되면, 그들로서는 다른 아무것도 필요 없고 오로지 주님의 계명을 받아들이고 그 계명을 순종하면 된다는 것을 깨닫게 될 것입니다.

우리의 사랑에는 주님의 척도 외에는 다른 척도가 없습니다. 주님의 사랑이 우리의 사랑의 힘이기 때문입니다. 그리스도의 사랑은 그저 생각이나 감정이 아닙니다. 그것은 진정한 신적인 생명력입니다. 그리스도인이 이 사실을 깨닫지 못하면, 그 사랑이 그의 속에서 충만한 능력을 발휘할 수가 없습니다. 그러나, 그리스도의 사랑이 바로 자기 자신을 그 사랑하는 자들에게 떼어 주는 것이라는 것을 믿음으로 깨닫고서 이 사랑에 뿌리를 박고 그 사랑을 그의 삶을 유지하는 근원으로 삼으면, 주님께서 그에게 구하시는 것이 그저 그 자신을 통해서 주님의 사랑이 흘러가도록 하라는 것뿐이라는 것을 보게 됩니다. 그는 그리스도께서 주신 힘으로 살게 되어 있습니다. 그리스도의 사랑이 그를 강권하시며 그로 하여금 그리스도처럼 사랑하도록 가능하게 하시는 것입니다.

이러한 그리스도의 사랑에서, 그리스도인은 또한 형제에게 행하는 그의 사랑의 역사가 어떠해야 한다는 것도 배우게 됩니다. 우리는 이미 사랑이 드러나는 여러 가지들에 대해서 말씀드린 바 있습니다. 사랑의 봉사와 사랑의 자기 부인과 사랑의 온유함 등 말입니다. 사랑이 이 모든 것의 뿌리입니다. 사랑은 제자들로 하여금 자기 자신이 진정 부르심을 받은 모습이 무엇인가를 보도록 가르쳐 줍니다. 곧, 자기가 속한 그룹 속에서 예수님처럼 오직 다른 사람을 사랑하고 돕는 삶을 사는 사람의 모습이 바로 제자의 본연의 모습이라는 것을 가르쳐 주는 것입니다.

사도 바울은 빌립보의 교인들을 위하여 이렇게 기도합니다: "내가 기도하노라. 너희 사랑을 지식과 모든 총명으로 점점 더 풍성하게 하사 너희로 지극히 선한 것을 분별하며"(빌 1:9-10). 사랑이 자기가 할 수 있는 일을 당장에 전부 다 파악하고 깨닫는 것은 아닙니다. 그의 사랑이 지식으로 풍성하게 되어서 그리스도의 모범을 자기의 삶의 규범으로 취하게 되기를 위해서 기도하는 신자는 자기에게 놓여 있는 일이 얼마나 크고 영광된 것인가를 배우게 될 것입니다. 하나님의 교회에게는, 그리고 세상은 물론 하나님의 모든 자녀 한 사람 한 사람에게는, 사랑이 얼마나 절실하게 필요한지 모릅니다. 그리스도의 사랑이 드러나는 것이 얼마나 절실한지요!

"내가 너희를 사랑한 것 같이 너희도 서로 사랑하라"는 주님의 말씀을 있는 그대로, 반드시 순종해야 할 계명으로 받아들이는 그리스도인은 접촉하는 모든 사람들에게 복과 생명을 나누어 주는 능력을 지니는 법입니다. 사랑이야말로 그리스도의 놀라운 생애 전체와 그의 죽으심의 경이를 설명해 주는 것입니다. 그 신적인 사랑이 하나님의 자녀들 속에서 여전히 그 놀라운 경이를 발휘하고 있는 것입니다.

"보라, 하나님께서 어떠한 사랑을 우리에게 주셨는고!"(요일 3:1). "그가 어떻게 사랑하였는가?"(요 11:36). 이 말씀들은 아버지의 사랑과 아들의 사랑을 묘사하는 표현입니다. 이 말씀들이 모든 그리스도인의 삶을 묘사하는 핵심적인 표현이 되어야 하겠습니다. 그리스도처럼 사랑하라는 계명을 살아 있는 믿음과 진정한 헌신으로 삶의 규범으로 받아들이면, 그렇게 될 것입니다.

일찍이 아브라함을 부르실 때부터 이 원리가 하나님의 나라에 살아 있는 씨앗으로 저장되어 있었습니다. 곧, 하나님이 우리에게 행하시는 것처럼 우리도 다른 사람들에게 행하여야 한다는 원리 말입니다. "내가 … 네게 복을 주 … 리니 … 너는 복의 근원이 될지라"(창12:2). "내가 너희를 사랑하였으니"라는 말씀이 하나님께서 우리를 위하여 행하신 일의 최고의 표현이라면, "너희도 서로 사랑하라"라는 말씀은 하나님의 자녀가 어떠한 모습이어야 하는지를 나타내주는 최고의 표현인 것입니다. 교회의 생활에서와 마찬가지로, 설교를 통해서도 전해져야 합니다. 곧, 그리스도처럼 사랑하는 사랑이 참된 제자도의 표징이라는 사실이 말입니다.

사랑하는 그리스도인 여러분! 그리스도께서는 여러분이 여러분 주위의 사람들에게 사랑의 샘이 되기를 바라고 계십니다. 하늘의 사랑이 여러분을 사로잡아서, 그 사랑이 여러분을 통하여 이 땅에 그 복된 일을 이루게 되기를 바라시는 것입니다. 그 사랑의 규범에 굴복하십시오. 여러분 자신을 그 사랑의 거하심에 남김없이 드리시기를 바랍니다. 그 사랑이 예수님처럼 사랑할 수 있도록 여러분을 가르칠 수 있다는 확신을 갖고 그 사랑을 귀히 여기시기를 바랍니다. 주 예수님을 닮는 것이 여러분의 그리스도인의 삶의 주요 표지이듯이, 사랑이 바로 그를 닮는 모습의 주요 표지인 것입니다.

거기에 당장 이르지 못한다고 해서 실망하지 마십시오. 오직 "내가 너희를 사랑한 것 같이 너희도 서로 사랑하라"는 계명을 든든히 붙잡으십시오. 그 계명에 합당하도록 자랄 때까지 시간이 필요합니다. 그 사랑의 모습을 은밀한 가운데 묵상하시고 바라보십시오. 그 사랑을 향한 열심이 타오르는 불길처럼 일어나도록 기도와 묵상에 시간을 들이십시오. 여러분 주위의 모든 사람들을 돌아보십시오. 그들이 누구든지, 어떤 일이 일어나든지, "내가 반드시 그들을 사랑하리라"는 이 한 가지 생각을 갖고 그들을 바라보십시오.

주님과 연합된 사실을 의식하도록 시간을 가지십시오. 그리하면 그렇게 사랑할 가능성이 과연 있겠는가 하는 두려움이 생길 때마다 다음과 같은 주님의 말씀이 뇌리를 두드릴 것입니다: "내가 사랑한 것 같이 사랑하라고 내가 네게 명하지 아니하였더냐?"

그리스도인 여러분, 여러분의 사랑하는 모범이신 예수님과 사랑의 교제를 누리시기를 바랍니다. 그러면 그가 사랑하신 것처럼 사랑하라는 이 계명을 기쁨으로 이행하게 될 것입니다.

주 예수님, 나를 그렇게 놀랍게 사랑하셨고, 또한 그처럼 나도 사랑하라고 명령하시는 주님, 주님의 발 앞에 있는 나를 보시옵소서. 내가 기쁨으로 주의 계명을 받아들이며, 이제 주님 주시는 힘으로 나아가 주의 사랑을 모두에게 드러내겠나이다.

오 나의 주여! 오직 주님 주시는 힘으로 나아가옵니다. 그러니, 주의 사랑을 내게 가르쳐 주시옵소서. 성령을 통하여 주의 사랑을 내 마음 속에 환히 비추시옵소서. 나로 하여금 내가 하나님의 사랑을 받는 자라는 사실을 매 순간마다 체험하며 살게 하옵소서.

주여, 내 사랑으로가 아니라 주의 사랑으로 사랑할 수 있다는 것을 나로 하여금 깨닫게 하옵소서. 주께서 내 속에 사시옵고, 주의 성령이 내 속에 거하시며 역사하시옵니다. 내가 다른 사람을 사랑할 그 사랑이 주께로부터 내게 흘러오나이다. 주께서 내게 구하시는 것은 오직 내가 나의 부르심을 깨닫고 받아들이며 나 자신을 복종시켜서 주님이 사신 것처럼 그렇게 사는 것이옵니다. 주님은 내가 이기적이며 사랑이 없는 나의 옛 사람을 십자가에 못 박고 주님이 명하시는 것을 믿음으로 행할 준비를 갖추기를 원하시옵니다.

주여, 내가 그대로 행하겠나이다. 나의 주님이 주시는 힘으로, 주께서 나를 사랑하신 것 같이 그렇게 사랑하는 삶을 살기를 원하나이다. 아멘.

제17일 그의 기도하심처럼

"새벽 아직도 밝기 전에 예수께서 일어나 나가 한적한 곳으로 가사 거기서 기도하시더니" — 막 1:35
"이르시되 너희는 따로 한적한 곳에 가서 잠깐 쉬어라 하시니" — 막 6:31

은밀한 기도의 삶을 사신 데서도 우리 주님은 나의 모범이 되십니다. 주님은 사람들에게서 떠나서 계속해서 아버지와 교제하시지 않고서는 그의 영혼에서 하늘의 생명을 유지하실 수가 없었습니다. 내 속에 있는 하늘의 생명 역시 똑같이 사람들에게서 벗어나기를 요구하고 있습니다. 어느 한 순간만 그렇게 하는 것이 아니라, 생명의 근원이신 하늘에 계신 아버지와 교제를 나누는 데 필요한 시간만큼 그렇게 하기를 요구하고 있는 것입니다.

제자들의 시선을 사로잡은 한 가지 사건이 주님의 공생애 초기에 일어나서, 그들이 그 사건을 기록해 두었습니다. 가버나움에서 이적과 기사가 가득한 하루를 보내고 난 후(막 1:21-32), 저녁 때가 되었는데 무리들이 더 많아졌습니다. 문 바깥에 온 마을 사람들이 다 모여 있는 가운데, 병든 자들이 고침을 받고, 귀신이 내어쫓김을 당했습니다. 모두들 밤이 늦은 시각에 잠

자리에 들었습니다. 무리들 가운데 둘러싸여 있는 상황에서는 조용히 은밀하게 기도할 시간을 가질 수가 없습니다. 그리하여 그들이 이른 아침 일어나서 보니 주님이 보이지 않았습니다. 밤의 적막 속에서 주님은 광야에 홀로 있을 곳을 찾아 나서신 것입니다. 거기서 주님을 찾았지만, 주님은 여전히 기도하고 계셨던 것입니다.

주님은 어째서 이런 기도의 시간이 필요하셨을까요? 온갖 일로 분주한 가운데서도 하나님께 그의 영혼을 고요히 우러르는 축복을 주님이 모르셨을까요? 아버지께서 그의 속에 거하지 않으셨을까요? 그래서, 마음 깊은 곳에서 아버지와 끊임없는 교제를 누리지 못하고 계셨을까요? 아닙니다. 그러한 은밀한 삶이야말로 과연 주님의 몫이었습니다. 그러나 그 삶은 인간의 법칙에 종속된 상태여서 그 근원으로 나아가 계속해서 새롭게 할 필요가 있었습니다. 그 삶은 의존적인 삶이었던 것입니다. 그 삶이 강하고 진실했기 때문에, 더더욱 아버지와의 끊임없는 직접적인 교제를 잃어버리는 일을 감당할 수가 없었던 것입니다. 그의 삶은 오직 아버지와 함께만, 또한 아버지 안에서만 그 참된 존재와 축복을 얻는 것이었습니다.

이 얼마나 그리스도인 모두에게 귀한 교훈입니까! 사람들과 많은 교제를 갖는 것은 우리의 영적 생활을 침해하는 위험스런 것입니다. 그런 교제로 인하여 우리가 눈에 보이는 물질적인 것에 영향을 받게 되기 때문입니다. 하나님과 나누는 은밀하고도 직접적인 교제를 잃어버리는 일은 다른 무엇으로도 보상받을 수가 없습니다. 하나님을 섬기는 수고와 사랑의 수고 조차도 힘이 다하여 사라집니다.

우리에게서 능력이 나가지 않고서는 다른 사람들에게 복을 줄 수가 없습니다. 그리고 이 일은 반드시 위로부터 새로움을 얻어야만 되는 것입니다. 만나의 법칙이, 즉 하늘에 속한 것은 이 땅에 오래도록 좋은 상태로 남아 있을 수가 없고 날마다 하늘로부터 새롭게 임해야 한다는 법칙이, 여기서도 그대로 적용되는 것입니다. 예수 그리스도께서 그것을 우리에게 가르쳐 주고 계십니다. 날마다 하늘에 계신 아버지와 은밀한 교제를 나누는 것이 필요하다는 것 말입니다. 나의 삶은 주님의 삶과 같아서, 하늘에, 하나님 속에 감추어져 있는 삶입니다. 그 삶은 날마다 하늘로부터 공급을 받아야 할 시간을 필요로 합니다. 이 땅에서 하늘의 삶을 이끌어가는 능력이 오직 하늘로부터만 임하기 때문입니다.

우리 주님께서 그렇게 오랜 시간 동안 기도하신 내용은 무엇이었을까요? 그의 기도하시는 소리를 들을 수 있다면, 올바로 기도하는 법을 얼마나 잘 배울 수 있겠습니까! 하나님을 찬양합시다! 주님의 기도가 한 가지 이상이 우리를 위하여 기록되어 있고, 그래서 그 기도를 통해서 주님의 거룩하신 모범을 배울 수가 있습니다. 대제사장적인 기도(요 17장)에서, 우리는 주님께서 하늘의 그 깊은 고요 가운데서 아버지께 드리는 간구의 내용을 듣습니다. 그리고 몇 시간 후에 드린 겟세마네 동산의 기도에서는 주께서 깊고 깊은 문제와 어둠을 이끌어내셔서 하나님께 토로하시는 것을 보게 됩니다. 이 두 기도 속에 모든 것이 다 들어 있습니다. 아버지와 아들 사이에 오가는 기도의 교제 가운데서 가장 높은 것과 가장 깊은 것이 거기에 나타나 있는 것입니다.

이 두 기도에서 우리는 주께서 하나님을 무어라 부르시는지를 봅니다. 언제나 주님은 아버지여! 나의 아버지여! 라고 부르십니다. 그 단어에 모든 기도의 비결이 담겨 있습니다. 주님께서는 자신이 아들이심을 알고 계셨고, 또한 아버지께서 그를 사랑하신다는 것을 알고 계셨습니다. 그 단어를 사용하심으로써, 주님은 아버지의 얼굴의 충만한 빛 속에 자신을 놓으셨습니다. 주님께는 아버지의 사랑 안에 들어가 그 사랑을 충만히 누리는 것이야말로 가장 절실한 필요 사항이었고 또한 기도의 가장 큰 복이었습니다.

그러니 우리 역시 그러해야 하겠습니다. 나의 기도의 가장 주된 부분을 거룩한 침묵과 믿음의 경배에 할애하며, 그러는 동안 하나님께서 자신을 내게 드러내시며, 그가 아버지로서 나를 내려다보신다는 사랑의 확신을 성령을 통해서 내게 주사 내가 그에게 진정 기뻐하시는 존재라는 사실이 확신되기까지 기다리도록 해야 하겠습니다.

기도할 때에, 영혼이 고요함 가운데서 아바 아버지라 부르는 의미를 충만히 의식하는 데 시간을 드리지 않는 사람은 기도의 가장 중요한 부분을 놓치고 있는 것입니다. 우리가 하나님의 자녀이며 또한 아버지께서 우리에게 가까이 오시고 우리를 기뻐하신다는 사실에 대한 성령의 증거하심은 기도 가운데서 시행되고 강화되는 것입니다. "만일 우리 마음이 우리를 책망할 것이 없으면 하나님 앞에서 담대함을 얻고 무엇이든지 구하는 바를 그에게 받나니 이는 우리가 그의 계명들을 지키고 그 앞에서 기뻐하시는 것을 행함이라"(요일 3:21-22).

이 두 기도에서, 우리는 또한 주님이 무엇을 원하셨는지를 보게 됩니다. 아버지께서 영화롭게 되기를 원하셨습니다. 주님은 말씀하십니다: "아들을 영화롭게 하사 아들로 아버지를 영화롭게 하옵소서." 이것이야말로 모든 기도가 가져야 할 진정한 정신입니다. 아버지의 뜻과 영광을 위해서 주님은 살기만을 위하여 자신을 완전히 드리는 것입니다. 주님이 구하신 모든 것에는 오직 한 가지 목적밖에는 없었습니다. 곧, 하나님을 영화롭게 하고자 하는 목적이 그것입니다. 이 점에 있어서도 주님은 나의 모범이 되십니다. 나 역시 기도할 때마다 그런 정신을 가져야 합니다. 아버지여! 아버지의 자녀를 복 주시고 은혜를 베푸사 오직 주님만을 영화롭게 하게 하시옵소서.

이런 생각에 감동을 받아서 기도로 그 생각을 진실로 표현하며 그런 생각에 완전히 젖는 그리스도인은 기도에서 능력을 힘입게 될 것입니다. 주님께서도 그가 하늘에서 행하시는 일에 대해서 이렇게 말씀하십니다: "너희가 내 이름으로 무엇을 구하든지 내가 시행하리니 이는 아버지로 하여금 아들을 인하여 영광을 얻으시게 하려 함이라"(요 14:13). 오 내 영혼아! 주님께 배울지어다. 네 원하는 것을 기도로 토로하기 전에, 먼저 네 자신을 온전한 번제물로 드려서 아버지 하나님께서 너로 말미암아 영광을 받으시도록 할지어다!

그렇게 하고 나면, 이제 기도할 확실한 근거가 마련된 것입니다. 아버지께 간구하고픈 강렬한 욕망을 느끼게 되고 충만한 자유도 느끼게 됩니다. 그리하여 아버지께서 그리스도께서 보이신 모범의 각 부분을 — 그리스도의 형상의 각 특질들을 — 일일이 본받게 하셔서 하나님이 영광을 받으시도록 해 주시기를 구하게 됩니다. 우리의 영혼은 오직 항상 새롭게 기도함으로써 자신을 굴복시켜서 하나님께서 자신의 영광을 위하여 하실 일을 그에게 행하시기를 기다릴 수가 있는 것입니다. 예수님께서는 아버지의 영광을 위하여 그렇게 자신을 전적으로 굴복시키셨습니다. 그렇기 때문에 그는 우리의 중보자가 되시기에 합당하신 분이셨습니다. 그런데, 주님은 그의 대제사장적인 기도에서 그런 큰 복을 자기 백성들에게도 베풀어 주시기를 구하고 계십니다.

예수님처럼 기도 중에 오직 하나님의 영광만을 구하기를 배우십시오. 그리하면 진정으로 기도하는 자가 될 것입니다. 자기 자신의 필요를 가지고 은혜의 보좌에 나아갈 뿐 아니라 다른 사람들을 위해서도 효과적으로 열정적으로 기도하는 사람이 될 것입니다. 그런 의인의 기도는 효험이 많은 법입니다.

구주께서 주님 가르치신 기도에서 가르치신 말씀 가운데 "주의 뜻이 이루어지이다"라는 것이 있습니다만, 주님께서도 모든 면에서 형제들과 같이 되셔서 이와 같은 기도를 겟세마네 동산에서 자기의 기도로 드리고 계시는 것을 보게 됩니다. 그리하여, 우리는 주님의 속죄와 간구의 능력 가운데서 그 같은 기도의 내용을 — "주의 뜻이 이루어지이다"라는 내용을 — 다시 돌려 받아서 주님이 하신 것처럼 그렇게 그런 기도를 드릴 수가 있게 되는 것입니다. 그 제사장적인 간구에 있어서도 여러분은 그리스도처럼 될 것입니다. 교회의 연합과 번영, 그리고 죄인들의 구원이 그의 대제사장적인 기도에 달려 있는 것입니다.

하나님의 영광을 모든 기도의 주 목적으로 삼는 사람은 또한, 하나님께서 그렇게 하도록 부르시면, 겟세마네의 기도를 드릴 힘을 얻게 되기도 합니다. 그리스도의 모든 기도 하나하나는 간구였습니다. 주님께서는 이미 우리를 위해 자기 자신을 주셨기 때문입니다. 그가 구하고 받는 모든 것은 전부 우리의 유익을 위한 것이었습니다. 그가 행하신 기도는 모두가 자기 희생의 정신으로 이루어진 것입니다. 그러므로 여러분도 자신을 사람을 위하여 전적으로 하나님께 드리십시오.

예수님의 경우에 그러했던 것처럼 우리의 경우에도 일상 생활의 모든 기도로 우리 자신을 전적으로 하나님께 희생제물로 드리는 것이, 우리가 특별한 부르심을 받아 어떤 어려운 상황을 당하여 눈물과 고뇌 속에서 우리의 뜻을 굴복시켜야 하는 어려운 영혼의 갈등을 겪을 때를 대비하는 유일한 대비책인 것입니다. 그러나, 일상 생활의 기도를 배운 사람은 그런 어려운 영혼의 갈등을 이길 수 있는 힘도 확실히 받는 법입니다.

오 형제 여러분! 여러분과 제가 과연 예수님을 닮기를 원한다면, 특별히 예수님께서 광야에서 홀로 기도하신 일을 깊이 생각해야 할 것입니다. 그의 놀라운 생애의 비결이 바로 그 기도에 있기 때문입니다. 그는 사람들에게 행하시고 말씀하시기 전에 먼저 하나님과 함께 행하셨고 말씀하신 것입니다. 아버지와의 교제를 통해서 성령의 기름 부으심이 날마다 새로움을 입었던 것입니다. 그러므로 행동과 말에서 주님을 닮기를 소원하는 사람은 마땅히 예수님을 따라서 홀로 있는 것부터 시작해야 할 것입니다. 비록 밤의 휴식이나 사업이나 친구들과의 교제가 희생을 당하는 일이 있을지라도, 아버지와 함께 홀로 있는 시간을 반드시 찾아야 하는 것입니다.

일상적인 기도의 시간 이외에 때때로 성소에 들어가고픈 마음이 강하게 일어나 억제하지 못하는 경우가 있습니다. 그런 때에 하나님께 은밀히 기도하는 가운데 하나님이 과연 그의 분깃이시라는 사실이 다시 한 번 새롭게 강하게 다가와 마음의 새로움을 입게 되는 것입니다. 은밀한 골방에서 문을 닫아 건 상태에서나, 광야의 한적한 곳에서나, 날마다 하나님을 찾아야 하고 그리하여 하나님과의 교제가 새로워져야만 하는 것입니다. 그리스도께도 그것이 필요했다면, 우리야 오죽 하겠습니까! 주께서 그러한 은밀한 교제를 통해서 힘을 얻으셨다면, 우리 역시 마찬가지로 그런 은밀한 교제를 통해서 힘을 얻게 되는 것입니다.

주님께 기도가 얼마나 귀한 것이었느냐 하는 사실은 주님의 세례 받으신 기사에서 잘 나타납니다: "백성이 다 세례를 받을새 예수도 세례를 받으시고 기도하실 때에 하늘이 열리며 성령이 형체로 비둘기같이 그의 위에 강림하시더니 하늘로서 소리가 나기를 너는 내 사랑하는 아들이라 내가 너를 기뻐하노라 하시니라"(눅 3:21-22).

그렇습니다. 우리에게도 기도의 축복이 그렇게 임할 것입니다. 하늘이 열리고, 성령께서 강림하시고, 아버지의 음성이 나서 그의 사랑과 선하신 기쁨에 대한 복된 확신이 생기는 것입니다. 예수님께서 그러셨던 것처럼, 우리도 마찬가지입니다. 위로부터 그 모든 것이 기도의 응답으로 임하는 것입니다.

그리스도처럼 은밀한 가운데 기도하는 것이야말로 공중 앞에서 그리스도처럼 사는 비결이 될 것입니다. 오, 여러분, 함께 일어나서서 우리의 놀라운 특권을 누리도록 합시다. 아버지의 임재 앞에 그리스도처럼 담대함으로 나아가며, 그리스도처럼 자유롭게 하나님과 기도로 교통하는 것이야말로 우리의 놀라운 특권이 아닙니까!

오 나의 복되신 주여, 주께서 나를 부르셨으니 내가 주를 따라 모든 일에서 주의 형상을 지녀 하옵나이다. 날마다 주의 발자취를 따르며, 주께서 가시는 곳마다 따라가려 하옵나이다. 오늘은 주께서 밤 이슬에 젖으신 채로 광야로 들어가시는 것을 알았사옵니다. 거기서, 주님께서는 아버지 앞에 오랜 시간 무릎을 꿇으셨나이다. 거기서, 주님은 기도로 간구하셨사옵니다. 아버지의 영광 앞에 모든 것을 다 내어 놓으셨고, 아버지께 구하셔서 그로부터 모든 것을 얻으셨나이다. 주여, 원하옵건대, 이 놀라운 광경이 나의 영혼 깊은 곳에 새겨지게 하시옵소서. 새벽 미명에 일어나셔서 아버지와 교제하시며 삶과 일을 위하여 필요한 모든 것을 기도로 간구하여 얻으신 그 사실이 내게 깊이 새겨지게 해 주시옵소서.

오 나의 주님! 내가 누구이온대 나로 하여금 주님의 음성을 듣게 하시나이까? 그렇습니다. 내가 누구이온대 나를 부르사 주님처럼 기도하게 하시나이까? 귀하신 구주여, 내 마음 깊은 곳으로부터 간절히 구하옵나니, 은밀한 기도의 필요를 주님과 똑같이 간절히 느끼도록 나를 깨워 주시옵소서. 주님의 경우에 그러하셨던 것처럼 나의 경우에도, 하늘 아버지와의 은밀한 교제가 풍성하지 않고서는 거룩한 삶이 내게서 충만히 자랄 수가 없다는 것을 더욱 깊이 깨닫게 해 주시옵소서. 이러한 확신이 내 속에서 불타올라서 내 영혼이 하늘의 사랑으로 흠뻑 젖고 그 풍성한 강물에 날마다 새롭게 잠기지 않고서는 도저히 견디지 못하게 하옵소서. 오 나의 모범이시요 나를 위해 간구하시는 주여! 주님처럼 기도하는 법을 내게 가르쳐 주옵소서. 아멘.

제18일 그가 성경을 사용하심처럼

"내가 너희와 함께 있을 때에 너희에게 말한 바 곧 모세의 율법과 선지자의 글과 시편에 나를 가리켜 기록된 모든 것이 이루어져야 하리라 한 말이 이것이라" — 눅 24:44.

주 예수님께서 인간으로서 이 땅에서 일을 이루실 때에, 그는 성경 말씀을 많이 사용하셨습니다. 자신이 걸어가셔야 할 길도 성경에서 찾으셨고, 일을 하실 수 있는 양식과 힘도 거기서 얻으셨고, 모든 원수를 물리치실 수 있는 무기도 거기서 얻으셨습니다. 성경은 주님의 생애와 고난 전체에서 절대로 필수적인 존재였습니다. 처음부터 마지막까지 주님의 삶은 성경에 자신에 대하여 기록된 내용의 성취였던 것입니다.

이에 대해서 구태여 증거를 제시할 필요가 없습니다. 광야에서 마귀에게 시험 받으실 때에, 주님은 "기록되었으되"라는 말씀을 통해서 사탄을 이기셨습니다(마 4:4). 바리새인들과 논쟁하실 때에도, 주님은 계속해서 성경 말씀에 호소하셨습니다: "성경에 무엇이라고 말씀했느냐?" "읽지 못하였느냐?" "기록되지 아니하였느냐?" 제자들과 교제를 나누시는 중에도, 주님은 언제나 성경을 근거로 하여 자신의 고난과 부활의 당위성과 필연성을 입증하셨습니다: "내가 만일 그렇게 하면 이런 일이 있으리라 한 성경이 어떻게 이루어지리요?"(마 26:54).

또한 마지막 고난을 앞에 두시고서 아버지와 교제를 나누시는 중에도, 자신이 버림받으시는 일에 대한 안타까운 심정을 성경의 말씀을 통해서 토로하셨고, 다시금 성경 말씀을 통해서 자신의 영혼을 아버지의 손에 맡기셨습니다. 이 모든 사실에는 매우 깊은 의미가 있습니다. 주님 스스로가 살아 계시는 말씀이셨습니다. 주님은 성령을 한량 없이 받으셨습니다. 그러므로 기록된 말씀이 없이도 무엇을 할 수 있는 분이 있다면, 바로 주님이 그런 분이셨을 것입니다. 그런데도, 우리가 보는 바대로 성경이야말로 주님의 모든 것이었습니다. 다른 어느 누구보다도 주님께서 인간의 육체 속에 있는 하나님의 생명과 인간의 말로 된 하나님의 말씀이 서로 불가분리로 연관되어 있다는 사실을 확실하게 보여 주시는 것입니다. 주님께서 만일 한 걸음 한 걸음 하나님의 말씀에 의해서 인도함을 받고 유지를 받지 않으셨다면, 자신의 바른 모습을 보여주실 수도, 자신이 행하신 그 놀라운 일들을 하실 수도 없었을 것입니다.

이 사실이 우리에게 무엇을 가르쳐 주는지를 한번 생각해 보도록 합시다. 하나님의 말씀을 가리켜 '씨'라고 부르는 경우가 한 번 이상 나타납니다만, 이는 그 말씀이 신적인 생명의 씨이기 때문입니다. 씨가 무엇인지 우리는 잘 압니다. 그 놀라운 유기 물질 못에 눈에 보이지 않는 나무나 식물의 생명과 본질이 완전하게 농축되어 있어서 그것을 심어 놓으면 거기서 나무의 생명이 돋아 나오는 것입니다. 이 사실에서 두 가지 교훈을 얻습니다. 예를 들어서, 옥수수 같은 경우에 그 씨가 열매가 되어 우리가 그것으로 양식을 삼습니다. 식물의 생명이 우리의 영양소가 되며 우리의 생명을 유지하게 해 주는 것입니다. 아니면, 그것을 땅에 심으면 식물의 생명이 재생되고 증가합니다. 이 두 가지 면에서, 하나님의 말씀은 씨앗인 것입니다.

참된 생명은 오직 하나님에게서만 찾을 수 있습니다. 그러나 그 생명은 반드시 우리가 알고 인지할 수 있는 어떤 형체로 우리 앞에 주어질 수밖에 없습니다. 그런데 그 눈에 보이지 않는 생명은 하나님의 말씀 속에서 형체를 취하며, 우리가 알 수 있고 그리하여 서로 의사 전달이 가능한 형식으로 있는 것입니다. 하나님의 생명과 생각과 감정과 능력이 그의 말씀 속에 구체화되어 있습니다. 그러므로 하나님의 생명은 오직 그의 말씀을 통해서만 우리 속에 진정으로 들어올 수가 있는 것입니다. 그의 말씀이 하늘의 생명의 씨앗인 것입니다.

우리가 생명의 떡을 먹듯이, 그 말씀을 받아 먹습니다. 일용할 양식을 먹을 때에, 우리의 육체가 눈에 보이는 자연이 우리를 위하여 준비해 준 영양소를 섭취하게 됩니다. 그것을 섭취하면 그것이 우리 자신의 것이요 우리의 일부가 되고, 우리의 생명이 됩니다. 하나님의 말씀을 받아 먹을 때에도 마찬가지입니다. 하늘의 생명의 능력이 우리 속에 들어와 우리 자신의 것이 됩니다. 그리고 우리가 그것을 섭취하면, 우리의 일부가 되며, 우리 생명의 생명이 되는 것입니다.

또한 우리는 씨앗을 땅에 심는 데 사용합니다. 하나님의 말씀이 우리 마음 속에 심겨지는 것입니다. 그 말씀의 씨앗에는 재생하며 증가하는 신적인 능력이 있습니다. 그 속에 있는 생명이, 신적인 생각과 기질과 능력이 신자의 마음에 뿌리를 내리고 자라납니다. 그리하여 그 말씀이 표현하는 바로 그것이 우리 속에서 산출되는 것입니다. 하나님의 말씀이야말로 신적 생명의 충만함을 자라게 하는 씨앗인 것입니다.

주 예수님께서 사람이 되셨을 때에, 주님은 하나님의 말씀에 전적으로 의존하는 상태가 되셨습니다. 그는 자기 자신을 전적으로 그 말씀에 굴복시키셨습니다. 어머니가 말씀을 가르쳐 주셨습니다. 나사렛의 교사들이 말씀으로 그를 교훈했습니다. 묵상과 기도를 통해서, 순종과 믿음을 시행함으로써, 그는 공생애 이전 준비 기간 동안 그 말씀을 깨닫고 적용하도록 인도함을 받으신 것입니다. 아버지의 말씀이 아들에게는 영혼의 생명이었습니다. 그가 광야에서 하신 말씀은 그의 가장 은밀한 내적인 체험에서 우러난 것이었습니다: "사람이 떡으로만 살 것이 아니요 하나님의 입으로 나오는 모든 말씀으로 살 것이라"(마4:4).

그는 아버지의 생명이 말씀을 통해서 자기에게 공급되지 않고서는 도저히 살 수 없다는 것을 느끼고 계셨습니다. 그의 전 생애는 믿음의 생애요, 아버지의 말씀에 의지하는 생애였습니다. 말씀이 아버지를 대신한 것이 아니라, 오히려 살아 계신 하나님과 살아 있는 교제를 나누는 하나의 수단이었던 것입니다. 그리고 그의 정신과 온 마음이 그 말씀으로 가득 차 있어서, 그가 들어야 할 올바른 말씀이 매 순간마다 그의 속에 이미 있는 것을 성령께서 발견하실 정도였던 것입니다.

하나님의 자녀 여러분! 강한 믿음과 충만한 축복과 하나님께서 영광을 받으실 만한 풍성한 열매와 하나님의 말씀으로 충만한 하나님의 사람이 되고 싶으십니까? 그리스도처럼 그 말씀을 여러분의 양식으로 삼으십시오. 그 말씀이 여러분 속에 풍성히 거하게 하십시오. 여러분의 마음을 그 말씀으로 충만하게 하십시오. 그 말씀을 섭취하시고 믿으시고 순종하시기를 바랍니다. 믿고 순종해야만 그 말씀이 우리의 내적 심령에까지 들어가 우리의 것이 될 수 있습니다. 날마다 하나님의 입에서 나오는 말씀으로 여겨서 그 말씀을 섭취하시기 바랍니다. 그 말씀을 살아 계신 하나님의 말씀을 받아들이십시오. 자기 자녀들과 살아 있는 교제를 항상 나누고 계시며 그들에게 살아 있는 능력으로 말씀하고 계시는 그 하나님의 말씀으로 말입니다.

하나님의 뜻과 하나님의 일, 그리고 여러분과 세상을 향한 하나님의 목적에 대한 생각을 교회에서나 주변의 그리스도인들에게서 묻지 말고 아버지께서 여러분에게 주시는 그 말씀에서 물으십시오. 그러면 그리스도처럼 여러분도 성경에 여러분에 관하여 기록된 모든 것들을 다 성취할 수 있게 될 것입니다.

그리스도께서 성경을 사용하신 일에 대해서 가장 놀라운 사실은 바로 이것입니다. 곧, 자기 자신이 그 성경 속에 있다는 것을 아셨다는 사실입니다. 거기서 주님은 자기 자신의 형상과 모양을 보신 것입니다. 그리하여 주님은 거기에 기록된 자기의 모습이 그대로 성취되도록 자신을 드리신 것입니다. 바로 그 성경에 기록되어 있는 자기의 모습이 그 쓰라린 고난 가운데서도 그에게 용기를 주었고, 또한 가장 힘든 사역을 능히 감당할 수 있도록 그를 강화시켜 주었던 것입니다. 어디서든 주님은 자신이 나아갈 길이 하나님 자신의 손으로 씌어져 있는 것을 보고 계셨습니다. 곧, 고난을 통해서 영광에 들어가는 길 말입니다. 주님에게는 오직 한 가지 생각밖에는 없으셨습니다. 곧, 아버지께서 말씀해 놓으신 그런 모습이 되시는 것과, 또한 자신의 삶이 하나님의 말씀 속에 나타나 있는 자기 자신이 되어야 할 그런 형상에 정확히 일치하도록 자신을 드리는 것이 그것이었던 것입니다.

예수님의 제자 되신 여러분! 여러분의 모습도 성경에서 찾을 수 있습니다. 아버지께서 의도하시는 여러분의 모습 말입니다. 아버지께서 의도하시는 여러분의 모습이 무엇인지를 그의 말씀 속에서 분명하게 찾아 깊이 새기시기를 바랍니다. 그 모습을 충실하게 깨닫고 나면, 모든 어려움을 다 극복할 수 있는 용기가 거기서 생겨나게 됩니다. 하나님의 책 속에서 나에 대하여 기록되어 있는 모습을 내가 보았기 때문입니다. 하나님의 작정하심 가운데서 내가 부르심을 받은 그 모습, 그 형상을 내가 보았기 때문입니다. 그리스도를 닮는 일이 하나님의 정하신 일이라는 것을 알게 되면, 세상을 이기는 믿음이 내 영혼 속에서 솟아나는 것입니다.

주 예수께서는 구약의 제도에서만이 아니라 특별히 구약의 신자들에게서 자기 자신의 형상을 발견하셨습니다. 모세와 아론과 여호수아, 다윗, 그리고 선지자들이 그의 모형들이었습니다. 그리하여 주님은 다시 신약의 신자들의 형상이기도 하십니다. 우리는 특별히 주님에게서 또한 주님의 모범에서 우리 자신의 형상을 발견해야 합니다. "주의 영으로 말미암아 그와 같은 형상으로 변화하여 영광에서 영광에 이르기" 위해서는(고후 3:18), 성경 속에 나타나 있는 그 형상을 우리 자신의 것으로 바라보아야 하는 것입니다. 우리 속에서 그의 일을 이루시기 위하여, 성령께서 그리스도를 우리의 모범으로 삼도록, 또한 그의 모든 특질들을 우리에게 주어진 약속으로 바라보도록 우리를 가르치시는 것입니다.

진실로 그렇게 행한 그리스도인은 정말 복된 사람입니다. 성경에서 예수님을 발견했을 뿐 아니라 그의 형상 속에서 자기 자신이 되어야 할 그 모습에 대한 약속과 모범을 발견한 사람은 정말로 복된 사람이 아닐 수 없습니다. 성령으로 말미암아 가르침을 받아, 성경에 대하여, 그리고 성경이 신자들에 대해서 말씀하는 내용에 대하여, 인간적인 생각에 빠지지 않고 단순한 믿음으로 하나님께서 자기 자녀들에 대한 생각을 친히 계시해 놓으신 그 내용을 그대로 받아들이는 신자야말로 얼마나 복된 사람들인지 모르는 것입니다.

하나님의 자녀 여러분! 예수님은 "성경이 이르시되"로 사시고 죽으셨습니다. 그가 죽은 자 가운데서 다시 사신 것도 "성경이 이르시되"였습니다. 성경이 말씀한 모든 것을 그는 행하셔야 했고 또한 당하셔야 했던 것입니다. 아버지께서 그를 위하여 행하시리라고 성경에 약속하신 모든 일을 아버지께서는 친히 행하셨습니다. 오, 여러분, 성경에서 하나님께서 말씀하시고 여러분에게 구하시는 바를 배우도록 전심을 기울이시기 바랍니다. 예수님께서 그의 생명의 양식으로 여기셨던 성경 말씀을 여러분의 일용할 양식으로 삼기를 바랍니다. 날마다 기쁨으로 하나님의 말씀 앞에 나아가며, 우리 속에 거하시는 복되신 성령을 통하여 그 말씀이 여러분 속에서 하나님의 의도하시는 목적을 진정으로 이루리라는 확신 있는 기대를 가지시기 바랍니다.

하나님의 말씀 하나하나마다 신적인 생명과 능력이 가득합니다. 그리스도께서 사용하신 것처럼 그렇게 성경을 사용하기를 힘쓸 때, 그 말씀이 주님에게 행하였던 그런 일을 여러분에게도 행하게 될 것임을 분명히 확신하시기를 바랍니다. 하나님께서는 그의 말씀 속에 여러분의 생애의 계획을 제시해 놓으셨습니다. 그러므로 매일매일 거기서 그 계획을 일부분 발견할 수가 있습니다. 자신이 하나님의 뜻을 이루는 삶을 산다는 확신만큼 사람을 강하게 하고 용기 있게 해 주는 것은 없습니다. 성경 속에 여러분의 모습을 그려 놓으신 하나님께서 친히 성경이 여러분에게서 성취되도록 역사하실 것입니다. 단, 여러분이 예수님처럼 그 말씀을 여러분 생애의 최고의 목표로 놓고 거기에 굴복한다면 말입니다.

오 주님, 나의 하나님이시여! 주님의 귀하신 말씀을, 눈에 보이지 않는 영원한 모든 실체들을 담아 놓은 거룩한 그릇인 그 말씀을 주신 것을 감사드리옵니다. 그 말씀 속에 아드님의 모습이 있음을 감사하옵니다. 그 모습은 곧 하나님의 모습이요 또한 나의 모습이기도 하오니, 이 얼마나 엄청난 은혜이온지요! 아드님을 말씀 속에서 뵈올 때에 나의 가능한 모습도 보게 되오니, 이 얼마나 감사한 일이옵니까!

오 나의 아버지여! 나를 가르치사 아버지의 말씀이 내게 가져다줄 축복이 어떤 것인지를 올바로 깨닫게 하옵소서. 아버지의 독생자께서 이 땅에 계시는 동안 그 말씀은 독생자께 아버지의 뜻의 표현이요 아버지의 생명과 힘의 전달이요 아버지와의 교제였습니다. 아버지의 그 말씀을 받아들이고 그 말씀에 복종하심으로써, 독생자께서는 아버지의 모든 뜻을 이루셨나이다. 저도 그 말씀을 그렇게 대하게 해 주시옵소서. 날마다 성령의 기름부으심을 통하여 그 말씀을 하나님의 입에서 나오는 말씀으로, 아버지의 살아계신 임재의 음성으로, 새롭게 대하게 하시옵소서. 아버지의 말씀 하나하나에서, 하나님께서 자신의 생명에 속한 무엇을 내게 부어주시러 임하신다는 느낌을 느끼게 해 주시옵소서. 나를 가르쳐 그 말씀을 내 마음 속에 거룩한 씨로 깊이 새기게 해 주시옵소서. 정하신 때가 되면 그 씨가 내 속에서 돋아나 속에 감추어진 생명이 거룩한 실체로 나타날 것이옵니다.

오 나의 하나님, 무엇보다 나를 가르치사 그 말씀의 중심이요 본체이시며 스스로 영원한 말씀이신 그리스도를 그 속에서 찾게 하옵소서. 나의 머리시요 나의 모범이신 그를 찾고 또한 그의 속에서 나를 찾으면, 그와 같이 아버지의 말씀을 나의 양식으로, 나의 생명으로 여기기를 배울 것이옵나이다.

오 나의 하나님, 우리의 복되신 그리스도 예수님의 이름으로 구하옵나이다. 아멘.

제19일 그의 용서하심처럼

"누가 누구에게 불만이 있거든 서로 용납하여 피차 용서하되 주께서 너희를 용서하신 것 같이 너희도 그리하고" — 골 3:13

은혜의 삶 가운데서 우리가 하나님께로부터 받는 첫 번째 축복 가운데 하나가 바로 용서입니다. 용서는 또한 가장 영광된 축복 가운데 하나이기도 합니다. 그것은 옛사람으로부터 새사람으로 바뀌는 전환으로서, 하나님의 사랑의 증표요 보증입니다. 용서와 함께 우리는 그리스도 안에서 우리를 위하여 예비된 모든 영적 선물들을 받을 자격을 얻게 됩니다. 구속함을 받은 성도는, 이 땅에서나 영원 가운데서나 자신이 용서받은 죄인이라는 사실을 절대로 잊을 수가 없습니다.

성령의 역사로 말미암아 하나님의 용서의 사랑을 계속해서 체험하는 것보다 사랑을 불러일으키고 기쁨을 일깨우며 더 강한 용기를 갖게 해 주는 것은 없습니다. 매일 하나님을 생각할 때마다, 나의 모든 것은 하나님의 용서하시는 은혜 덕분이라는 사실을 생각하게 되는 것입니다.

이러한 용서의 사랑이야말로 신적 본성의 표현 가운데서도 가장 놀라운 것에 속합니다. 그 사랑 가운데서 하나님은 그의 영광과 복되심을 찾으십니다. 그리고 이러한 영광과 복됨을 하나님은 구속함을 받은 그의 백성들이 함께 나누기를 바라십니다. 그들을 부르실 때에, 용서받자마자 그들은 그 용서를 다른 사람들에게 베풀도록 하신 것입니다.

우리 주 예수께서 그 문제를 얼마나 자주, 또한 얼마나 강조해서 말씀하셨는지 주목해 보신 일이 있습니까? 마태복음 6:12, 15; 18:2-25; 마가복음 11:25에 나타난 주의 말씀을 생각을 갖고서 읽어 보면, 하나님께서 우리를 용서하신 것과 우리가 다른 사람을 용서하는 것이 불가분리의 관계로 연합되어 있다는 사실을 깨닫게 될 것입니다. 골로새서 3:13에서도 나타나듯이, 주께서 너희를 용서하신 것 같이 너희도 그리하라고 합니다. 용서하는 일에 있어서 우리는 하나님처럼, 그리스도처럼 되어야 하는 것입니다.

이렇게 되어야 할 이유는 어렵지 않게 찾을 수 있습니다. 용서의 사랑이 우리에게 임할 때에, 그것은 그저 우리를 형벌에서 구원하기 위한 것만은 아닙니다. 그 사랑이 우리를 자기의 소유로 삼고, 우리 속에 거하려 하는 것입니다. 그리하여 그 사랑이 그렇게 우리에게 임하여 우리 속에 거할 때에, 그 사랑은 그것이 가진 하늘의 성격과 아름다움을 잃어버리지 않습니다. 그 사랑은 여전히 용서의 사랑입니다. 그리하여 우리 속에서 그 본연의 일을 합니다. 우리를 이끌어서 우리에게 죄를 범하는 자들을 용서해 주게끔 만드는 것입니다. 이런 현상이 너무도 뚜렷하게 때문에, 용서하지 않는 것이야말로 자기 자신이 용서받지 못했다는 확실한 증표라는 교훈을 우리가 듣는 것입니다.

이기적인 마음에 대해서 용서받고 형벌에서 자유함 받기만을 구하고, 용서하는 사랑을 자기 마음과 삶의 법칙으로 진정 받아들이지 않는 사람은 하나님의 용서를 진정으로 받은 일이 없는 사람이라는 것을 스스로 증명하는 것입니다. 그러나 반면에, 하나님의 용서를 진정 받은 사람은 다른 사람을 용서하는 데서 기쁨을 찾는 법입니다. 그리고 이것이 하나님께서 자기를 용서하신 것이 현실이라는 그의 믿음을 계속해서 확증해 주는 것입니다. 그리스도께로부터 용서를 받는 것과 또한 그리스도처럼 그 용서를 다른 사람들에게 베풀어 주는 것, 이 두 가지는 하나인 것입니다.

성경과 교회는 그렇게 가르칩니다. 그런데, 그리스도인들의 삶의 경험들은 무엇이라고 말합니까? 성경에 그렇게 기록되어 있다는 것을 아는 사람도 별로 많지 않지만, 그것을 알고 있더라도, 그 말씀에 기록된 사실이 죄악된 존재에게서는 기대할 수 없는 높은 수준이라고 생각하는 사람들이 얼마나 많은지 모릅니다. 성경에 기록된 말씀을 전체적으로는 수긍한다고 생각하지만, 막상 구체적인 경우를 당하면 그것이 그럴 수가 없는 온갖 이유들을 다 둘러대며 실질적으로 말씀을 부인하는 사람들이 얼마나 많은지 모릅니다.

또 어떤 사람들은 악행을 거듭합니다. 다른 사람에게서 해를 당하게 되면 절대로 용서하지 않는 것입니다. 용서하지 않는 그리스도인들이 얼마나 많습니까? 변명이 끊이지를 않습니다. 그러나, 우리에게 주어진 명령은 너무도 간단합니다. 그리고 그 제재도 얼마나 엄숙한지 모릅니다: "서로 용서하기를 하나님이 그리스도 안에서 너희를 용서하심과 같이 하라"(엡 4:32); "너희가 각각 중심으로 형제를 용서하지 아니하면 내 천부께서도 너희에게 이와 같이 하시리라"(마 18:35).

그런데 사람들은 인간적인 논리를 가지고 하나님의 말씀을 무효화시키는 것입니다. 하나님께서는 용서하시는 사랑으로 악을 정복하십니다. 그리하여 일곱 번씩 일흔 번이라도 용서하시는 것입니다. 그런데도 그것이 그렇지 않은 것처럼 행동합니다. 다른 사람이 내게 행한 해악이 내 행동의 규범이 되는 것이 아니라, 그리스도께서 내게 행하신 일이 내 행동의 규범이 되어야 한다는 것이 너무나도 분명한 데도 전혀 그렇지 않은 것처럼 처신합니다. 그리스도 자신의 모범이 아니라 경건한 그리스도인들의 모범을 따르는 것이 내가 진실로 나의 죄를 용서받았다는 표증인 것처럼, 그렇게 행동하는 것입니다.

아! 용서의 사랑의 법을 심각하게 범하지 않는 교회나 기독교 그룹이 과연 어디에 있습니까? 우리 교회의 여러 회의들이나 자선 행사들에서, 혹은 일상적인 교제의 모임이나 심지어 가정의 삶에 있어서도, 그리스도께서 하신 것처럼 용서하라는 부르심이 전혀 행동을 다스리는 원리가 되어 있지 않은 경우가 비일비재한 것입니다.

의견의 차이가 있다고 해서, 옳다고 생각하는 처신 방법에 반대된다고 해서, 하찮은 오해나 시비 때문에, 혹은 불친절하고 사려 깊지 못한 말 때문에 분함과 경멸, 혹은 소외의 감정이 생겨납니다. 그리하여 그리스도처럼 사랑하고 용서하고 잊어버리는 일이 사라져 버립니다. 이런 경우, 사랑과 용서의 원리의 중요성이 전혀 마음과 정신에 자리를 잡지 못한 것입니다. 그러나, 머리와 몸의 지체들의 관계가 그 용서의 원리에 뿌리를 두고 있는 것이며, 따라서 그 원리가 지체들 상호 간의 관계 전체를 지배해야 마땅한 것입니다.

그리스도를 따르는 사랑하는 여러분! 여러분은 세상에 하나님의 모습을 드러내도록 부르심을 받았습니다. 여러분의 죄를 용서하신 것이야말로 예수님께서 여러분을 위해서 첫 번째로 행하신 일이며, 따라서 다른 사람을 용서하는 것이 여러분이 그를 위하여 할 수 있는 첫 번째 일이라는 것을 배우시기를 바랍니다. 또한 새로운 심령에게는 용서받은 것보다 더한 기쁨이 있다는 것을 기억하시기 바랍니다. 다른 사람을 용서하는 기쁨이 바로 그

것입니다. 용서받는 기쁨은 죄인의 것이요 이 땅에 속한 것입니다. 그러나 용서하는 기쁨은 그리스도 자신의 기쁨이요, 하늘의 기쁨인 것입니다.

오 여러분, 여러분이 참여하도록 부르심을 받은 것은 바로 그리스도께서 몸소 행하시는 일이요, 또한 그리스도께서 친히 만족을 얻으시는 기쁨이라는 사실을 와서 보시기를 바랍니다. 거기에 참여함으로써 여러분이 이 세상에 복이 될 수 있습니다. 예수님은 용서하시는 자로서 그의 원수들을 정복하시며, 용서하시는 분으로서 친구들을 자기에게로 묶으시는 것입니다. 예수님께서 그의 나라를 세우시고 계속해서 확장해 가시는 것도 바로 용서하시는 자로서 행하시는 것입니다. 교회가 세상을 향하여 하나님의 사랑을 드러내는 것도 동일한 용서의 사랑을 통해서입니다. 그 사랑을 말로 전할 뿐 아니라 제자들의 삶을 통해서 보여 줌으로써 그렇게 하는 것입니다. 예수님처럼 사랑하고 용서하는 남녀들을 보게 되면 세상은 하나님이 진정으로 그들과 함께 계시다는 것을 고백하지 않을 수가 없을 것입니다.

그래도 여전히 그 일이 너무 어렵고 너무 높은 일처럼 여겨지면, 우리가 죄악된 본성적인 마음을 따르기 때문에 그렇게 보인다는 사실을 기억하시기 바랍니다. 죄악된 본성은 이런 기쁨을 맛볼 줄도 모르고, 따라서 절대로 그런 일을 행할 수가 없습니다. 그러나, 그리스도와의 연합 속에서 우리는 그 일을 할 수가 있습니다. 모든 일에서 그리스도를 따르기로 여러분 자신을 굴복시켰다면, 주님께서 그의 성령을 통하여 여러분으로 하여금 그렇게 행할 수 있도록 가능하게 하시는 것입니다. 미혹에 빠지기 전에, 여러분 스스로 예수님을 바라보는 일을 습관으로 삼으시기 바랍니다. 그래서 그의 용서하시는 사랑의 그 아름다움을 여러분의 모범으로 삼으시기를 바랍니다. "우리가 … 주의 영광을 보매 그와 같은 형상으로 변화하여 영광에서 영광에 이르니 곧 주의 영으로 말미암음이니라"(고후 3:18).

용서하심에 대하여 하나님께 간구하거나 감사할 때마다 그의 이름의 영광을 위하여 그러한 용서의 사랑을 주위의 모든 이들에게 드러내 보이리라는 서원을 하시기 바랍니다. 다른 사람을 용서하는 문제가 생기기 전에, 여러분의 마음이 그리스도를 향한 사랑으로, 형제를 향한 사랑으로, 또한 원수를 향한 사랑으로 가득 채워져야 하겠습니다. 사랑으로 충만한 마음이 용서해 주는 복을 받는 것입니다.

일상 생활 가운데서 사소한 일 때문에 용서하지 않을 유혹이 일어날 때마다, 여러분이 과연 하나님의 용서하시는 사랑 안에 살고 있음을 보여 줄 수 있는 기회로 삼아서 기쁨으로 환영하시기를 바랍니다. 그 사랑의 아름다운 광채가 여러분을 통해서 다른 사람들에게 전해진다는 사실이 얼마나 귀하고 복된 일인가를 생각하여 기뻐하시기를 바랍니다. 그리하여 여러분이 사랑하시는 주님의 형상을 몸소 드러내게 된다면, 그 얼마나 복된 특권이겠습니까!

하나님의 복되신 아드님이신 주님처럼 용서하는 일을 내 삶의 법칙으로 삼게 하옵소서. 주께서 계명을 주셨고 또한 능력도 주시옵니다. 나를 용서하실 만큼 나를 사랑하셨고, 내게 그 사랑으로 가득 채우시고 다른 사람들을 용서하도록 나를 가르치시옵니다. 나의 죄가 용서받은 그 기쁨을 첫 번째 축복으로 주신 주님이시니, 주께서 나를 용서하신 것처럼 다른 사람들을 용서하는 더 깊은 기쁨을 두 번째 축복으로 주실 것이옵니다. 그렇기 때문에, 내 속에 있는 주님의 사랑의 능력을 믿는 믿음으로 가득 채워 주소서. 주위의 모든 사람들을 일곱 번씩 일흔 번이라도 용서하며 사랑하고 축복할 수 있도록 해 주시옵소서.

오 나의 예수님! 주님의 모범이 나의 법이옵니다. 내가 주님을 닮아야 하옵니다. 주님의 모범이 나의 복음이옵나이다. 내가 주님처럼 될 수 있나이다. 주님의 모범을 통해서 내게 요구하시는 바를 주님께서 주님의 생명으로 내 속에서 친히 역사하사 이루시옵나이다. 그리하여 내가 주님처럼 용서하나이다.

주님, 날마다 주님을 더욱 깊이 의지하도록 하옵소서. 주님의 은혜의 그 모자람 없는 충족함을 깨닫고 주님의 내주하심에서 나오는 그것을 복되게 유지하게 하옵소서. 그리하시면, 내가 그 사랑의 무궁한 능력을 믿고 실증하오리이다. 그리스도께서 나를 용서하신 것처럼 나도 용서할 것이옵니다. 아멘.

제20일 하나님을 바라보심처럼

"우리가 다 수건을 벗은 얼굴로 거울을 보는 것 같이 주의 영광을 보매 그와 같은 형상으로 변화하여 영광에서 영광에 이르니 곧 주의 영으로 말미암음이니라" — 고후 3:18

모세는 사십 일을 산 위에서 지내며 하나님과 교제하였습니다. 그리고 나서 산 위에서 내려오자, 그의 얼굴에 하나님의 영광의 광채가 비쳤습니다. 그 자신은 그 사실을 몰랐지만, 아론과 백성들은 그 광채를 보았습니다 (출34:30을 보십시오). 그것이 너무도 분명한 하나님의 영광이었으므로 아론과 그 백성들은 모세에게 접근하기를 두려워했습니다.

여기서 우리는 신약 성경에서 일어나는 일의 한 가지 모형을 봅니다. 그 때에 모세가 홀로 누렸던 특권이 이제는 모든 신자 한 사람 한 사람의 몫입니다. 우리가 성경 속에서 그리스도 안에 있는 하나님의 영광을 바라볼 때에, 그의 영광이 우리에게 비쳐오고, 우리 속으로 그 광채가 들어와서 우리 속을 가득 채우고, 다시금 우리에게서 다른 사람들을 향하여 나가는 것입니다. 그의 영광을 바라봄으로써, 신자는 성령을 통하여 그와 같은 영광의 형상으로 변화하는 것입니다. 예수님을 바라봄으로써 예수님같이 되는 것입니다.

눈이 사람의 정신과 성격에 굉장한 영향력을 행사하는 것이 자연의 법칙입니다. 어린아이의 교육도 눈을 통해서 이루어지는 부분이 큽니다. 눈으로 계속 바라보는 주변의 사람들의 태도와 습관에 따라서 그 아이의 인격이 형성되는 것입니다. 우리의 신앙 인격을 형성시키시기 위하여, 하늘 아버지께서는 우리에게 예수님의 얼굴에 있는 하나님 자신의 영광을 보여 주십니다. 그렇게 하시는 이유는 그 영광을 바라보는 것이 우리에게 큰 기쁨을 주기를 기대하심이요, 또한 그 영광을 바라봄으로써 우리도 같은 형상으로 변화하도록 하시기 위함인 것입니다. 예수님을 닮기를 소원하는 사람은 누구든지 그렇게 될 수 있는 이와 같은 방법을 숙지해야 할 것입니다.

예수님에게서 보이는 하나님의 영광을 계속해서 바라보십시오. 그 영광의 특별한 특징이 무엇입니까? 그것은 신적인 완전함이 인간의 모양 속에서 나타나 있다는 것입니다. 그리스도 안에 있는 하나님의 영광의 형상이 지니는 주요 특징은 그의 낮아지심과 그의 사랑입니다.

그의 낮아지심의 영광이 있습니다. 영원하신 아드님께서 자기를 비우사 사람이 되셨다는 것을, 또한 사람으로서도 자기 자신을 낮추사 종의 모습을 취하셨고 십자가에서 죽으시기까지 복종하셨다는 것을 보게 되면, 그것은 바로 하나님의 최고의 영광을 본 것입니다. 창조주이신 하나님의 전능의 영광과 왕이신 하나님의 거룩하신 영광이 있습니다만, 그 영광도 이 영광만큼 놀랍지 않습니다. 이 낮아지심의 영광은 자신을 종으로 낮추어 하나님과 사람을 섬기는 은혜의 영광인 것입니다. 이 낮아짐을 진정한 영광으로 바라보기를 배워야 합니다.

그리스도처럼 낮아지는 일이 우리에게 이 땅에서 영광이라는 이름에 합당한 유일한 것이 되어야 합니다. 우리의 눈에 이것이 가장 아름답고 가장 놀라우며 가장 바람직한 것이 되어야 합니다. 그것을 바라보거나 생각하는 것을 정말 기쁨으로 여기도록 되어야 합니다. 그렇게 그것을 바라보고 사모하게 되면, 이 세상에서 예수님처럼 되며, 예수님처럼 행동하는 것보다 더 큰 영광을 도무지 생각할 수가 없게 될 것입니다. 주님께서 하신 것처럼 여러분 자신을 낮추기를 사모할 것입니다. 예수님을 바라보며, 예수님을 흠모하고 칭송함으로 말미암아 우리 속에 주님이 지니셨던 마음이 생겨나고, 그리하여 우리가 그의 형상으로 화하게 되는 것입니다.

그의 사랑의 영광도 이 영광과 분리될 수가 없습니다. 낮아짐을 통해서 여러분은 그 기원이요 능력인 사랑에게로 되돌아가게 됩니다. 낮아짐이 그런 아름다움을 얻는 것은 바로 사랑에게서입니다. 그러나 이 사랑은 그리스도 예수 안에서 나타나기 전에는 하나의 감추어진 비밀이었습니다. 그 신적인 사랑의 영광이 처음 나타난 것은 오로지 인간이 되신 예수님에게서, 사람들과 나누시는 그의 온유하고 긍휼히 여기시며 사랑하시는 교제에서였습니다. 이 영광을 한 번 흘깃 바라보아서 그리스도처럼 사랑하는 것이야말로 영광이라는 이름에 합당한 유일한 것임을 깨닫는 심령은 이 점에서 그리스도처럼 되기를 사모할 것입니다. 이처럼 그리스도 안에 나타나는 하나님의 사랑의 영광을 바라봄으로써, 그 역시 그와 똑같은 형상으로 변화하는 것입니다.

여러분, 그리스도처럼 되기를 원하십니까? 여기에 그 길이 있습니다. 그리스도 안에 있는 하나님의 영광을 바라보십시오. 그의 안에 있는 영광이라고 했습니다. 즉, 그의 영광이 나타나는 말씀이나 생각이나 은혜만을 바라보지 말고, 그리스도 자신을 바라보는 것입니다. 살아 계셔서 사랑하시는 그리스도를 말입니다. 그를 바라보십시오. 그의 눈동자를 깊이 들여다

보십시오. 그의 얼굴을 보십시오. 사랑하는 친구요 살아 계신 하나님이신 그를 바라보시기 바랍니다.

사모함으로 그를 바라보십시오. 하나님이신 그분 앞에 엎드리십시오. 그의 영광에는 전능한 살아 있는 능력이 있습니다. 그 능력이 우리에게 베풀어지고, 전달되며, 또한 그 능력이 우리를 가득 채울 것입니다.

믿음으로 그를 바라보십시오. 주님이 여러분의 것이며, 주께서 자기 자신을 여러분에게 주셨으며, 주님 안에 있는 모든 것이 여러분의 것이라는 복된 신뢰를 발휘하십시오. 그의 형상을 여러분 속에 이루어 가시는 것이 바로 주님의 목적입니다. 내가 그에게서 바라보는 영광이 반드시 내게도 임할 것이라는 기쁘고도 확실한 기대를 갖고서 그를 바라보십시오. 그가 그 영광을 나에게 주실 것입니다. 그의 영광을 바라보고 놀라며 신뢰하는 가운데, 내가 그리스도처럼 되는 것입니다.

강한 열심을 가지고서 그를 바라보십시오. 주님께 온전히 화합하지 못하는 그런 육체의 게으름에 자신을 맡기지 마십시오. 현재까지 이룬 이런저런 것으로 족히 여기는 모든 육신적인 만족을 제거해 주시고, 하나님의 영광을 향한 깊은 꺼지지 않는 사모함으로 가득 채워 주시기를 하나님께 기도하십시오.

"원하건대 주의 영광을 내게 보이소서"(출 33:18)라고 한 모세의 기도를 그대로 본받아 열심으로 기도하시기 바랍니다. 그 어떠한 것에도 굴하지 마십시오. 아무리 더디더라도 좌절하지 마십시오. "우리가 … 그와 같은 형상으로 변화하여 영광에서 영광에 이르니 곧 주의 영으로 말미암음이니라"라는 하나님의 말씀이 여러분을 붙들고 있다는 복된 사실을 생각하고 더욱더 큰 열심으로 힘써 전진하시기를 바랍니다.

그를 바라볼 때에, 무엇보다도 사랑을 바라보는 일이 멈추지 않도록 해야 합니다. 주님께서 여러분의 마음을 사로잡으셨고, 여러분이 주님을 사랑하고 있으며, 여러분이 전적으로 주님의 것이라는 것을 계속해서 주님께 말씀드리시기를 바랍니다. 사랑하는 주님을 기쁘시게 하는 것이야말로 여러분의 최고의 기쁨이요 유일한 낙이라는 것을 그에게 말씀드리시기를 바랍니다. 여러분과 주님의 사랑의 끈이 계속해서 더 가까워지게 하십시오. 사랑은 하나로 연합시키며 서로를 닮게 하는 것입니다.

그리스도처럼! 우리가 그렇게 될 수 있고, 또한 우리 자신의 정도에 따라 그렇게 될 것입니다. 그렇게 되리라는 것을 성령께서 보증해 주십니다. 하나님의 거룩하신 말씀이 이렇게 말씀하고 있지 않습니까? "우리가 … 주의 영광을 보매 그와 같은 형상으로 변화하여 영광에서 영광에 이르니 곧 주의 영으로 말미암음이니라." 이 영은 바로 예수님 안에 계셨고, 하나님의 영광이 예수님에게서 비쳐나게 하신 바로 그 성령이십니다. 이 영을 가리켜 성경은 "영광의 영"(벧전 4:14)이라고 부릅니다. 그런데 이 영이 주 예수님에게 계셨던 것처럼 우리 속에도 계십니다. 우리 주 예수님에게서 보는 바를 우리의 고요한 묵상 가운데서 우리 속에 가져오게 하시며 우리 속에서 역사하시는 것이 바로 그의 일입니다. 이 영으로 말미암아 우리는 이미 그리스도의 생명을 우리 속에 갖고 있고, 그의 은혜의 모든 선물들을 갖고 있는 것입니다. 그러나, 그 생명은 자극을 받아야 하고 발전되어야 합니다. 자라나야 하고, 우리의 전 존재 속으로 전해 들어와서 우리의 본성 전체를 소유하고, 완전히 그 속에 가득 차야만 합니다. 우리가 그에게 우리 자신을 드리고 그를 순종하기만 하면, 그 성령께서 우리 속에서 이 일을 이루시는 것을 우리가 알 수 있습니다.

말씀 속에서 예수님을 바라볼 때에, 그가 우리의 눈을 여셔서 예수님께서 행하시는 일과 그의 모습 전체의 영광을 볼 수 있도록 해 주십니다. 그리고 그와 같이 되기를 사모하며 원하게끔 우리를 그렇게 만드십니다. 뿐만 아니라 예수님께서 친히 우리의 것이기 때문에 우리가 예수님에게서 바라보는 바가 우리 속에 있을 수 있다는 우리의 믿음도 강건하게 해 줍니다. 그가 우리 속에서 그리스도 안에 거하는 생명을 끊임없이 역사하게 만드십니다. 그리하여 그리스도와 전심의 연합과 교제를 이루게 하십니다.

이러한 그의 역사하심은 성경의 약속에 의한 것입니다: "그(성령)가 내 영광을 나타내리니 내 것을 가지고 너희에게 알리겠음이니라"(요 16:14). 우리가 그와 같은 형상으로 변화하여 영광에서 영광에 이르니 곧 주의 영으로 말미암음이니라고 말씀했습니다. 우리로서는 그저 성령의 충만함이 우리에게 주어져 있다는 것을 이해하도록 합시다. 믿음으로 자신을 복종시켜 성령으로 충만해진 사람은 그리스도의 형상과 모습을 우리의 영혼과 삶에 각인시키시는 역사를 성령께서 얼마나 영광스럽게 이루시는지를 체험하게 될 것입니다.

형제 여러분! 예수님과 그의 영광을 바라보면, 그와 같이 될 수 있는 기대를 확실하게 가질 수 있습니다. 고요와 영혼의 안식 가운데서 여러분 스스로를 성령의 인도하심에게 맡기고 신뢰하기만 하십시오. 그리하면 "영광의 영 곧 하나님의 영이 너희 위에 계시리라"고 말씀합니다(벧전 4:14). 그리스도 안에서 하나님의 영광을 바라보며 사모하십시오. 그러면 하나님의 능력으로 영광에서 영광으로 변화될 것입니다. 성령의 능력 가운데서, 놀라운 변화가 일어나고, 여러분이 바라던 소망이 성취되고, 그리스도처럼이 여러분의 삶 속에서 하나님께서 주신 복된 체험이 될 것입니다.

오 나의 주님! 내게 주님과 관계하는 동안, 내가 주의 영광을 바라보는 동안, 성령께서 나와 관계하셔서 나를 주의 영광된 형상으로 변화하게 하며, 주의 영광의 형상을 내게 각인시키신다는 이 영광된 확신을 갖게 하시니 감사드리옵니다.

주여! 나로 하여금 주의 영광을 올바로 바라보도록 허락해 주시옵소서. 모세가 주님과 사십 일을 함께 지낼 때 주의 영광이 그의 얼굴에 비쳤나이다. 주님과 함께 나눈 나의 교제가 너무나 짧고 그저 덧없는 것이어서 주의 형상의 충만한 감동 아래 들어갈 만큼 시간의 여유가 너무 적었음을 고백하옵니다. 주여! 나에게 이것을 가르쳐 주옵소서. 이것을 묵상하여 나 자신을 굴복시켜 주의 영광을 생각하고 사모하게 하사 내 영으로 외치게 하옵소서: 이 놀라운 영광이로다! 이 놀라운 하나님의 영광이로다! 라고 말이옵니다. 오 나의 하나님, 내게 주의 영광을 보여 주시옵소서.

복되신 주님! 그리고 나의 믿음을 강건하게 하사, 내가 성령에 대한 특별한 체험을 의식하지 못할 때에라도 성령께서 그의 일을 행하신다는 것을 확신하게 해 주시옵소서. 모세는 자기 얼굴에 비치는 영광을 알지 못했나이다. 주여! 나 자신을 바라보지 않도록 막으시옵소서. 내가 오직 주님과 함께 온전히 있어서 주님 안에서 나 자신을 잊어버리고 잃어버리게 하옵소서. 주여! 주 안에 사는 자는 자기에 대해서 죽은 자이옵나이다.

오 나의 주님! 주님의 형상과 모범을 바라볼 때마다, 성령께서 내 속에 충만하시고 나를 전적으로 소유하셔서, 주의 모양을 내 속에서 이루사 세상이 내 속에서 주의 영광을 조금이나마 보게 하시리라는 믿음으로 그렇게 바라보리이다. 이러한 믿음 가운데서, 감히 "영광에서 영광에"라는 주의 귀하신 말씀을 나의 표어로서, 내게 은혜의 약속으로 삼겠나이다. 그리하여 그 은혜가 날마다 더 풍성해지고, 축복이 언제나 넘쳐나서, 지금까지 주신 것이 장차 올 더 나은 것의 보장이라는 것을 믿게 해 주시옵소서.

귀하신 구주여! 주님을 바라볼 때에, 과연 "영광에서 영광에"가 내게 실현될 것이옵나이다. 아멘.

제21일 그의 겸손하심처럼

"오직 겸손한 마음으로 각각 자기보다 남을 낫게 여기고 … 너희 안에 이 마음을 품으라 곧 그리스도 예수의 마음이니 그는 근본 하나님의 본체시나 하나님과 동등됨을 취할 것으로 여기지 아니하시고 오히려 자기를 비워 종의 형체를 가져 사람들과 같이 되셨고 사람의 모양으로 나타나사 자기를 낮추시고 죽기까지 복종하셨으니 곧 십자가에 죽으심이라" ― 빌 2:3-8

이 놀라운 구절 속에는 복되신 하나님의 아들의 인격에 관한 가장 고귀한 모든 진리들의 대요가 들어 있습니다. 첫째로, 그리스도의 엄위하신 신성이 있습니다: "근본 하나님의 본체시니," "하나님과 동등됨을." 그리고 이어서 그리스도의 성육신의 신비가 깊고도 결코 다 깨달을 수 없는 의미를 지닌 말로 표현되고 있습니다: "자기를 비워." 낮아지심과 복종과 고난, 그리고 죽음에 이어서 속죄가 이어집니다: "자기를 낮추시고 죽기까지 복종하셨으니 곧 십자가에 죽으심이라."

그리고 이 모든 내용에 이어서 그리스도의 높아지신 영광의 상태가 나타나고 있습니다: "이러므로 하나님이 그를 지극히 높여"(빌 2:9). 하나님이신 그리스도, 사람이 되신 그리스도, 사람으로 낮아지셔서 구속을 이루시는 그리스도, 그리고 만유의 주로서 영광 가운데 계신 그리스도 — 이 모든 것들이 이 구절에 포함되어 있는 지혜의 보화들입니다.

이 구절에 포함되어 있는 말씀들을 논의하는 데 엄청난 책들이 기록되어 왔습니다. 그런데, 성령께서 이 놀라운 가르침을 주신 그 정황에 대해서는 충분한 주의를 기울이지 못했습니다. 이 구절의 일차적인 중요성은 그것이 오류를 반박하기 위한 진리의 진술이라는 데 있거나, 혹은 믿음을 강건하게 하는 목적으로 기록되었다는 데 있는 것이 아닙니다. 그 목적은 오히려 전혀 다른 데 있습니다. 빌립보 사람들 가운데 여전히 교만이 있고 사랑이 결핍되어 있었습니다. 이러한 사정을 구체적으로 바라보면서, 그들 앞에 그리스도의 모범을 제시하고, 그들에게 그리스도께서 하신 것처럼 그들도 자신을 낮추라는 가르침을 주기 위해서 이 부분이 주어져 있는 것입니다: "오직 겸손한 마음으로 각각 자기보다 남을 낫게 여기고 … 너희 안에 이 마음을 품으라 곧 그리스도 예수의 마음이니."

그리스도처럼 자신을 낮추기를 원하는 자세로 이 부분의 말씀을 공부하지 않으면, 하나님께서 그 말씀을 주신 한 가지 큰 목적을 전연 무시하는 처사인 것입니다. 그리스도께서 하나님의 보좌에서 내려오시고 십자가의 굴욕을 통하여 사람으로서 다시 그리로 올라가시기를 구하셨다는 사실은 우리가 그 보좌로 나아갈 수 있는 유일한 길이 무엇인가를 계시해 줍니다. 그리스도의 속죄와 함께 그의 모범까지도 받아들이는 믿음만이 참된 믿음인 것입니다. 그리스도께 속하기를 진실로 원하는 심령이라면 누구나 그와 연합한 상태에서 그의 영과 그의 기질과 그의 형상을 갖게 되어 있는 것입니다.

"너희 안에 이 마음을 품으라 곧 그리스도 예수의 마음이니 그는 근본 하나님의 본체시나 하나님과 동등됨을 취할 것으로 여기지 아니하시고 … 자기를 낮추시고 죽기까지 복종하셨으니." 그리스도께서 자기를 비우시고 자기를 낮추셨습니다만, 우리도 그 점에서 그리스도처럼 되어야 하는 것입니다. 하나님이신 그리스도께서는 자기의 신적인 영광과 능력에 대해서 자기를 비우시고 그것을 옆으로 제쳐 두신 자기 부인의 첫째가는 큰 행위를 행하신 다음, 거기에 못지않은 놀라운 일을 행하셨습니다. 곧, 사람으로서도 자기 자신을 놀랍게 낮추셔서 십자가에 죽기까지 하신 것입니다. 그리고 우주도 놀라고 아버지께서도 기뻐하시는 이 놀라운 이중적인 낮추심을 말씀하면서, 성경은 우리도 당연히 그 점에서 그리스도처럼 되어야 한다고 분명히 말씀하고 있는 것입니다.

그런데 과연 바울이, 성경이, 그리고 하나님께서 진정으로 이것을 우리에게 기대하고 계실까요? 왜 아니겠습니까? 아니, 그것 이외에 다른 것을 어떻게 기대할 수 있겠습니까? 과연 그들은 교만과 옛사람 아담의 속성의 무서운 힘을 잘 알고 계십니다. 그러나 그들은 또한 그리스도께서 우리를 죄의 저주에서만이 아니라 죄의 권세에서 우리를 구속하셨다는 것과 또한 그가 우리에게 그의 부활의 생명과 능력을 주셔서 우리로 하여금 그가 세상에서 사신 것처럼 그렇게 살 수 있게 하셨다는 사실도 알고 계십니다. 우리는 그를 통하여 살 뿐더러, 그처럼 사는 것입니다.

그리고 더 나아가서, 주님은 우리의 모범이실 뿐 아니라 또한 우리의 머리가 되셔서 우리 속에 사시며 그가 이 땅에서 사셨던 그런 삶을 우리 속에서 계속 이어가시는 것입니다. 그런 그리스도가 계시고, 그런 구속의 계획이 있는데 어떻게 그렇지 않을 수가 있겠습니까? 그리스도를 따르는 자는 반드시 그리스도의 마음을 품지 않을 수가 없습니다. 그리고 특별히 그리스도의 낮아지심에서 그를 닮는 것입니다.

그리스도의 모범은 죄가 우리를 낮추는 것이 아니라는 사실을 가르쳐 줍니다. 그러나 많은 그리스도인들은 우리가 죄 때문에 낮아진다는 식으로 생각합니다. 그들은 겸손한 상태를 유지하기 위해서 날마다 타락할 필요가 있다고 생각합니다. 그러나 그렇지 않습니다. 매우 사랑스럽고 크나큰 가치가 있는 낮아짐이 정말로 있습니다. 그리고 그러한 낮아짐으로 인해서 한 걸음 더 나아가 범죄의 사실과 부족함을 더 깊이 깨닫게 되기도 하는 것입니다.

그러나, 그보다 더 귀한 낮아짐이 있습니다만, 그것은 은혜가 우리를 막아서 죄를 범하지 않도록 할 때에도 하나님께서 우리를 복 주신다는 사실에 놀라며 감격해하는 가운데 자기의 초라한 모습을 바라보는 것입니다. 우리에게 모든 것을 베풀어 주시는 그분 앞에서 나 자신이 아무것도 아니라는 사실에 감격하고 기뻐하는 것입니다. 스스로를 낮추고 겸손해지기 위해서는 죄가 필요한 것이 아니라 은혜가 필요한 것입니다.

열매가 많이 달려 있는 가지일수록 낮게 휘어지는 법입니다. 강물이 불어서 넘치면, 강바닥이 깊어지는 법입니다. 영혼이 하나님께 가까이 갈수록, 하나님의 그 엄위하신 임재로 말미암아 자신의 작고 보잘것없음을 더 느끼게 되어 있는 것입니다. 오직 이 사실이 우리로 하여금 나보다 다른 사람들을 낮게 여길 수 있도록 만들어 주는 것입니다. 하나님의 거룩하신 자, 예수 그리스도께서 겸손의 모범이십니다. 그가 제자들의 발을 씻기신 것은 아버지께서 만물을 자기의 손에 붙이셨다는 것을, 그리고 자신이 하나님께로부터 와서 하나님께로 가신다는 사실을 스스로 알고 계셨기 때문입니다. 하나님의 임재와, 신적 생명과 신적 사랑이 우리 속에 있다는 의식이 우리로 하여금 자신을 낮추고 겸손하게 만들어 주는 것입니다.

"나 자신을 생각하지 않고 다른 사람들을 나보다 낫게 여기고 높이리라." 많은 그리스도인들에게는 이런 말이 불가능하게 보입니다. 물론 교만과 허

영이 나오는 것을 이기도록 은혜를 달라고 구하기는 하지만, 그리스도처럼 전적으로 자기를 부인하는 일은 너무나 어렵고 너무나 높은 일로 여기는 것입니다. 그러나 "자기를 낮추는 자는 높아지리라"(눅 14:11), "누구든지 나를 위하여 제 목숨을 잃으면 찾으리라"(마 16:25)라는 복된 말씀들의 깊은 진리와 의미를 깨닫기만 한다면, 주님을 닮아서 철저히 낮아지지 않고서는 도무지 만족할 수가 없을 것입니다. 그리고 자기를 극복하고 자기를 높이는 일에서 벗어나는 길이 있다는 것을 깨닫게 될 것입니다. 그리스도의 십자가에 자기를 못 박고 계속해서 못 박혀 있는 상태를 유지하는 길이 성령을 통하여 마련되어 있는 것입니다(갈 5:24; 롬 8:13을 보십시오). 그리스도의 죽으심과 교제하는 삶을 사는 데 진심으로 자기를 드리는 사람만이 그런 겸손에까지 자랄 수가 있는 것입니다.

이를 이루기 위해서는 두 가지가 필요합니다. 그 첫째는 자기 자신을 위해서는 아무것에도 굴복하지 않고 아무것도 구하지 않으며 오직 하나님과 이웃들만을 위해 살겠다는 확고한 목적을 갖는 것입니다. 그리고 둘째는 우리가 죄에 대하여 죽었고 그 권세에서 구원받았다는 믿음으로 그리스도의 죽으심의 능력을 우리의 것으로 삼는 것입니다. 이와 같은 그리스도의 죽으심과의 교제가, 죄가 우리에게 너무 강해서 도저히 어쩔 수 없을 것 같은 식의 삶을 종식시켜 줍니다. 그러한 교제는 그야말로 그리스도께서 너무 강하시므로 죄를 지을 수가 없는 그런 삶이 우리 속에서 시작되게 해 주는 것입니다.

신자가 이 진리를 깨닫고 받아들이고 부여잡게 되는 것은 오직 성령의 가르침과 강력한 역사하심 아래서만 되는 것입니다. 그러나 정말 감사하게도, 그 성령께서 우리 속에 계십니다. 오, 우리 자신을 충실하게 그의 인도하심에 맡기고 신뢰하기를 바랍니다. 성령께서 우리를 인도하실 것입니다.

그것이 그의 하시는 일입니다. 그가 우리 속에서 그리스도를 영화롭게 하실 것입니다. 우리가 죄와 옛사람에 대하여 죽었으며 그리스도의 삶과 겸손이 우리의 것이라는 것을 깨닫도록 우리를 가르치실 것입니다.

그렇게 하여 그리스도의 겸손과 낮추심이 믿음으로 우리의 것이 됩니다. 이런 일이 즉각적으로 일어날 수도 있습니다. 그러나 실질적인 체험 속에서는 그 일이 점진적으로 일어납니다. 너무 오랫동안 우리의 생각과 감정과 태도와 대화까지도 옛사람의 권세 아래 있었기 때문에, 그리스도의 겸손이라는 거룩한 빛으로 가득 차서 변화가 일어나기 위해서는 시간이 걸리는 것입니다. 처음에는 양심이 완전히 깨어나지 못한 상태요, 영적인 감각과 분별력이 아직도 시행되지 못하는 상태에 있습니다.

그러나 각자 영혼의 깊은 곳에서 믿고 자신을 새롭게 구별하여 드리면 ─ "예수님처럼 낮아지는 일에 나를 굴복시켰노라" ─ 그리스도께로부터 능력이 나옵니다. 그 능력이 나의 존재 전체를 가득 채워서, 나의 얼굴과 음성과 행동에서 성령의 거룩하게 하시는 모습이 나타나고, 내가 겸손으로 진정 옷입게 될 것입니다.

그리스도와 같은 겸손은 말할 수 없이 복된 것입니다. 그것은 하나님 보시기에 큰 값어치가 있습니다: "하나님이 … 겸손한 자에게 은혜를 주신다"(약 4:6). 영적 삶에 있어서는 그것이 안식과 기쁨의 근원이 됩니다. 겸손한 자에게는 하나님이 행하시는 모든 일이 옳고 선한 일입니다. 겸손은 아무리 작은 하나님의 긍휼하심에 대해서도 언제나 하나님을 찬양하는 자세를 갖습니다. 겸손은 신뢰하기 힘든 구실이 없습니다. 하나님이 하시는 모든 말씀에 무조건적으로 복종합니다. 예수님께서 큰 믿음을 가진 자라고 칭찬하신 사람이 성경에 두 사람이 나타납니다만, 그들 스스로는 지극히 미천한 자라고 생각하는 자들이었습니다. 백부장은 말하기를, "주여 내 집에 들어오심을 나는 감당치 못하겠사오니"(마 8:8)라고 하였고, 수로보니게 여인은 개와 같이 취급을 당하고도 그대로 만족해했습니다.

사람들과의 교제에 있어서, 이것이 축복과 사랑의 비결입니다. 겸손한 사람은 상처를 받지도 않을 뿐더러, 또한 매우 조심하여 남에게 상처를 주지도 않습니다. 언제나 이웃을 섬길 준비를 갖추고 있습니다. 왜냐하면 종이 되는 그 거룩한 아름다움을 예수님께로부터 배웠기 때문입니다. 겸손한 자는 하나님과 사람에게 사랑을 받습니다.

오, 그리스도를 따르는 자들에게 이 얼마나 영광된 부르심입니까! 자기를 낮추는 것보다 더 귀한 것이 없다는 것을 몸소 증명하기 위해서 하나님께서 세상에 보내신 존재가 바로 우리들이라니요! 겸손한 자는 하나님을 영화롭게 하며, 다른 사람들을 함께 이끌어 그들도 하나님을 영화롭게 하도록 만듭니다. 그리고 결국에 가서는 그 자신이 하나님과 함께 영화롭게 됩니다. 과연 누가 예수님처럼 겸손해지기를 원하지 않겠습니까?

오 주님, 주님은 하늘로서 강림하셔서 십자가에 죽으시기까지 자신을 낮추셨사옵니다. 그리고 주님의 그 겸손을 나의 삶의 법으로 취하라고 나를 부르시옵니다.

주님, 나를 가르치사 이것이 절대적으로 필요함을 깨닫게 하옵소서. 저는 겸손하신 예수님을 따르는 교만한 제자가 될 수도 없고, 되어서도 아니 됩니다. 내 마음의 은밀한 곳에서나, 나의 골방에서나 나의 집에서나, 친구들 앞에서나 원수의 앞에서, 번창할 때나 어려움 가운데 있을 때나, 주님의 겸손으로 가득 차기를 원하옵나이다.

오 나의 사랑하는 주여! 주님의 십자가에 못 박히심에 대해 새롭고 더 깊은 깨달음이 필요하오며, 내가 거기에 함께 참여하는 것이 필요하옵나이다. 나의 교만한 옛사람이 주님과 함께 십자가에 못 박힌 사실을 확실히 알게 하옵소서. 주의 성령의 빛 가운데서 하나님의 거듭난 자녀인 내가 과연 죄와 그 권세에 대해서 죽었음을 보여 주시옵고, 주님과의 교제 속에서 죄가 기력을 발휘하지 못한다는 사실을 가르쳐 주시옵소서.

죄를 이기신 주 예수님! 주님이 내 생명이시라는 믿음을 내 속에 강건하게 세워 주시옵소서. 내가 주님과 성령으로 충만해지도록 나를 굴복시키면 주께서 주의 겸손으로 나를 가득 채우신다는 믿음을 강건하게 하시옵소서.

주님, 나의 소망이 주께 있나이다. 주님을 믿는 믿음으로 세상 속으로 들어가서, 주님의 마음이 주의 자녀들에게도 있다는 것을 보여 주려 하나이다. 겸손한 마음으로 자기보다 남을 높이는 법을 가르쳐 주옵소서. 하나님께서 우리를 도우소서. 아멘.

제22일 그의 죽으심의 모습으로

"만일 우리가 그의 죽으심과 같은 모양으로 연합한 자가 되었으면 또한 그의 부활과 같은 모양으로 연합한 자도 되리라 … 그가 죽으심은 죄에 대하여 단번에 죽으심이요 그가 살아 계심은 하나님께 대하여 살아 계심이니 이와 같이 너희도 너희 자신을 죄에 대하여는 죽은 자요 그리스도 예수 안에서 하나님께 대하여는 살아 있는 자로 여길지어다" — 롬 6:5, 10, 11

그리스도께서 죽으심으로 우리가 구원을 받았습니다. 그러므로 그 죽으심의 의미를 잘 깨달을수록, 우리가 그 죽으심의 능력을 더욱더 풍성하게 체험하게 될 것입니다. 이 말씀 속에서 우리는 그리스도의 죽으심과 같은 모양으로 그리스도와 연합한다는 것이 무엇인지를 배우게 됩니다. 삶 속에서 그리스도처럼 되기를 진정으로 사모하는 사람이라면 누구든지 그리스도의 죽으심을 본받는다는 것이 무슨 뜻인지 올바로 알기를 힘쓰는 법입니다.

그리스도께서는 그의 죽으심으로 이중적인 일을 이루셨습니다. 그 하나는 우리를 위해서 의를 이루시는 일이었고, 다른 하나는 우리를 위해서 생명을 얻는 일이었습니다. 성경이 이 첫째 부분의 일을 말씀할 때에는 그리스도께서 우리 죄를 위하여 죽으셨다는 표현을 사용합니다. 그가 죄를 자기 자신에게 지우셨다는 것이요, 죄의 형벌을 친히 담당하셨다는 것입니다. 그리하여, 속죄를 하셨고, 우리가 하나님 앞에 설 수 있도록 우리에게 의를 가져다주신 것입니다.

성경이 그리스도께서 이루신 일의 둘째 부분을 말씀할 때에는, 그리스도께서 죄에 대하여 죽으셨다는 표현을 사용합니다. 죄에 대하여 죽는다는 것은 그리스도와 죄 사이의 법적인 관계를 가리키는 것입니다. 하나님께서 우리 죄를 그에게 지우셨고, 그리하여 그의 죽으심을 통하여 죄에 대하여 속죄가 하나님 앞에 이루어집니다. 죄에 대하여 죽는다는 것은 또한 그의 죽으심을 통한 인격적인 관계를 지칭하기도 합니다. 그리스도께서 죄와 갖고 계신 연관이 전적으로 사라졌다는 것입니다. 그의 지상 생애 동안 죄가 크나큰 권세로 그로 하여금 싸우고 고난당하시게 했습니다. 그러나 그의 죽으심으로 이 모든 것이 종식되었습니다. 죄가 더 이상 그를 시험하거나 상하게 할 힘이 없게 되었습니다. 그리스도께서 죄의 한계를 넘어서게 되셨습니다. 죽음이 그리스도와 죄를 완전히 갈라놓은 것입니다. 그리스도께서 죄에 대하여 죽으신 것입니다.

그리스도처럼, 신자도 역시 죄에 대하여 죽었습니다. 신자는 그리스도의 죽으심과 같은 모양으로 그와 연합하였습니다. 그러므로, 그리스도께서 죄를 위하여 죽으셔서 우리의 속죄가 되셨다는 지식이 우리의 칭의에 필수적인 것처럼, 그리스도께서 ― 또한 그의 죽으심과 같은 모양으로 우리가 그와 함께 ― 죄에 대하여 죽었다는 지식은 우리의 성화에 필수적인 것입니다. 이 사실을 잘 이해하도록 힘써야 하겠습니다.

그리스도께서는 둘째 아담으로서 죽으셨습니다. 첫째 아담과 더불어, 우리는 그 아담의 죽음의 상태 속에 함께 심어져 있었습니다. 그가 죽었고, 또한 그와 함께 우리도 죽었습니다. 그리하여 그의 죽음의 권세가 우리 속에서 역사하고 있습니다. 우리는 정말로 아담 안에서 죽어 있습니다. 아담 자신이 죽은 것과 똑같이 우리도 그렇게 정말로 죽어 있다는 말입니다. 이 것을 우리는 잘 이해할 수 있습니다.

이와 마찬가지로, 우리는 또한 그리스도의 죽으심의 상태 속에 그리스도와 함께 심어져 있습니다. 그가 죄에 대하여 죽으셨으니 우리 역시 그의 안에서 죄에 대하여 죽은 것입니다. 그리고 지금, 그리스도의 죽으심의 능력이 우리 속에서 역사하고 있습니다. 그리스도 자신이 죄에 대하여 죽으신 것처럼 우리도 과연 죄에 대하여 죽은 것입니다.

처음 세상에 출생했을 때에 우리는 아담의 죽음에 참여하는 자들이 되었습니다. 그리고 두 번째의 출생을 통해서, 우리는 둘째 아담의 죽으심에 참여하는 자들이 되었습니다. 그리스도를 영접하는 신자는 누구나 그리스도의 죽음의 능력에 참여하는 자요, 따라서 죄에 대하여 죽은 자입니다. 그러나, 신자가 자신이 지닌 이 고귀한 내용에 대해서 무지할 수도 있습니다. 대개의 신자들은 그리스도께서 죄를 위하여 죽으셔서 자기들이 의롭다 함을 받은 사실에 대해서 너무나 관심을 기울이는 나머지, 그리스도 안에서 자기들이 죄에 대하여 죽었다는 것이 무슨 의미인지에 대해서는 알려 하지를 않습니다. 그러므로 자기들의 성화에 대해서도 그리스도께서 필요하다는 것을 깨닫게 되면, 그리스도의 죽으심을 본받는 이 사실에 대해서도 각성하여 깨닫고자 하는 열심이 일어나게 될 것입니다. 그리스도께서 죄에 대하여 죽으신 것처럼 자기들도 역시 죄에 대하여 죽었다는 사실에서 성화의 비결을 찾게 되는 것입니다.

이 사실을 깨닫지 못하는 그리스도인은 죄가 자기에게 너무나 강해서 감당할 수 없다는 식으로 항상 생각합니다. 죄가 아직도 자기에게 권세를 부리고 있고 때로는 그 죄의 권세에 복종해야 한다는 식으로 생각하는 것입니다. 그러나 그런 생각을 하는 것은 자신이 그리스도처럼 죄에 대하여 죽었다는 사실을 알지 못하기 때문입니다. 그 사실의 의미를 믿고 깨닫기만 하면, 그는 아마도 다음과 같이 말하게 될 것입니다: "그리스도께서 죄에 대하여 죽으셨다. 그러므로 죄가 더 이상 그에게 할 말이 없다. 그리스도의 삶과 죽으심에서 죄가 그에 대하여 권세를 부렸다. 그로 하여금 십자가의 고난과 무덤의 굴욕을 당하게 한 것은 바로 죄였다. 그러나 이제 그리스도께서 죄에 대하여 죽으셨으므로, 죄는 그리스도에 대한 모든 주장을 다 잃어버렸고, 그리스도께서는 전적으로 영원히 죄의 권세에서 자유를 얻으셨다. 신자인 나 또한 그렇다. 내 속에 있는 새 생명은 죽은 자 가운데서 다시 사신 그리스도의 생명이요, 죽음을 통해서 얻은 생명이요, 죄에 대하여 전적으로 죽은 생명이다."

신자는 그리스도 예수 안에 있는 새로운 피조물로서, 자랑스럽게 이렇게 말할 수 있습니다: "그리스도처럼 나도 죄에 대하여 죽었다. 나에 대하여 죄가 그 어떠한 권리나 권세도 행사할 수 없다. 나는 죄에서 자유함을 받았다. 그러므로 내게는 죄가 필요없다."

그런데 만일 신자가 여전히 죄를 짓는다면, 그것은 죄에 대하여 죽은 자로서 누릴 자기의 특권을 사용하지 않기 때문입니다. 무지와 태만함, 혹은 불신앙으로 말미암아, 그리스도의 죽으심을 본받는 이러한 사실의 능력과 의미를 잊고 있는 것입니다. 그러나, 그리스도의 죽으심에 참여한다는 것이 지니는 의미를 확고하게 믿으면, 죄를 이길 능력을 소유하게 됩니다. "죄가 죽었다"고 말씀하지 않는다는 것을 진정 이해합니다. 아닙니다. 죄는 죽지 않았습니다. 죄는 아직도 살아서 육체 가운데서 역사하고 있습니다. 그러나 그 자신이 죄에 대하여 죽었고 하나님을 대하여 살았습니다. 그러므로 죄는 한순간이라도 그의 동의가 없이는 그를 장악할 수가 없습니다. 그가 죄를 지으면, 그것은 그가 죄로 하여금 자기를 장악하도록 허용했고, 스스로 죄에 복종했기 때문인 것입니다.

그리스도처럼 되기를 힘쓰는 사랑하는 그리스도인 여러분, 그의 죽으심의 모습을 여러분의 삶의 가장 영광된 부분으로 취하시기를 바랍니다. 무엇보다도 믿음으로 그것을 여러분의 것으로 활용하십시오. 여러분이 과연 죄에 대하여 죽었다는 것을 믿으십시오. 그 문제를 분명히 확정지으십시오. 하나님께서는 그의 자녀 한 사람 한 사람에게, 믿음이 지극히 연약한 자녀에게까지도, 이렇게 그것을 말씀하시는 것입니다. 하나님 앞에서 여러분 스스로 그 말씀을 하십시오. "그리스도처럼 나도 죄에 대하여 죽었다"고 말입니다. 그런 말을 하기를 두려워하지 마십시오. 그것은 진리입니다. 성령께서 여러분을 진지하게 조명하셔서 그리스도와의 연합의 이러한 부분을 깨우쳐서 그것이 그저 하나의 교리가 아니라 능력과 진리로 여러분에게 다가오게 만들어 주시기를 간구하시기 바랍니다.

죄에 대하여 죽은 상태로 산다는 것이 무엇인지 더욱 깊이 깨닫기를 힘쓰십시오. 죽음으로써 죄의 권세에서 자유함을 받아서 이제는 예수 그리스도로 말미암는 생명 가운데서 죄를 정복하는 자로 산다는 것을 깊이 깨닫기를 힘쓰십시오. 그러면, 그리스도의 죽으심을 본받는 것이 그의 죽으심과의 연합으로 이어질 것입니다. 그리고 그리스도의 죽으심이 여러분의 삶의 모든 기능과 능력들 속에서 그 풍성한 능력을 드러냄에 따라서 점진적으로 그것이 여러분의 것으로 활용될 것입니다(빌 3장을 보십시오).

그리고 그리스도의 죽으심을 본받는 일에서 충족한 유익을 얻으려면, 특별히 두 가지를 주목해야 합니다. 그 첫째는 거기에 의무가 따른다는 사실입니다: "죄에 대하여 죽은 우리가 어찌 그 가운데 더 살리요?"(롬 6:2). 여러분이 세례를 받아 참여한 그 그리스도의 죽으심이 무슨 의미인지를 더욱 깊이 깨닫기를 힘쓰십시오. 그의 죽으심은 이런 의미입니다. 죄를 짓기보다는 차라리 죽으리라 ― 죄를 이기기 위해서 죽음도 불사하는 자세입니다. 죽었으니 이제 죄의 권세에서 해방을 받았다는 것입니다. "무릇 그리스도 예수와 합하여 세례를 받은 우리는 그의 죽으심과 합하여 세례받은 줄을 알지 못하느냐?"(롬 6:3)라는 말씀의 교훈을 우리의 것으로 삼아야 합니다. 성령께서 감동하셔서 그의 죽으심 속으로 계속 깊이 들어가 하나님의 말씀의 능력이, 그리스도의 죽으심과 합하여 죄에 대하여 죽은 모습이 여러분의 행동과 대화 속에서 드러나도록 하십시오.

둘째 교훈은 이것입니다. 즉, 그리스도의 죽으심을 본받는 것은 그저 의무만이 아니요 하나의 능력이라는 사실입니다. 오 그리스도를 닮기를 사모하는 그리스도인 여러분, 여러분에게 꼭 필요한 한 가지가 있다면, 그것은 바로 이것입니다. 즉, 하나님의 지극히 크신 능력이 여러분 속에서 역사하고 있다는 사실을 아는 것입니다. 그리스도께서 죽으심을 당할 때에 지옥의 권세와 싸워서 이기신 것은 바로 영원의 능력이 그와 함께 하셨기 때문입니다. 여러분은 그리스도의 죽으심에 참여한 자입니다. 그러므로 그리스도께서 죽음을 이기실 때에 함께했던 그 모든 능력들을 여러분도 누리고 있는 것입니다. 기쁨으로, 믿음으로 여러분 자신을 내어 드리십시오. 그리하여 그리스도의 죽으심을 본받는 일에 더욱 깊이 인도함을 받으십시오. 그리하면 그리스도처럼 되는 것 이외에 다른 결과가 일어나지 않을 것입니다.

오 나의 주님! 주님의 은혜를 내가 얼마나 잘 깨닫지 못하고 있는지요! "그의 죽으심을 본받아 연합한 자가 되었다"는 말씀을 자주 읽었고, 주께서 죄에 대하여 죽으셨고 그리하여 주의 백성을 향하여 "너희도 이와 같이"라고 말씀하시는 것도 보았나이다. 그러나 그 능력을 깨닫지 못하고 있었사옵니다. 그리하여 주님의 죽으심을 본받는 일을 알지 못하였고, 내가 죄의 권세에서 자유를 얻은 사실도 알지 못하였고, 죄를 정복한 자로서 오히려 죄를 다스릴 수 있다는 사실도 알지 못하였사옵니다.

주여, 주께서 내게 영광된 안목을 열어 주셨사옵니다. 믿음으로 주의 죽으심을 본받는 사람은, 그리고 주의 말씀에 의지하여 스스로 죄에 대하여 죽은 자로 여기는 사람은 죄의 다스림을 받지 아니할 것이옵니다. 하나님을 위하여 살 수 있는 능력이 그에게 있사옵니다. 주여! 성령께서 이 사실을 더 완전하게 내게 가르치게 하시옵소서. 단순한 믿음으로 주의 말씀을 취하기를 소원하옵고, 주 안에서 죄에 대하여 죽은 자가 되어 취하고 있는 그 자리를 그대로 취하기를 원하옵나이다.

주여! 주님 안에서 내가 죄에 대하여 죽었나이다. 그 사실을 굳게 붙잡도록 나를 가르쳐 주시옵소서. 아니, 믿음으로 주를 꼭 붙잡게 해 주셔서 나의 온 생애가 그 증거가 되게 해 주시옵소서. 오 주여! 나를 취하사 주님 자신과의 교제 속에 나를 지켜 주옵소서. 그리하여 주 안에 거하는 자로서, 주 안에서 죄에 대하여 죽고 하나님을 대하여 사는 진리를 진정 체득하게 하옵소서. 아멘.

제23일 그의 부활하심을 본받아

"이는 아버지의 영광으로 말미암아 그리스도를 죽은 자 가운데서 살리심과 같이 우리로 또한 새 생명 가운데서 행하게 하려 함이니라 만일 우리가 그의 죽으심과 같은 모양으로 연합한 자가 되었으면 또한 그의 부활과 같은 모양으로 연합한 자가 되리라" ― 롬 6:4, 5

그리스도의 죽으심을 본받게 되면, 필연적으로 그의 부활을 본받게 됩니다. 그리스도의 죽으심을 본받는 것만을 ― 십자가를 지는 일과 자기를 부인하는 일만을 ― 말씀한다면, 그것은 그리스도를 따르는 일의 한 면만을 말하는 것이 됩니다. 그의 죽으심을 본받는 데서 더 나아갈 힘을 주는 것은 바로 그리스도의 부활의 능력입니다. 그리스도와 함께 죽었다는 것은 죄악된 옛 삶에 대해서 세상에 대해서 죽었다는 의미가 더 많습니다. 그러나 그리스도와 함께 살아났다는 것은 새 생명을 입었음을 가리킵니다. 성령께서는 그 새 생명을 통해서 옛 삶을 내어쫓으시는 것입니다. 그리스도께서 행하신 것처럼 진심으로 행하기를 바라는 그리스도인에게는 그리스도의 부활을 본받는 일에 대한 지식이 없어서는 안 될 필수적인 요소입니다. 우리가 과연 그리스도처럼 이 세상에서 살 힘을 어디서 찾아야 하는지에 대한 해답을 바로 여기서 얻는 것입니다.

죽으시기 이전의 우리 주님의 삶이 연약한 삶이었다는 것을 우리는 이미 보았습니다. 우리의 보증으로서, 죄의 큰 권세가 그에게 미치고 있었습니다. 죄는 또한 그의 제자들에게도 권세를 미쳐서 그들에게 성령을 주실 수도 없었고, 그들을 위하여 원하시는 바를 이루실 수도 없었습니다. 그러나 부활과 더불어서 모든 것이 변화되었습니다. 전능하신 하나님의 능력으로 말미암아 일으키심을 받으셔서, 그의 부활의 생명은 영원한 능력으로 가득 차 있었습니다. 그는 자기 자신을 위해서만이 아니라 제자들을 위해서도 죽음과 죄를 정복하셨고, 그리하여 부활하신 첫 날부터 주님은 제자들을 그의 성령과 그의 기쁨과 그의 하늘의 능력에 참여하는 자들로 만드실 수가 있었던 것입니다.

주 예수께서 이제 우리를 그의 생명에 참여하는 자들로 만드셨는데, 그 생명이란 그의 죽으심 이전에 갖고 계셨던 생명이 아니라, 죽음을 통해서 얻으신 부활의 생명입니다. 이 새 생명은 이미 지옥과 마귀와 세상과 육신을 정복한 생명이요, 인간의 본성 속에 있는 신적인 능력의 생명입니다. 이것이야말로 그의 부활을 본받음으로 임하는 생명입니다: "그의 살으심은 하나님께 대하여 살으심이니 이와 같이 너희도 너희 자신을 … 그리스도 예수 안에서 하나님을 대하여는 산 자로 여길지어다"(롬 6:10-11).

오, 성령을 통하여 하나님께서 그리스도의 부활을 본받는 가운데 영광된 생명이 있음을 깨닫게 된다면 얼마나 좋겠습니까! 그 가운데서 우리는 그리스도께 합한 삶을 사는 능력의 비결을 발견하게 되는 것입니다.

대부분의 그리스도인들에게는 이것이 하나의 신비입니다. 그래서 그들의 삶은 죄와 연약함과 실패로 가득 차 있습니다. 그들은 그리스도의 부활이 그들의 칭의에 대한 충족한 증거임을 믿습니다. 그리스도께서 하늘에서 중보자의 사역을 계속하시기 위해서는 반드시 살아나셔야만 했다고 생각합니다. 그러나, 그리스도께서 다시 사신 것이, 그의 영광된 부활의 생명이 이제 제자들의 날마다의 생활의 능력이 되게 하기 위함이었다는 것은 전혀 생각조차 하지 않습니다. 그렇기 때문에 예수님을 온전히 따른다거나 예수님의 형상에 완전히 합한다는 이야기를 들을 때에 모든 소망을 다 잃어버리고 마는 것입니다. 죄인더러 어떻게 그리스도께서 모든 일에서 행하신 것처럼 행하라고 요구할 수가 있는지 도저히 상상하지를 못합니다. 그들은 부활의 능력 속에 계신 그리스도를 알지 못합니다. 혹은 그리스도를 위하여 모든 것을 해로 여기기를 원하는 자들 속에서 그의 부활의 생명이 능력으로 역사한다는 사실(빌 3:8; 엡 1:19-20)을 전혀 모르는 것입니다.

자, 예수님과 전연 다른 삶에 지쳐 있는 여러분, 그러면서도 그의 발자취를 따라 행하기를 사모하는 여러분, 자, 모두들 오십시오. 여러분이 지금까지 알고 있던 삶보다 훨씬 더 나은 삶이 성경에 제시되어 있다는 것을 이제 보기 시작할 것입니다. 자, 오셔서 그리스도의 부활을 본받음으로써 말할 수 없는 보배가 여러분의 것이 된다는 사실을 보시기 바랍니다. 여기서 세 가지 질문을 드려 보겠습니다.

첫째로, 예수님과 그의 부활 생명의 법칙에 여러분의 삶을 복종시킬 준비가 되어 있습니까? 그리스도의 모범을 묵상함으로써 여러분에게 한 가지 점 이상에서 죄를 깨닫게 되셨을 것입니다. 하나님의 뜻과 그의 영광 대신 여러분 자신의 뜻과 영광을 구하는 데서, 야망, 교만, 이기심, 그리고 사람을 향한 사랑의 결핍에서, 여러분은 지금까지 예수님의 순종과 겸손과 사랑에서 너무나 멀리 떨어져 있음을 스스로 보았습니다.

자, 지금 문제는 여러분이 죄로 알고 있는 이 모든 것들을 보고 있는 상태에서 여러분이 다음과 같은 말을 할 마음이 있는가, 그렇지 않은가 하는 것입니다: "예수께서 나의 삶을 소유로 취하셨다면, 나는 나의 모든 권리를 포기하며, 나 자신의 뜻으로 무슨 일이라도 하기를 바라지 말아야 한다. 내 삶을, 내가 가진 모든 것과 나 자신의 존재 전체를 온전히 주님께 드리며, 그가 말씀과 성령을 통하여 내게 명하시는 일들을 언제나 행하리라. 주께서 내 속에 사시고 내 속에서 다스리신다면, 나는 흔들림 없이 마음을 다하여 순종하리라 약속한다."

그런 굴복과 복종을 위해서는 믿음이 필요합니다. 그러므로, 둘째 질문은 이것입니다: 여러분은 과연 예수님께서 그에게 맡겨진 나의 삶을 소유하시며 다스리시고 지키시리라는 것을 믿을 준비가 되어 있습니까? 신자가 그의 영적인 삶과 육체적인 삶 전체를 온전히 그리스도께 의탁할 때에, 그는 다음과 같은 사도 바울의 말씀의 의미를 올바로 깨닫게 됩니다: "이제는 내가 산 것이 아니요 오직 내 안에 그리스도께서 사신 것이라"(갈 2:20). 그리스도와 함께 죽었고, 그리스도와 함께 다시 살아났으니, 이제 부활의 생명 안에서 살아 계신 그리스도께서 나의 새 삶을 소유하시고 다스리시는 것입니다. 부활의 생명은 내가 원하여 힘쓰면 가질 수 있는 그런 것이 아닙니다. 절대로 그렇지 않습니다. 나로서는 그 생명을 얻을 수가 없습니다. 그러나 하나님께 정말 감사합시다! 예수 그리스도께서 친히 부활이요 생명이십니다. 그가 바로 부활 생명이신 것입니다.

그리스도께서 친히 날마다 때마다 내가 그와 함께 다시 산 자로서 살도록 확실하게 역사하시는 것입니다. 그는 그의 부활 생명의 영이신 성령을 통해서 그 일을 행하십니다. 성령께서 우리 속에 계시며, 우리가 예수님을 신뢰하면, 살아 계신 주님의 임재와 능력을 우리 속에 계속 유지시키실 것입니다. 우리가 살아 계신 하나님의 성전인 자들의 모습에 합당한 대로 그런 거룩한 삶을 사는 일에 성공하지 못하면 어떻게 할까 하고 염려할 필요가 없습니다. 우리는 사실 그 일에 성공하지 않을 수가 없습니다. 우리에게 그런 성공을 요구하시는 것이 아닙니다. 친히 부활이 되시는 살아 계신 예수님께서 그의 능력이 우리의 모든 원수들 위에 있음을 보여 주신 것입니다. 우리를 그렇게 사랑하시는 그가 친히 그 일을 우리 속에서 이루어 가시는 것입니다. 그가 우리에게 우리의 능력으로 성령을 주시고, 또한 우리가 그를 신뢰하기만 하면 신적인 성실하심으로 그의 일을 우리 속에서 이루실 것입니다. 그리스도께서 친히 우리의 생명이신 것입니다.

자, 여기서 세 번째 질문을 드리겠습니다: 여러분은 이 부활 생명을 하나님께서 본래 주신 의도에 합당하게, 즉 잃어버린 자에게 복을 주는 능력으로 사용할 준비가 되어 있습니까? 우리가 만일 우리 자신의 완전과 우리 자신의 행복만을 구하고 있다면, 부활 생명을 향한 모든 열심이 다 무너져 버리고 맙니다. 하나님께서 예수님을 다시 일으키사 높이신 것은 회개와 죄 씻음을 주시기 위함이셨습니다. 주님은 언제나 살아 계셔서 죄인들을 위하여 간구하고 계십니다. 여러분 자신을 복종시켜서 그와 동일한 목표를 갖고 그리스도의 부활의 생명을 받으시기를 바랍니다. 멸망으로 향하는 자들을 위하여 일하고 간구하는 일에 전적으로 여러분 자신을 드리시기를 바랍니다. 그러면, 여러분이 적절한 도구와 그릇이 되어 부활 생명이 그 속에 거하며 그 영광스러운 목적을 이루어갈 수 있을 것입니다.

형제 여러분! 여러분은 그리스도처럼 살도록 부르심을 받았습니다. 이를 위하여 여러분은 이미 그리스도의 부활을 본받아 그와 연합한 자가 되었습니다. 한 가지 유일한 문제는 여러분이 그리스도의 부활 생명을 충만히 체험하기를 원하느냐 원하지 않느냐 하는 것입니다. 여러분이 과연 여러분의 삶 전체를 굴복시켜서 그리스도께서 그의 부활의 능력을 여러분의 삶의 각 부분에서 드러내시기를 원하느냐 원하지 않느냐 하는 것입니다.

여러분에게 간절히 바랍니다. 절대로 뒤로 물러서지 마십시오. 여러분 자신을 남김없이 모두 주님께 드리십시오. 여러분의 연약함과 불성실함까지도 전부 다 드리십시오. 그리스도의 부활이 모든 생각과 기대를 뛰어넘는 놀라운 경이였던 것처럼 그리스도께서 다시 사신 자로서 여러분 속에서 여러분이 생각하고 바라는 모든 정도를 훨씬 뛰어넘도록 풍성하게 일하고 계시다는 사실을 믿으십시오.

예수님의 죽으심 이전과 그의 부활 이후의 제자들의 삶이 어쩌면 그렇게도 다른지 모릅니다! 예수님의 죽으심 이전에는 모두가 연약하였고, 두려움과 이기심과 죄로 가득 했습니다. 그러나 그의 부활하심과 함께, 능력과 기쁨과 생명과 사랑과 영광이 모두에게 가득하였습니다.

지금까지 예수님의 부활을 자기의 칭의의 근거로만 알고 있고 그의 부활을 본받는 문제에 대해서는 전연 모르고 있던 신자가 부활하신 주님께서 친히 그의 생명이 되신다는 사실을 발견했을 때에는 정말 엄청난 변화가 일어나게 됩니다. 예수님께서 친히 그의 삶 전체에 대해 책임을 지시리라는 것을 깨닫게 되면, 그 얼마나 놀라운 일이겠습니까!

오 형제 여러분, 이것을 아직 체험하지 못하셨다면, 그리스도처럼 행하라고 부르심을 받았는데 그렇게 행할 수가 없어서 괴로움과 곤고 가운데 계시다면, 자, 이리 오셔서 다시 사신 구주께 여러분의 삶 전체를 드리는 일이 얼마나 복된지를 맛보시기 바랍니다. 그리스도께서 여러분을 위하여 여러분의 삶을 사신다는 확신 가운데서 여러분의 삶 전체를 그에게 드리는 일이야말로 가장 복된 일인 것입니다.

오 주님, 나의 영혼이 주님을 삶의 왕으로 찬양하나이다! 십자가 위에서 주님은 나의 원수들 하나하나를 — 마귀와 육체와 세상과 죄를 — 다 정복하셨사옵니다. 주님은 정복자로서 다시 사셔서 주의 부활 생명의 능력을 주의 백성들 속에서 드러내시고 유지하시옵니다. 주께서는 그들을 주님의 부활을 본받아 주님과 하나가 되게 하셨사옵니다. 그리고 이제 주님은 그들 속에서 사시며 그들의 지상 생애 가운데서 주의 하늘의 생명의 능력을 밝히 드러내실 것이옵니다.

이 놀라운 은혜에 대하여 주의 이름을 찬양하옵니다. 복되신 주님, 나의 삶과 거기 속한 모든 것을 주께 드리고 굴복하라는 주님의 초청에 따르옵니다. 너무나 오랫동안 나 자신의 힘으로 주님처럼 살려고 발버둥쳤으나 이루지 못하였사옵니다. 주님처럼 행하려고 애쓰면 애쓸수록 절망만 더욱 깊어졌사옵니다. 모든 삶의 근심과 책임을 주님께 온전히 맡기는 것이 얼마나 복된 일인가를 주의 제자들에게서 들었사옵니다.

주여, 내가 주님과 함께 다시 살았사옵고, 주의 부활을 본받아 주님과 연합하였사옵니다. 오셔서 나를 전적으로 주의 것으로 취하시고 내 생명이 되시옵소서.

무엇보다도 주께 간구하옵나니, 오 나의 부활하신 주여, 주께서 첫 제자들에게 주의 부활의 능력 가운데서 친히 행하셨듯이 주님 자신을 내게 보여 주시옵소서. 주께서 부활하신 후 주의 제자들 앞에 나타나신 것으로 그치지 않으셨나이다. 주께서 주님 자신을 알게 하셨을 때에 비로소 그들이 주님을 알아보았나이다.

주 예수님! 주님을 믿사옵니다. 주님 자신을 나의 생명으로 알려 주시옵소서. 그것이 주님의 일이옵나이다. 오직 주님만이 그 일을 하실 수 있나이다. 주께서 그 일을 행하실 것을 믿고 신뢰하나이다. 그리하시면 나의 부활의 생명이 주님의 부활 생명과 같게 되어 주님을 필요로 하는 모든 이들에게 끊임없이 빛과 복의 근원이 될 것이옵나이다. 아멘.

제24일 그의 죽으심을 본받아

"내가 그리스도와 그 부활의 권능과 그 고난에 참여함을 알려 하여 그의 죽으심을 본받아 어떻게 해서든지 죽은 자 가운데서 부활에 이르려 하노니" — 빌 3:10-11

그리스도의 죽으심이 십자가의 죽으심이었다는 것을 우리는 잘 알고 있습니다. 십자가의 죽으심이야말로 그의 첫째가는 영광이라는 것도 잘 압니다. 그 죽음이 없었다면 그는 그리스도이실 수가 없었을 것입니다. 이 땅에서와 하늘에서 그를 다른 모든 존재와 구별짓는 중요한 특징은 바로 이 한 가지, 그가 십자가에 달리신 하나님의 아들이라는 것입니다. 그러므로 주님을 닮는 모든 특징들 가운데서도 이것 — 그의 죽으심을 본받는 것 — 이야말로 가장 첫째가는 영광된 특징이어야 합니다.

바울은 이 사실에 특히 매료되었습니다. 그리스도의 영광과 복이었던 것은 반드시 자신의 영광이어야 했습니다. 그는, 그리스도와 가장 친밀한 모습은 바로 그의 죽으심을 본받는 것임을 잘 알고 있었던 것입니다. 그리스도의 죽으심을 본받아 감에 따라서, 그리스도께서 죽음을 대하신 대로 그도 죽음을 그렇게 대하려 한 것입니다.

그리스도의 십자가의 죽으심은 죄를 종식시키는 것이었습니다. 그리스도께서 사시는 동안 죄가 그를 미혹하려 했습니다. 그러나 십자가에 달리심으로써, 그는 죄에 대하여 죽으셨습니다. 죄가 더 이상 그에게 다가올 수가 없게 된 것입니다. 그러므로 그리스도의 죽으심을 본받는 일은 죄의 권세로부터 우리를 벗어나게 하는 능력입니다. 내가 성령의 은혜로 말미암아 그리스도와 함께 십자가에 못 박힌 자의 위치를 지키고, 그리스도께서 내 속에서 사심에 따라서 십자가에 달린 삶을 살면, 나는 죄를 범하는 데서 해방되는 것입니다.

그리스도의 십자가의 죽으심은 향기로운 희생 제물로서 아버지를 무한히 기쁘시게 하는 것이었습니다. 만일 내가 아버지의 사랑 안에 거하며 그의 기쁨이 되기를 원하면, 그리스도의 죽으심을 본받는 것만큼 깊고도 완전하게 그 일을 이루는 것이 없다는 것을 나는 확신합니다. 아버지께는 우주 가운데서 십자가에 달리신 예수님만큼 아름답고 거룩하며 놀라운 것이 없습니다. 그러므로 내가 아버지께 가까이 갈수록, 그의 죽으심을 더 본받게 되며, 그리하여 아버지의 사랑의 품에 들어감을 더욱 확신하게 되는 것입니다.

그리스도가 십자가에 죽으심은 부활 생명의 능력에로, 변함 없는 영원의 생명에로 들어가는 것이었습니다. 우리의 영적 삶에서, 깨어지고 실패하는 것 때문에 슬퍼하는 경우가 많습니다. 그래서 우리는 부활 생명이 그 충만한 능력을 발휘하지 못하도록 무언가 모자라는 것이 아직도 있다는 것을 깨닫습니다. 그 비밀이 여기에 있습니다. 곧, 그리스도의 십자가를 완전히 본받는 데 이르지 못한 무언가 미묘한 자기 자신의 생명이 아직도 있다는 것입니다. 확신하건대, 그리스도의 십자가의 교제 속에 더 충만히 들어가는 것 이외에는 부활의 기쁨에 충만히 참여하도록 만들어 주는 것이 없는 것입니다.

무엇보다도 그리스도를 세상의 빛으로 만들고 복을 주고 구원하는 능력을 그에게 준 것은 바로 그의 십자가에서 죽으심이었습니다(요 12:24-25). 그리스도의 죽으심을 본받으면, 자기 자신이 종말을 고하게 됩니다. 우리 자신이 살기를 포기하고 다른 사람들을 위하여 죽는 것입니다. 우리 자신을 복종시켜서 다른 사람들의 죄를 지는 일을 아버지께서 받으신다는 것을 확실히 믿습니다. 이러한 죽으심으로부터, 우리는 사랑하고 축복할 능력을 갖고 다시 사는 것입니다.

그러면, 그런 놀라운 축복을 가져다주는 십자가의 죽으심을 본받는다는 것은 과연 무엇입니까? 우리는 그것을 예수님에게서 봅니다. 십자가는 전적인 자기 부인을 의미합니다. 우리 자신의 의지와 우리의 목숨까지도 철저하게 복종시키며 하나님의 뜻 가운데 완전히 몰입하는 것을 의미합니다. 예수님의 경우에도 십자가는 바로 그런 의미를 지녔습니다. 주님은 자기 자신을 드려 십자가를 지시기 전에 쓰라린 싸움을 하셨습니다. 그가 안타까워하셨고, 침울하셨고 그의 영혼이 죽기까지 슬퍼하셨던 것은 그의 존재 전체가 그 십자가와 그 저주에서 뒤로 움츠러들었기 때문입니다.

주님은 세 차례 기도하셨고, 기도 가운데서 드디어 말씀하셨습니다: "내 원대로 마옵시고 아버지의 원대로 되기를 원하나이다"(눅 22:42). 그는 과연 그렇게 말씀하셨습니다. 그리고 십자가에 자기 자신을 드린다는 것은 바로 이렇게 말하는 것과도 같습니다: "하나님의 뜻이 이루어지지 않게 되기보다는 차라리 내가 무슨 일이든 하리라. 내가 모든 것을 포기하노니 오직 하나님의 뜻만이 이루어지리라."

그리고, 그리스도의 죽으심을 본받는다는 것은 우리 자신과 우리의 삶 전체를 그 의지와 행위의 능력과 함께 하나님께 드린다는 것이요, 또한 하나님께서 자신의 뜻으로 가르쳐 주시는 일 이외에는 그 어떠한 일도 행하지 않고 그 어떠한 모습도 되지 않기를 배운다는 것입니다. 그런 삶을 가리켜 그리스도의 십자가를 본받는 삶이라고 부르는 것입니다. 그런 삶을 그렇게 부르는 것은 비단 그런 삶이 그리스도의 삶과 비슷하기 때문만이 아니라 그리스도께서 친히 그의 성령을 통하여 그의 십자가에서 달리심을 통하여 그에게 주어진 그 삶을 우리 속에서 다시 반복하여 사시기 때문입니다. 이것이 없다면, 십자가의 죽으심을 본받는다는 생각 자체가 신성모독이 되었을 것입니다.

그러나 그렇지가 않습니다. 십자가에 달리신 그리스도의 영이신 성령의 능력 가운데서 신자는 복된 부활의 생명이 십자가에 달린 생명이었던 상태로부터 그 능력과 영광을 얻은 생명이 되었다는 것을 아는 것입니다. 예수님께서 친히 십자가에 자신을 드리셨습니다. 신자는 십자가가 자신을 소유했다는 것을 믿습니다. 자기 자신이 스스로 선하고 거룩한 것을 생각하거나 행할 능력이 없다는 것을 깨닫고서 — 육체의 능력이 주장하여 자기 속에 있는 모든 것을 더럽힌다는 것을 깨닫고서 — 그는 자기 존재의 모든 능력을 십자가와 정죄의 자리에다 맡겨 놓습니다. 그리하여 자기 존재의 모든 능력을, 육신과 영혼의 모든 기능을 예수님의 처분에 맡기는 것입니다. 그 어떠한 것도 신뢰하지 않고 자기를 부인하며, 모든 일에 예수님을 신뢰하는 것이 그의 삶의 특징이 됩니다. 십자가의 정신이 그의 존재 전체를 통하여 숨쉬는 것입니다.

그러므로 그렇게 십자가에 달려 있는 위치를 유지하는 문제가 그렇게 고통스러운 긴장과 지루한 노력의 문제인 것처럼 보일 수도 있습니다만, 절대로 그렇지 않습니다. 부활의 능력 가운데 계신 그리스도를 알아서 그의 죽으심을 본받는 사람에게 그것은 안식이요 힘이요 승리입니다. 그가 대해야 하는 것은 죽어 있는 십자가가 아니요 — 자기 스스로 자기를 부인하는 일도, 자기의 노력으로 행하는 어떤 일도 아니요 — 살아 계신 그리스도 예수님이십니다. 그리스도께는 십자가에 달리는 일이 이미 이루어진 일입니다. 그는 이미 부활의 생명 속에 들어가 계시는 것입니다. "내가 그리스도와 함께 십자가에 못 박혔나니 … 내 안에 그리스도께서 사신 것이라"(갈 2:20). 바로 이것이 항상 자라며 항상 그리스도의 죽으심을 온전히 본받는 일에 더욱 깊이 들어가도록 용기와 열심을 주는 것입니다.

그러면, 십자가의 죽으심을 본받는 이 복된 일을 어떻게 하면 이룰 수 있을까요? 사도 바울이 해답을 제시해 줍니다: "무엇이든지 내게 유익하던 것을 내가 그리스도를 위하여 다 해로 여길 뿐더러 또한 모든 것을 해로 여김은 내 주 그리스도 예수를 아는 지식이 가장 고상함을 인함이라 내가 그를 위하여 모든 것을 잃어버리고 배설물로 여김은 그리스도를 얻고 그 안에서 발견되려 함이니 … 내가 그리스도와 그 부활의 권능과 그 고난에 참여함을 알려 하여 그의 죽으심을 본받아 어찌하든지 죽은 자 가운데서 부활에 이르려 하노니"(빌 3:7-11). 우리는 모든 것을 — 그렇습니다, '모든 것'입니다 — 버리고, 그리스도의 십자가의 자리에 그 모든 것을 버리십시다.

그리고, 만일 모든 것을 버리고 포기하기가 어려워 보이고, 그렇게 해야 평생토록 십자가에 매달려 있는 것밖에 다른 상이 없을 것처럼 보인다면, 다시금 사도 바울의 말씀에 귀를 기울입시다. 그가 무엇 때문에 그 모든 것을 기꺼이 다 버리겠다고 했으며, 무엇 때문에 그렇게 강렬하게 십자가를 구했는지 생각해 봅시다. 그것은 바로 예수님, 나의 주 그리스도 때문이었습니다. 십자가야말로 주님과 가장 충만한 연합 속으로 들어가는 곳이었던 것입니다. 그를 알고, 그를 얻고, 그의 안에서 발견되며, 그처럼 되고자 하는 것 — 이것이 그의 속에서 불타오르는 정열이 되어 모든 것을 그렇게 쉽게 버릴 수 있었고, 십자가를 그렇게 강력한 능력을 지닌 것으로 볼 수 있었던 것입니다. 어찌하든지 예수님께 더 가까이 나아가기를 사모했습니다. "모든 것을 예수님을 위하여"가 바로 그의 모토였습니다.

그리스도의 십자가의 죽으심을 본받는 일을 어떻게 이룰까? 하는 질문에 대한 두 가지 답변이 여기에 담겨 있습니다. 그 하나는 모든 것을 버리는 것이요, 또 하나는 예수님을 들어오시게 하는 것입니다. "모든 것을 예수님을 위하여"가 해답인 것입니다.

그렇습니다. 그리스도의 죽으심을 본받는 일을 가능하게 해 주는 것은 오직 예수님을 아는 것밖에는 없습니다. 그러나, 영혼이 그를 얻고, 그의 안에서 발견되며, 부활의 능력 가운데 계신 그를 알도록 하면, 그 일이 그저 가능한 정도를 넘어서서 복된 현실이 됩니다. 그러므로 예수님을 따르는 사랑하는 여러분, 그를 바라보십시오. 십자가에 달린 주님을 바라보십시오. 여러분의 영혼이 "오 나의 주님, 내가 주님처럼 되어야 마땅합니다"라는 말을 하기를 배울 때까지 계속해서 그를 바라보십시오. 십자가에 달리신 예수님께서 친히 그의 항존하는 전능하심으로 여러분에게 다가오셔서 여러분 속에서 사시며 여러분의 존재를 통해서 그의 십자가에 달린 생명이 숨을 쉬는 것을 보기까지 그를 바라보시기 바랍니다. 그 성령께서 십자가 상의 그 죽음이 의미하는 모든 것을 여러분의 생명으로 베푸시며 발휘되게 하시는 것입니다. 그 성령으로 말미암아 예수님께서 친히 그를 신뢰하는 각 영혼 속에 십자가의 능력을 죄와 자기 자신에 대한 영속적인 죽음으로 유지시켜 주는 것입니다. 그것이 절대로 끊이지 않는 부활의 생명과 능력의 근원입니다. 그러므로, 다시 한 번 그를 바라보십시오. 살아 계신 예수님을, 십자가에 달리신 그리스도를 바라보시기 바랍니다.

그러나 무엇보다도 기억하십시오. 최선을 다하여 최고 최상의 것을 구해야 하지만, 충만한 복은 여러분의 노력의 결과로 오는 것이 아니라는 것을 알아야 합니다. 가장 높고 가장 귀한 것은 위로부터 값없는 선물로 여러분에게 주어지는 것입니다. 주 예수께서 자기 자신을 드러내시기를 기뻐하실 때에 비로소 우리가 그의 죽으심을 본받는 자가 되는 것입니다. 그러므로, 그리스도께 그것을 구하고, 그에게서 얻으시기를 바랍니다.

오 주님, 이러한 지식이 내게 너무나 귀하옵니다. 너무나 높아서 내가 도저히 도달할 수가 없나이다. 주의 부활의 능력 속에서 주님을 알고, 주의 죽으심을 본받게 된다는 것이, 지혜로운 자와 똑똑한 자들에게 감추어지고 어린아이들에게 계시되었나이다. 그리하여 택함 받은 영혼들만이 주의 나라의 이러한 비밀을 알도록 하셨나이다.

오 나의 주님! 주님처럼 되는 일이 나의 노력을 통하여 이룰 수 있다는 식의 생각이 얼마나 어리석은 것인가를 더욱 분명하게 보옵나이다. 주여, 주의 긍휼하심에 나를 던지나이다. 주의 인자하심의 크심을 따라, 주님의 값없는 사랑의 놀라우심을 따라 나를 바라보시고 주님 자신을 내게 보이시옵소서. 주께서 주의 하늘의 처소에서 임하셔서 내게 가까이 오기를 기뻐하시고, 그리하여 나를 준비시키시고 나를 주의 생명과 죽음과 충만히 교제하게 하시오면, 오 나의 주여, 그리하시면 내가 주님을 위하여, 그리고 주님이 구원하시려고 죽으신 뭇 영혼들을 위하여 살고 죽겠사옵니다.

복되신 구주여! 주님이 그것을 원하고 계심을 아옵나이다. 구속함을 받은 한 영혼 한 영혼을 향한 주의 사랑이 무궁하옵나이다. 오, 나를 가르치소서. 나를 이끄사 주를 위하여 모든 것을 버리게 하시고 주님을 위하여 나를 영원한 주의 소유로 취하소서. 오 주님! 죽어가는 자들을 위한 자기 희생을 통하여 주님의 죽으심을 본받는 모습이 어느 정도라도 내 삶의 특징으로 드러나게 하시옵소서. 아멘.

제25일 자기 목숨을 사람들을 위하여 주심처럼

"너희 중에 누구든지 크고자 하는 자는 너희를 섬기는 자가 되고 너희 중에 누구든지 으뜸이 되고자 하는 자는 너희 종이 되어야 하리라 인자가 온 것은 섬김을 받으려 함이 아니라 도리어 섬기려 하고 자기 목숨을 많은 사람의 대속물로 주려 함이니라"
— 마 20:26-28

"그가 우리를 위하여 목숨을 버리셨으니 우리가 이로써 사랑을 알고 우리도 형제들을 위하여 목숨을 버리는 것이 마땅하니라" — 요일 3:16

그리스도의 죽으심의 모양에 대해서 이야기하고 또한 그 모습을 본받는 일에 대해서 — 십자가를 지는 일과 그리스도와 함께 십자가에 못 박히는 일에 대해서 — 말하는 데에는 한 가지 위험이 도사리고 있습니다. 아무리 진지한 신자라도 이런 위험에 잘 넘어갈 소지가 많습니다. 그 위험이란 곧 이런 축복을 자기 자신을 위해서 추구한다는 것입니다. 아니면, 자기 개인의 완전함 속에서 하나님의 영광을 추구한다는 것입니다. 이런 잘못은 정말 치명적인 것이 될 수 있습니다. 그리스도의 십자가를 본받기를 기대하고 소망하지만 절대로 거기에 이를 수가 없습니다. 예수님의 죽으심의 가장 본질적인 요소에 속하는 것을 제쳐 두고 마는 것입니다. 예수님의 죽으심은 자기 희생이요 절대적인 이타성을 특징으로 하는 것이요 다른 사람들을 위한 것입니다. 그리스도의 죽으심을 본받게 된다는 것은 자기 자신에 대해서 죽는 것이요, 자기 자신을 포기하고 다른 사람들을 위하여 우리의 삶을 내어 줌으로써 자기 자신에 대한 모든 것을 다 잊는 것을 의미합니다.

우리가 어느 정도나 다른 사람들을 사랑하고 섬기며 구원하기 위한 삶을 살아야 하느냐 하는 질문에 대해서 성경은 주저 없이 너무도 명료한 대답을 제시해 줍니다. 우리는 예수님만큼 나아가야 합니다. 그래서 우리의 목숨까지라도 내어 주는 데에까지 이르러야 한다는 말입니다. 바로 이것을 우리가 구속함을 받고 이 세상에 남겨둠을 받은 목적으로 여겨야 합니다. 우리가 사는 한 가지 목적은 죽음으로 목숨을 내어 놓기 위한 것입니다. 그리스도처럼, 우리가 이 세상에 남아 있는 유일한 목적은 바로 죄인들을 구원함으로써 하나님께 영광을 돌리는 것입니다. 성경은 주저 없이 말하기를, 그의 고난의 길을, 그가 속죄와 구속을 이루시기 위해서 가신 그 길을 우리도 따라가야 한다고 하는 것입니다.

이러한 사실이 주님이 친히 하신 말씀 속에서 얼마나 분명하게 드러나는지 모릅니다: "너희 중에 누구든지 크고자 하는 자는 너희를 섬기는 자가 되고 너희 중에 누구든지 으뜸이 되고자 하는 자는 너희 종이 되어야 하리라 인자가 온 것은 섬김을 받으려 함이 아니라 도리어 섬기려 하고 자기 목숨을 많은 사람의 대속물로 주려 함이니라." 가장 낮은 처지에서 섬기는 자가, 자기의 목숨을 대속물로 주시는 주님을 가장 많이 닮은 자가, 최고의 영광의 자리에 있을 것이라는 것입니다.

며칠 후 주님은 자기 자신의 죽음에 대해서 이와 같이 말씀하셨습니다: "인자의 영광을 얻을 때가 왔도다 내가 진실로 진실로 너희에게 이르노니 한 알의 밀이 땅에 떨어져 죽지 아니하면 한 알 그대로 있고 죽으면 많은 열매를 맺느니라"(요12:23-24).

그는 제자들에게 자신이 이미 말씀하신 바를 다시 거듭 반복하여 말씀하심으로써 이를 강조하셨습니다: "자기 생명을 사랑하는 자는 잃어버릴 것이요 이 세상에서 자기 생명을 미워하는 자는 영생하도록 보존하리라"(요 12:25). 한 알의 밀이 죽어서 다시 돋아나 수백 배의 결실을 맺는다는 말씀을 주님은 자기 자신뿐 아니라 그를 따르는 한 사람 한 사람을 상징하는 말씀으로 제시하고 계신 것입니다. 생명을 사랑하고 죽기를 거부하는 것은 이기심 가운데 홀로 남아 있는 것을 의미합니다. 목숨을 버려 다른 사람들에게 많은 열매를 가져다주는 것이야말로 목숨을 지키는 유일한 길인 것입니다. 예수님이 행하신 길 이외에는 우리의 생명을 찾을 길이 없습니다. 곧, 다른 사람들의 구원을 위하여 자기 생명을 버리는 길 말입니다. 여기에 아버지께서 함께하시며, 여기서 우리가 영광을 받게 될 것입니다. 그리스도의 죽으심을 본받는 일에 관련한 가장 깊은 생각은 우리의 생명을 다른 사람을 구원하는 일을 위하여 하나님께 드린다는 것입니다. 이것이 없이는, 그리스도의 죽으심을 본받고자 하는 마음이 아주 세련된 이기심의 표현이 될 위험이 있는 것입니다.

사도 바울이 이러한 자세를 얼마나 놀랍게 표현하고 있는지 모릅니다. 성령께서 그의 말씀 속에서 주시는 교훈이 얼마나 귀한지 모릅니다. 고린도 교인들에게 그는 이렇게 말씀하고 있습니다: "우리가 항상 예수 죽인 것을 몸에 짊어짐은 예수의 생명도 우리 몸에 나타나게 하려 함이라 우리 산 자가 항상 예수를 위하여 죽음에 넘기움은 예수의 생명이 또한 우리 죽을 육체에 나타나게 하려 함이니라 그런즉 사망은 우리 안에서 역사하고 생명은 너희 안에서 하느니라"(고후 4:10-12). "그리스도께서 약하심으로 십자가에 못 박히셨으나 하나님의 능력으로 살아 계시니 우리도 그 안에서 약하나 너희를 향하여 하나님의 능력으로 그와 함께 살리라"(고후 13:4). "내가 이제 너희를 위하여 받는 괴로움을 기뻐하고 그리스도의 남은 고난을 그의 몸 된 교회를 위하여 내 육체에 채우노라"(골 1:24). 이 구절들은 그리스도께서 그의 몸으로 나무에 달리셔서 지셨던 고난의 대속적인 요소가 어느 정도 그의 몸된 교회의 고난의 특징이 된다는 사실을 가르쳐 주는 것입니다.

자기를 포기하고 주님 앞에 사람들의 죄짐을 지며 영혼들을 구하고자 노력하는 가운데 멸시와 부끄러움과 지침과 고통을 당하는 신자들은 그리스도의 남은 고난을 자기 육체에 채우고 있는 것입니다. 그리스도의 고난과 죽으심의 능력과 교제가 그리스도의 삶의 능력이 그들을 통하여 그들이 사랑으로 수고하고 있는 그 사람들에게 역사하는 것입니다. 빌립보서 3장에 나타나는 바대로 그리스도의 고난과의 교제와 그의 죽으심을 본받는 일 속에서 바울은 육체적으로 그리스도의 고난에 참여하였음은 물론 내적으로 영적으로도 그 고난에 참여한 것입니다.

물론 정도는 다 다르겠지만 우리들 각자의 경우도 그러해야 합니다. 우리 자신의 성화를 위한 것만이 아니라 동료들의 구원을 위한 자기 희생이야말로 자기 자신을 우리를 위해서 주신 그리스도와의 참된 교제 속에 들어가게 해 주는 것입니다.

이러한 생각을 실제로 적용하는 일은 매우 간단합니다. 우선 성령께서 우리를 가르치려고 애쓰신다는 사실을 보도록 힘씁시다. 그리스도를 닮는 일에 있어서 가장 본질적인 것이 바로 그의 죽으심을 닮는 것이듯이, 그의 죽으심을 닮는 일에 가장 본질적인 것은 다른 사람들을 하나님께로 나아가게 하기 위하여 우리의 생명을 포기하는 것입니다. 그것이야말로 모든 생각이 다른 사람들을 구원하는 일에 쏟아 부어져서 자기 자신을 구원하는 일은 아예 잊어버리는 그러한 죽음인 것입니다. 성령께서 빛을 비추사 우리가 이것을 보게 되도록 기도합시다.

    우리가 이 세상에 있는 목적이 그리스도께서 이 세상에 계셨던 목적과 동일하다는 것을 실제로 느끼기를 배워야 하겠습니다. 우리는 그리스도처럼 자기를 버리고 다른 사람을 사랑하고 섬기며 그들을 위하여 살고 죽기 위하여 이 세상에 있는 것입니다: "인자가 온 것은 섬김을 받으려 함이 아니라 도리어 섬기려 하고 자기 목숨을 많은 사람의 대속물로 주려 함이니라." 오, 하나님께서 은혜를 주사 그의 백성들이 자기들을 부르신 부르심을 알도록 허락해 주시기를 진정 바랍니다. 자기들이 자기들의 것이 아니요, 하나님의 것이요 또한 이웃 사람들의 것이라는 것을 깨닫게 된다면 얼마나 좋겠습니까? 그리스도께서 그러하셨으니, 그들 역시 오직 세상에 복이 되는 삶만을 살아야 하는 것입니다.

    그 다음, 이 진리를 실제로 체험하게 하기를 위해서 기다리고 있는 은혜가 있음을 믿읍시다. 우리가 그의 영광을 위하여 다른 사람들을 구원하는 일에 우리의 삶 전체를 드리는 것을 하나님께서 받아 주신다는 사실을 믿읍시다. 이렇게 하여 예수님의 죽으심을 본받는 일이 바로 성령께서 우리 속에서 이루어 가시는 일이라는 사실을 믿읍시다. 무엇보다 먼저 예수님을 믿읍시다. 각 심령을 취하여, 온전한 복종 가운데서 자신을 주께 의탁하고 그의 죽으심과 충만한 교제를 나누도록 역사하시는 분이 바로 예수님 자신이신 것입니다. 그렇습니다. 믿읍시다. 그리고 믿으면서 위로부터 은혜를 구합시다. 예수님의 역사하심이 위로부터 임하여 이 부분에서도 예수님을 닮게 되도록 합시다.

    그리고, 즉시 이 믿음을 행동에 옮기기 시작합시다. 실천에 옮기십시오. 예수님처럼 다른 사람들과의 교제 속에서 하나님을 위하여 죽고 살도록 온전히 드려진 존재로서 우리 자신을 바라보면서, 새로운 열정으로 영혼을 구원하는 일을 위하여 사랑의 사역을 시행하도록 합시다. 그리스도께서 그를 닮는 일을 이루시도록 기다리는 동시에, 성령께서 그리스도의 마음을 더욱 온전하게 우리에게 베푸시기를 신뢰하면서, 오직 다른 사람들에게 복이 되기 위하여 사시고 죽으신 그리스도를 따르는 자의 본분을 믿음으로 행동에 옮기기 시작합시다.

우리의 사랑이 친절과 온유와 따뜻함으로 일상 생활에서 만나는 모든 사람들에게 비치도록 그렇게 할 일을 할 수 있는 길을 열도록 합시다. 사랑으로 간구하는 일에 힘쓰며 하나님께서 우리를 기도 응답의 도구로 사용하시도록 그를 바라봅시다. 위로부터 사명과 능력을 받은 자들로서 예수님을 위하여 말하고 예수님을 위하여 일합시다. 그것이 축복을 확실하게 만들어 주는 것입니다. 영혼 구원을 우리의 목표로 삼읍시다. 주께서 그의 추수를 위하여 보내시는 추수꾼들의 큰 무리에 동참합시다.

우리가 아직 모를지라도, 다른 사람들을 하나님께로 인도하는 일을 위하여 우리의 목숨을 드리는 일이야말로 자기에게 죽는 가장 복된 방법이요, 인자께서 그러셨던 것처럼 잃어버린 자들의 종이요 구주가 되는 가장 복된 길이라는 것을 알게 될 것입니다.

오, 그리스도를 닮는 일이 얼마나 복되며 말할 수 없이 놀라운지요! 그가 사람들을 위해 자기 자신을 드리셨지만, 자기 자신을 그들을 위한 희생물로 하나님께 드리시고서야 비로소 그들에게 진정으로 나아가실 수가 있으셨습니다. 한 알의 밀이 죽어야 거기서 생명이 돋아 나오는 것입니다. 그리고 나서 거기서 축복이 거대한 능력으로 꽃피어 나는 것입니다. 내가 사람들을 사랑하고 섬기려고 애를 쓸 수도 있습니다.

그러나 나 자신을 하나님께 드리고 나의 생명을 그들을 위하여 하나님의 손에 온전히 맡길 때에 비로소 그들에게 영향을 주고 그들에게 복을 줄 수가 있는 것입니다. 나 자신을 제단 위에 제물로 드려서 잃어버릴 때에야 비로소 내가 주의 능력 가운데서 사람들에게 진정 축복이 될 수가 있는 것입니다. 나의 영혼을 하나님의 손에 의탁하여야 주께서 사용하시고 나를 축복하실 수가 있는 것입니다.

오 지극히 복되신 하나님! 나더러 이웃 사람들을 위하여 나 자신을, 나의 목숨을, 전적으로, 죽음에 이르기까지 주님께 드리라고 하시옵니까? 주님의 말씀을 제가 올바로 들은 것이라면, 과연 주께서는 바로 그것을 바라고 계시옵니다.

오 하나님! 주께서 진정 나를 소유하고 계시옵니까? 그리스도 안에서 내가 그와 같이, 그의 몸의 지체로서 내 주위의 사람들을 위해 살고 죽도록 허락하시겠나이까? 내가 깊은 믿음 가운데서 나 자신을 죽음의 제단 위에 놓이신 그리스도의 옆에 내려 놓고 그리스도와 함께 십자가에 달리며 사람들을 위하여 주께 산 제물이 되도록 허락하시겠나이까? 주님! 이 정말로 놀라운 은혜에 대해서 주님을 찬양하옵니다. 이제 내가 주께로 나아와 나 자신을 드리옵니다. 오, 성령의 은혜가 분명하고도 실질적으로 내게 효과를 내게 하시옵소서! 주여! 내가 여기 있나이다. 나를 주께 드리오니, 주께서 구원하고자 하시는 자들을 위해서만 살게 하시옵소서.

복되신 예수님! 오셔서 내 속에서 주의 마음과 사랑이 숨쉬게 하옵소서. 나를 소유로 취하시며, 사람들을 위하여 온전히 주님께 드려진 자로서 나의 생각이 생각하게 하시고, 나의 마음이 느끼게 하시고, 나의 힘이 일하게 하시고, 나의 생명이 살게 하시옵소서. 그 사실을 내 마음에 새겨 놓으시옵소서. "이제 그 일은 이루어졌다. 내가 하나님께 드려진 바 되었다. 하나님께서 나를 취하셨다"고 말이옵니다. 날마다 나를 주의 손 안에 두시고, 주께서 나를 사용하시는 것을 기대하게 하시고 확신하게 하옵소서. 주께서 자신을 드리신 이후에 능력의 삶이 이어졌고, 축복이 충만하게 흘러 넘쳤나이다. 주의 백성에게도 똑같은 일이 있게 하시옵소서. 주의 이름이 영광을 받으시옵소서. 아멘.

제26일 그의 온유하심처럼

"네 왕이 네게 임하나니 그는 겸손하여 나귀, 곧 멍에 메는 짐승의 새끼를 탔도다"
— 마 21:5
"나는 마음이 온유하고 겸손하니 나의 멍에를 메고 내게 배우라 그리하면 너희 마음이 쉼을 얻으리니" — 마 11:29

이 두 말씀 가운데 첫 번째 말씀은 우리 주 예수님께서 십자가를 향하여 나아가시는 장면에 대해서 기록하고 있습니다. 예수님의 온유하심은 특별히 그가 고난당하시는 중에 드러났습니다. 예수님을 따르는 여러분, 그리스도의 십자가 그늘 아래 자리를 잡고 기꺼이 거기서 여러분의 죄를 위하여 죽임당하신 어린양을 바라보시는 여러분, 주님이 고난당하신 하나님의 어린양으로서 행하신 일 가운데 여러분이 주님의 형상을 취하고 날마다 주님처럼 되어야 할 부분이 있다는 사실이 귀하게 여겨지지 않습니까? 주님이 그러하셨듯이, 여러분도 온유하고 겸손해질 수가 있는 것입니다.

온유함이란 거칠거나 날카롭거나 쓰라린 모든 것과 정반대되는 것입니다. 그것은 우리보다 밑에 있는 자들을 측은히 여기도록 만드는 그런 기질을 가리킵니다. 사역자들은 자기들을 대적하는 자들을 온유함으로 교훈하여야 하며, 잘못을 범하는 자들도 그런 자세로 가르쳐서 돌이켜야 합니다(갈 6:1; 딤후 2:25). 또한 온유함은 우리보다 위에 있는 자들을 향한 우리의 자세를 표현하기도 합니다. 우리는 "마음에 심긴 도를 온유함으로 받아야" 합니다(약 1:21). 아내가 남편에게 복종하는 자세를 취할 때에는 반드시 온유하고 고요한 심령으로 그렇게 해야 합니다. 그것이 하나님 보시기에 큰 가치가 있는 것입니다(벧전 3장). 성령의 열매 가운데 하나인 이 온유함이 우리의 동료 그리스도인들과의 일상적인 교류의 특징이 되어야 함은 물론 우리가 만나는 모든 사람들과의 교제에서도 그것이 드러나야 하는 것입니다(엡 4:2; 갈 5:22; 골 3:12; 딛 3:2). 온유함이 성경에서 겸손과 더불어 언급되고 있는데, 그 이유는 겸손이 바로 다른 사람들에게 온유함을 드러내게 하는 내적인 기질이기 때문입니다.

하나님의 아들의 형상을 장식하는 사랑스런 덕목 가운데서 그러한 모범을 드러내야 할 사람들에게서 가장 잘 나타나지 않는 것이 바로 이것일 것입니다. 예수님의 제자들 가운데서도 영혼을 향하여 사랑이 풍성하며, 다른 사람들을 구원하는 일을 위하여 섬김도 많고, 하나님의 뜻을 이루는 열정도 대단하면서도, 정작 이 점에 있어서 계속해서 부족함을 보이는 사람들이 많이 보입니다. 그런 부족한 모습은 전혀 예기치 않은 상태에서 갑자기 상처를 받거나 모욕을 받을 경우에 아주 잘 드러납니다.

가정에서나 바깥에서나 흥분이나 분노를 억제하지 못하고 발산하고 난 후 하나님 안에 있는 온전한 영혼의 안식을 잃어버렸다고 고백하는 경우를 많이 봅니다. 어쩌면 다른 무엇보다도 이 문제를 위해서 더 많은 기도를 하기도 할 것입니다. 배우자나 자녀들, 혹은 하인들과의 교제나, 회사나 혹은 사업 현장에서 항상 감정을 절제하고 그리스도의 온유함과 부드러우심을 드러낼 수만 있게 된다면, 모든 것을 다 주고 싶어할 것입니다. 그것을 사모하면서도 온유함의 비결을 발견하지 못한 수많은 사람들이 경험하는 실망과 좌절감은 말로 다할 수가 없을 것입니다.

온유함을 위해서는 철저한 자기 절제가 필요합니다. 그래서 어떤 이들은 온유함이 자기들로서는 불가능하다고 생각하면서 이 덕목은 특정한 본성적인 성향에 속한 자들에게만 해당되기 때문에 그것과 정반대되는 성격을 지닌 자기들로서는 도저히 시행할 수가 없다는 식으로 생각하여 위로를 받습니다. 자신을 정당화하기 위해서 온갖 구실을 다 찾습니다: "그렇게 무례하게 행동할 의도는 없었다. 말이나 감정이 날카롭게 표출된다 하더라도 마음 속으로는 여전히 사랑하고 있다. 지나치게 부드러운 것도 좋지 않다. 그 때문에 악이 조장될 수도 있지 않은가."

이렇게 해서 하나님의 어린양의 거룩하신 온유함을 전적으로 닮으라는 부르심이 완전히 힘을 잃어버리고 맙니다. 그리고 그리스도인들도 결국은 다른 사람들과 별로 차이가 없다는 신념으로 세상이 강화됩니다. 말은 하면서도, 그리스도께서 마음과 삶을 그의 형상을 따라 변화시키신다는 것을 보여 주지를 못합니다. 그리하여 영혼이 자신을 상하게 만들며, 그리스도의 교회에 말할 수 없는 해가 끼쳐집니다. 하나님의 형상과 모양을 지니고 드러내는 이 놀라운 구원의 축복을 적용하는 일에 불성실했기 때문입니다.

이 은혜는 하나님 보시기에 엄청나게 가치 있는 것입니다. 구약에는 온유한 자들에 대하여 복된 약속들이 많습니다. 예수님께서는 그 모든 것들을 하나로 묶어서 말씀하시기를, "온유한 자는 복이 있나니 그들이 땅을 기업으로 받을 것임이요"라고 하셨습니다(시 25:9; 76:9; 잠 3:34; 렘 2:3 등을 보십시오). 신약에서는, 초자연적이며 도저히 무엇과 비교할 수 없는 우리 주님의 형상의 아름다움이 바로 그의 온유하심에 있음을 말씀하면서 그것을 칭송하고 있습니다. 온유한 심령이야말로 하나님 보시기에 큰 가치가 있습니다. 그것은 사랑하시는 아들의 가장 아름다운 장식인 것입니다. 아버지께서는 그의 자녀들에게 다른 무엇보다도 온유함을 따르라고 권면하십니다. 온유함이야말로 가장 높은 덕목인 것입니다.

온유함을 소유하기를 사모하는 자들에게 그리스도의 다음과 같은 말씀은 정말로 위로와 격려가 가득 찬 것입니다: "나는 마음이 온유하고 겸손하니 나의 멍에를 메고 내게 배우라." 주께서 온유하시다는 것을 배우면 우리에게 어떤 유익이 있을까요? 주님의 온유하심을 보게 되면 우리 자신에게 그것이 없다는 것을 발견하고서 더욱 고통이 커지지 않을까요? 그렇게 되면 어떻게 하면 온유해질 수 있는지 가르쳐 주시기를 주께 구하게 됩니다. 그 대답은 바로, "나는 마음이 온유하니 내게 배우라"는 것입니다.

우리는 온유함과 기타 우리 주 예수님의 다른 은혜들을 선물로 알아서 그것들을 실천하기 전에 먼저 의식해야 할 것으로 취급할 위험이 있습니다. 그러나 이것은 믿음의 길이 아닙니다. "모세는 … 얼굴 꺼풀에 광채가 나나 깨닫지 못하였더라"(출 34:29). 그는 하나님의 영광만을 보았던 것입니다. 온유해지기를 위해 힘쓰는 영혼은 예수님께서 온유하시다는 것을 배워야 합니다. 시간을 갖고서 주님의 온유하심을 바라보아야 합니다. 그래서 우리 마음이 충만한 감동을 받도록 되어야 합니다. 오직 주님만이 온유하십니다. 오직 주님에게서만 온유함을 찾을 수가 있습니다. 이 사실을 깨닫기 시작하면, 우리는 이 온유하신 분이 구주 예수님이시라는 진리를 우리 마음 속에 새기게 될 것입니다. 그의 모습 전체가, 그가 지니신 모든 것이 전부 구속함을 받은 그의 백성들을 위한 것입니다. 그러므로 그의 온유하심도 우리에게 전달되어야 할 것입니다.

그러나 주님은, 말하자면 무언가를 우리에게 내어던지듯이 그렇게 그것을 우리에게 심어주시지 않습니다. 아닙니다! 오직 주님만이 온유하시다는 것을 우리가 배워야 합니다. 그리스도께서 마음과 삶 속에 들어오셔서 그것을 소유로 취하실 때에 비로소 자신의 온유하심을 친히 가져다주시는 것입니다. 예수님의 온유하심이 우리에게 있어야만 비로소 우리가 온유해질 수 있는 것입니다.

주님께서 이 땅에 계실 때에 제자들을 온유하고 겸손한 자로 만드시려고 애쓰셨지만 거의 성공을 거두지 못하신 사실을 잘 압니다. 그 이유는 주님이 아직 새 생명을 취하시기 전이었고 부활을 통해서 성령을 그들에게 주시기 이전이었기 때문입니다. 그러나 지금은 주께서 하실 수 있습니다. 그 이후로 주님은 하나님의 능력의 보좌 우편으로 올리사 우리의 마음 속에서 다스리시며, 모든 원수를 정복하시고 우리 속에서 그 자신의 거룩한 생명을 지속시켜 가고 계십니다. 예수님은 이 땅에 계실 때에 우리의 가시적인 모범이셨습니다. 그래서 우리는 그에게서 그가 하늘로부터 우리에게 주실 그 감추어진 생명이 어떤 것일지, 그 자신이 우리 속에서 이루실 모습이 어떨지를 볼 수가 있게 된 것입니다.

"나는 마음이 온유하고 겸손하니 나의 멍에를 메고 내게 배우라"고 하십니다. 감정을 억제하고 삭이는 일이 어렵다고 구속함을 받은 백성들이 토로하는 모든 불평의 말에 대하여 우리 주님께서는 이 말씀을 끊임없이 우리의 귀에 외치고 계시는 것입니다.

오 나의 형제 여러분! 여러분의 예수님, 생명이요 힘이신 예수님께서, 온유하고 겸손하신 분께서 여러분에게 그 자신의 온유하심을 베풀어 주시지 않을 이유가 대체 무엇이란 말입니까?

그러므로 오직 믿는 것밖에는 없습니다! 예수님께서 그 자신의 온유하신 심령으로 여러분의 마음을 가득 채우실 수 있다는 것을 믿으시기 바랍니다. 예수님께서 친히 그의 성령을 통하여, 여러분이 그렇게도 애썼지만 결국 실패하고 만 그 일을 여러분 속에서 이루실 것을 믿으시기를 바랍니다. "보라! 네 왕이 네게 임하나니, 그는 온유한 자로다." 그분을 환영하고 여러분 마음 속에 거하시게 하십시오. 그분이 자기 자신을 여러분에게 나타내시기를 기대하십시오. 모든 것이 바로 여기에 달려 있습니다. 주님이 온유하시며 마음이 겸손하시다는 것을 배우십시오. 그러면 여러분의 영혼이 쉼을 얻게 될 것입니다.

귀하신 구주여! 성령님의 역사하심을 통하여 내가 주께 가까이 나아가 주의 온유하심을 나의 삶 속에 발휘하도록 허락해 주시옵소서. 주님, 주님은 요구하되 주지는 않는 모세처럼 그렇게 주님의 온유하심을 제게 보여주시지 않으셨사옵니다. 주님은 모두를 죄에서 구원하시고 그 대신 주님의 그 거룩하심을 주시는 예수님이시옵니다. 주여, 주의 온유하심은 주께서 내게 주신 구원의 일부이옵나이다. 그것이 없이는 아무것도 할 수 없나이다. 그것이 없이 어떻게 내가 주를 영화롭게 하리이까?

주여, 주께서 온유하심을 내가 배우리이다. 복되신 주님, 나를 가르쳐 주옵소서. 그리고 주께서 언제나 나와 함께 계시며 언제나 나의 생명이 되사 내 속에 계시다는 것을 내게 가르쳐 주시옵소서. 내가 주님 안에 거하며 주께서 내 속에 거하시오니, 내게는 온유하신 주님이 계시사 나로 하여금 주님처럼 되도록 나를 도우시고 또한 그렇게 만드시나이다.

오 거룩하시며 온유하신 주여! 주님은 이 땅에 강림하실 때에 그저 짧은 한순간에 오셨다가 다시 하늘로 돌아가시지 않으셨사옵니다. 주님은 처소를 찾으러 오셨나이다. 내가 주님께 내 마음을 드리옵니다. 오셔서 내 마음 속에 거하시옵소서.

  복되신 하나님의 어린양이시요 나의 구원자시요 보혜사이신 주님, 주님을 바라보나이다. 주께서 주의 온유하심으로 내 속에 거하게 하시리이다. 주의 거하심으로 말미암아 주께서 나를 주의 형상을 닮게 하시리이다. 오 주여, 오시옵소서. 주의 풍성하시며 값없으신 은혜로 내게 베푸시옵소서. 지금 내가 주를 기다리오니 나의 왕이신 주께서 주의 온유하신 모습을 내게 보이시옵소서. 내 속에 오사 주님을 위하여 나를 소유하옵소서.

  "귀하시며 온유하시며 거룩하신 예수여,
    내 마음의 복된 신랑이시여,
    주의 은밀한 내실에서,
    주께서 주의 모습을 내게 보이시리이다. 아멘."

제27일 하나님의 사랑 안에 거하심처럼

"아버지께서 나를 사랑하신 것같이 나도 너희를 사랑하였으니 나의 사랑 안에 거하라 내가 아버지의 계명을 지켜 그의 사랑 안에 거하는 것같이 너희도 내 계명을 지키면 내 사랑 안에 거하리라" — 요 15:9-10

우리의 복되신 주님은 "내 안에 거하라"고 하셨을 뿐 아니라, 또한 "나의 사랑 안에 거하라"고 말씀하셨습니다. 주님 안에 거하는 일에 있어서 중요한 것은 주께서 우리를 사랑하사 자기 자신을 우리에게 주신 그 놀라운 사랑 속으로 들어가 거기에 거하며 그 속에 뿌리를 내리는 일입니다. "사랑은 … 자기의 유익을 구하지 아니하며"(고전13:5)라고 했습니다. 사랑은 언제나 자기 바깥으로 나아가 사랑하는 자와 함께 살고자 합니다. 언제나 자기를 열고 그 팔을 넓게 펴서 그 대상을 받아들이고 붙잡습니다. 그리스도의 사랑도 우리를 소유하기를 원합니다. 그리스도 안에 거한다는 것은 하나의 강렬한 인격적인 관계를 갖는 것입니다. 그것은 무한한 사랑이신 주님과의 교제 속에 우리 자신을 온전히 몰입시키는 것이요, 주님께로부터 사랑을 받는 경험 속에서 우리의 생명을 찾는 것입니다. 그것은 다른 어디에서도 말고 오직 주의 사랑에서 참된 거처를 찾는 것입니다.

하나님의 사랑 안에 거하는 이 생명을 그 신적인 아름다움과 복과 함께 우리에게 드러내 보여 주시기 위해서, 예수님은 우리를 향한 자신의 사랑이 ― 우리는 그 사랑 안에 거하여야 합니다 ― 그를 향한 아버지의 사랑과 동일하다는 사실을 말씀하십니다. 우리가 그리스도의 사랑 안에 거하여야 하듯이, 주님도 아버지의 사랑 안에 거하시는 것입니다. 그의 사랑 안에 거하는 일을 과연 놀랍고 아름다운 것으로 만들기 위해서 필요한 것이 있다면, 바로 이것이 그것임에 틀림없습니다. 바로, "아버지께서 나를 사랑하신 것같이 나도 너희를 사랑하였으니 나의 사랑 안에 거하라"는 말씀 말입니다. 이 말씀을 그대로 따른다면, 우리의 삶이 그리스도를 닮게 되고, 무한한 사랑을 우리 속에 품고 있다는 그 귀한 의식 가운데서 말할 수 없는 복을 누릴 것입니다.

바로 이것이 그리스도의 놀라운 생애의 비결이었고 죽음을 눈앞에 두고서도 그렇게 강하실 수 있었던 비결이었음을 우리는 잘 알고 있습니다. 주님이 세례를 받으실 때에 하늘에서 소리가 나서 이르기를, "이는 내 사랑하는 아들이요 내 기뻐하는 자라"(마 3:17)고 했습니다만, 성령께서 전해 주신 이 하늘의 메시지가 주님의 속에서 살아 있는 능력을 끊임없이 발휘하였던 것입니다. "아버지께서 아들을 사랑하시니"라는 말씀을 우리는 한 번 이상 접할 수 있습니다만(요 3:35; 5:20), 그리스도께서는 그것을 그의 최고의 복으로 말씀하고 계십니다: "아버지께서 … 나를 사랑하심같이 그들도 사랑하신 것을 세상으로 알게 하려 함이로소이다 … 아버지께서 창세 전부터 나를 사랑하시므로 … "(요 17:23-24). "이는 나를 사랑하신 [아버지의] 사랑이 그들 안에 있고 나도 그들 안에 있게 하려 함이니이다"(요 17:26). 우리가 우리 주위에서 비치는 태양 빛 아래에서 날마다 행하고 사는 것처럼, 예수께서는 하루 종일 언제나 그의 위에 내리쪼이는 아버지의 사랑의 영광스러운 빛 속에서 사신 것입니다. 하나님의 사랑하는 자이셨기 때문에 그가 하나님의 뜻을 행하실 수 있으셨고 또한 그의 사명을 이루실 수 있으셨던 것입니다.

이와 꼭 마찬가지로, 우리는 예수님의 사랑하는 자들입니다. 아버지께서 그를 사랑하셨듯이, 예수님도 우리를 사랑하고 계십니다. 그러므로 우리에게 필요한 것은 시간을 갖는 것입니다. 그래서 우리 주위의 모든 것에 대해 눈을 감고서 경배하며 기다려서 예수님의 마음을 통하여 하나님의 그 무한하신 사랑이 그 능력과 영광 가운데서 우리에게 흘러나오는 것을 몸소 보는 것입니다. 그 사랑은 자기 자신을 알리며 우리를 온전히 소유하기를 힘쓰고 있습니다. 자기 자신을 우리에게 집으로, 또한 거처할 곳으로 제공하는 것입니다.

오, 그리스도인이 시간을 갖고서, "나는 주의 사랑하시는 자다. 아버지께서 예수님을 사랑하신 것과 똑같이 예수님이 나를 매 순간마다 사랑하신다"라는 놀라운 생각을 마음에 가득 채우게 되기만 한다면 얼마나 좋겠습니까! 그렇게 되면, 우리의 믿음이 얼마나 크게 자라겠습니까! 그리스도께서 사랑을 받으신 것처럼 우리가 그렇게 사랑을 받는다는 것을 믿게 되고, 그리하여 주님이 행하신 대로 우리도 행하게 되지 않겠습니까!

그러나, 여기서 두 번째 사실도 함께 생각해야 합니다. 우리가 거하여야 할 그 사랑이 주님이 거하셨던 사랑을 닮았지만, 또한 우리가 그 사랑 안에 거하는 방식도 주님이 거하신 방식과 동일하다는 것입니다. 그리스도께서는 이 세상에 강림하실 때에 아들로서 아버지의 사랑 안에 거하셨습니다. 그러나 그 사랑을 계속해서 누리고 그 안에 거하실 수 있으셨던 것은 오로지 순종을 통해서였습니다.

그리고 이러한 순종에는 희생이 따랐습니다. 예, 그렇습니다. 주님 자신의 뜻을 포기하고 자신의 고난당하심을 통해서 순종을 배우셨고, 십자가에 달려 죽기까지 순종하셨습니다. 그리하여 주님은 아버지의 계명을 지키셨고 그리하여 그의 사랑 안에 거하셨던 것입니다. "아버지께서 나를 사랑하시는 것은 내가 다시 목숨을 얻기 위하여 목숨을 버림이라 … 이 계명은 내 아버지에게서 받았노라"(요 10:17-18). "나를 보내신 이가 나와 함께하시도다 내가 항상 그의 기뻐하시는 일을 행하므로 나를 혼자 두지 아니하셨느니라"(요 8:29).

그리고 이렇게 하여 우리에게 주님의 모범을 보여 주셔서 순종의 길이 확실하게 하나님의 임재와 사랑과 영광으로 이끌어 준다는 사실을 증명하신 후에, 주님은 우리에게 자기를 따르라고 초청하고 계시는 것입니다. "내가 아버지의 계명을 지켜 그의 사랑 안에 거하는 것같이 너희도 내 계명을 지키면 내 사랑 안에 거하리라."

그리스도처럼 순종하는 것이 그리스도처럼 하나님의 사랑을 누리는 길인 것입니다. 그 순종의 길이 얼마나 확실하게 하나님의 임재 속에 들어가게 해 주는지 모릅니다. "자녀들아 우리가 말과 혀로만 사랑하지 말고 오직 행함과 진실함으로 하자 이로써 우리가 진리에 속한 줄을 알고 또 우리 마음을 주 앞에서 굳세게 하리로다"(요일 3:18-19). "사랑하는 자들아 만일 우리 마음이 우리를 책망할 것이 없으면 하나님 앞에서 담대함을 얻고 무엇이든지 구하는 바를 그에게 받나니 이는 우리가 그의 계명들을 지키고 그 앞에서 기뻐하시는 것을 행함이라"(요일 3:21-22).

그러한 순종이 사람들 앞에서 얼마나 담대함을 갖게 하는지요! 그리고 사람들의 인정의 수준을 넘어서게 만들어 줍니다. 왜냐하면 우리는 하나님의 명령에 따라서 움직이며, 우리로서는 그저 명령에 순종하는 것밖에는 없다고 느끼기 때문입니다. 그리고 이러한 순종이 어려움과 위험을 만날 때에 우리를 얼마나 담대하게 만들어 주는지 모릅니다. 우리는 하나님의 뜻을 행하고 있는 것이며, 따라서 실패든 성공이든 하나님께 모든 책임이 돌아가기 때문에 담대해지지 않을 수가 없습니다.

하나님께 직접적으로 전적으로 순종하리라는 생각으로 가득 차 있는 마음은 세상의 수준을 넘어서서 하나님의 뜻에 이르게 되며 하나님의 사랑이 그에게 거하는 곳에까지 이르게 되는 것입니다. 그리스도처럼, 그런 사람은 하나님의 사랑 안을 거처로 삼은 사람인 것입니다.

그리스도께로부터 우리는 이러한 순종의 정신이 우리의 삶을 지배하게 한다는 것이 무슨 의미인지 배우기를 힘써야 하겠습니다. 그것은 의존의 정신을 뜻합니다. 곧, 우리에게는 우리 자신의 뜻을 행할 권리도 그럴 마음도 없다는 고백입니다. 그런 정신은 가르침을 받을 자세를 갖춘 정신이라고도 할 수 있습니다. 전통이나 편견, 그리고 습관의 영향이 얽어매려 한다는 것을 의식하고서, 사람에게서 나오는 것을 법으로 삼지 않고 오직 하나님 자신만을 법으로 삼습니다. 하나님의 말씀을 아무리 주의 깊게 연구해도 하나님의 뜻이 지닌 영적 능력을 거의 잘 깨달을 수 없다는 것을 의식하고서, 성령의 다스림 아래 인도함을 받기를 힘쓰며 전적으로 그 다스림 아래 있기를 힘쓰는 것입니다. 자신이 진리와 의무를 보는 시각이 매우 부분적이며 결점이 많다는 것을 알고 있기 때문에 하나님께서 친히 더 깊은 생각과 더 높은 삶을 향하여 이끌어 주시기를 바라며 기다리는 것입니다.

순종의 정신은 다음의 하나님의 말씀에 아주 두드러지게 나타납니다: "너희가 너희 하나님 나 여호와의 말을 들어 순종하고 내가 보기에 의를 행하며 내 계명에 귀를 기울이며 내 모든 규례를 지키면"(출 15:26). 명령이 양심이나 과거의 기억이나 혹은 책에서 나오는 것이 아니라 성령을 통해서 말씀하시는 주님의 살아 있는 음성에서 나올 때에, 비로소 순종이 가능해지며, 또한 그 음성에 대한 순종이 하나님께 열납된다는 것을 이 말씀이 전제하고 있는 것입니다. 아버지의 인격적인 지시하심을 따르고 그를 섬김으로써만 순종이 충만한 가치를 지니고, 그에 대한 충만한 축복을 받게 되는 것입니다.

순종의 정신은 제단 위에서 하나님께 드려진 상태로 사는 일에 최대의 관심을 기울입니다. 하나님의 복되신 뜻이 드러날 때마다 눈과 귀를 기울여서 하나님께로 향하는 것입니다. 순종의 정신은 자기 스스로를 위해서 옳은 일을 행하는 것으로 만족하지 않습니다. 모든 일을 하나님과의 인격적인 관계 속으로 가져와서 그 일을 주님을 향하여 행하는 것입니다. 이러한 순종은 삶의 모든 순간과 모든 발걸음이 하나님과의 교제가 되기를 원합니다. 일상 생활의 사소한 일에서조차 의식적으로 아버지께 순종하는 것이 되기를 원합니다. 왜냐하면 작은 일에서 그렇게 되어야만 더 큰 일에서도 그럴 수 있기 때문입니다. 순종의 정신은 하나님의 뜻이 승리를 거두어 하나님께 영광이 되기를 진지하게 바랍니다.

그리고 그런 바람을 이루는 한 가지 수단을 갖고 있습니다. 곧, 마음과 힘을 다하여 날마다 매 순간마다 그 뜻을 이루어 나가는 것이 그것입니다. 그리고 그 순종에게 주어지는 충족한 상급은 바로 이것입니다. 곧, 하나님의 뜻을 통하여 더 깊은 하나님의 사랑 속으로 들어가는 통로가 그리스도 자신에 의해서 활짝 열려 있다는 것을 아는 것이 그것입니다: "너희도 내 계명을 지키면 내 사랑 안에 거하리라."

오, 이 복된 그리스도를 닮은 순종이여! 그 순종이 바로 그리스도처럼 하나님의 사랑 안에 거하도록 이끌어 주는 것입니다. 이를 이루기 위해서 우리는 그리스도를 더욱 알아가야 합니다. 주님은 자신을 비우셨고, 자신을 낮추셨고, 순종하셨습니다. 주께서 우리도 그렇게 비우시고 낮추시기를 바랍니다. 주님은 하나님의 학교에서 순종을 배우셨고, 그리하여 온전하게 되사 그를 순종하는 모든 이들에게 영원한 구원의 주인이 되셨습니다. 우리는 우리 자신을 내어 놓고 주님께로부터 순종을 배워야 합니다. 주님께서 자기 스스로 아무것도 하지 않으시고 아버지께로부터 보고 들으신 것만을 행하신 사실에 대해서 주님께서 친히 가르치시는 말씀을 귀담아 들어야 합니다.

아버지께 전적으로 의지하고 계속해서 아버지 앞에서 기다리는 일이 바로 주님의 순종의 뿌리였으며, 이것이 또한 아버지의 더 깊은 비밀들을 점점 더 알아가는 비결이었습니다(요 5:19-20). 하나님의 사랑과 사람의 순종은 마치 함께 잘 들어맞는 자물통과 열쇠와도 같습니다. 그리고 그 열쇠를 자물통에 끼워 맞추게 하는 것은 하나님의 은혜입니다. 열쇠를 사용하여 자물통을 열고 사랑의 보화들을 꺼내어 누리는 것은 바로 사람입니다.

그리스도의 모범과 말씀에 비추어 볼 때에, 과거로부터 그의 백성들에게 하신 하나님의 말씀이 얼마나 새롭게 다가오는지 모릅니다! "내가 네게 큰 복을 주고 네 씨로 크게 번성하여 하늘의 별과 같고 바닷가의 모래와 같게 하리니 … 이는 네가 나의 말을 준행하였음이니라"(창 22:17-18). "세계가 다 내게 속하였나니 너희가 내 말을 잘 듣고 내 언약을 지키면 너희는 모든 민족 중에서 내 소유가 되겠고"(출 19:5). "네가 만일 내 하나님 여호와의 말씀만 듣고 내가 오늘날 네게 내리는 그 명령을 다 지켜 행하면 네 하나님 여호와께서 네게 기업으로 주신 땅에서 네가 반드시 복을 받으리니"(신 15:4-5).

사랑과 순종은 과연 하나님과 사람 사이의 놀라운 교제에 속한 두 가지 큰 요인이 되는 것입니다. 하나님의 사랑은 자기 자신과 자신이 가지신 모든 것을 사람에게 주시는 것입니다. 그 사랑 안에 거하는 신자의 순종이란 자기 자신은 물론 자신이 가진 모든 것을 하나님께 드리는 것입니다.

우리는 근자에 들어서 완전한 굴복과 전적인 헌신에 대해서 많은 말씀을 들어왔고, 하나님께서 그 말씀들을 통해서 주신 그 모든 축복에 대해 수천 번 이상 하나님께 찬양을 드렸습니다. 여기서 한 가지 주의해야 할 것은, 그 축복들에 지나치게 관심을 쏟고 그 축복의 체험을 누리기를 구하고 또한 그런 축복을 체험하는 상태를 계속 유지하기를 애쓰는 나머지, 하나님의 뜻을 단순하고도 단호하게 시행하는 일을 간과하는 일이 있어서는 안 된다는 것입니다. 하나님께서 즐겨 하시는 이 말씀을 붙잡고 사용하도록 합시다: "순종이 제사보다 낫다"(삼상 15:22).

순종이 없다면 자기 희생은 아무것도 아닙니다. 그리스도의 희생이 그렇게 향기로운 제물로 받아들여진 것은 바로 그리스도께서 종으로서, 또한 아들로서, 온유하고 겸손하게 순종하셨기 때문입니다. 마찬가지로 우리가 겸손하고 어린아이 같은 순종으로 먼저 아버지의 음성을 조용히 듣고 그 다음에 아버지께서 보시기에 옳은 일을 행할 때에 비로소 아버지께서 과연 우리를 기뻐하신다는 것을 목도하게 될 것입니다.

독자 여러분! 예수님을 순종하되 그렇게 단순하게, 그렇게 단호하게 하여 그의 사랑 안에 거하는 것 ― 바로 이것이 우리의 삶이 되어야 하지 않겠습니까?

오 나의 하나님! 하늘의 삶과 땅의 삶 사이의 놀라운 교류를 주께서 내 앞에 두사 보게 하시니 내가 무어라 말하오리이까? 사람이 자기를 드려서 주의 음성과 뜻을 순종하여 이 땅에서 하나님의 사랑과 언제나 함께하는 삶을 살 수 있으며, 또한 그런 삶이 얼마나 말할 수 없이 복된 삶인지를 우리의 복되신 주님이신 아드님께서 친히 보여 주셨고 증명해 주셨사옵나이다. 그리고 아드님께서 우리의 머리요 우리의 생명이시니, 우리도 주님처럼 살고 행할 수 있다는 것을 아옵나이다. 우리의 영혼이 언제나 주의 사랑 속에 거하며 즐거워하게 하시옵소서. 우리가 연약하오나 우리로 하여금 주의 계명을 주를 위하여 지키게 하옵소서. 오 나의 하나님! 우리가 이렇게 성령의 인도하심을 따라 그리스도처럼 순종함으로 그리스도처럼 사랑 안에 거하도록 부르심을 받았다는 사실이 얼마나 놀라운지요!

　복되신 예수님! 주께서 이 땅 위에 그런 삶을 베푸셨고 나를 이끄사 그 삶을 나누게 하셨으니 과연 어떻게 주를 찬양하오리이까? 오 나의 주여! 주께서 아버지의 계명을 지키셨듯이 나도 내 자신을 새롭게 드려서 주의 계명을 지키올 뿐이니이다. 주여! 주님의 복된 순종의 비결을 내게 베풀어 주시옵소서. 열린 귀를 주시고, 또렷한 눈을 주시며, 온유하고 겸손한 마음을 주셔서 어린아이와 같이 모든 것을 버리고 오직 주께서 사랑하는 아버지께 행하셨듯이 그렇게 순종하게 하시옵소서. 구주 예수님! 내 마음을 주의 사랑으로 가득 채워 주소서. 그 사랑에 대한 믿음과 체험 가운데서, 나도 주님처럼 행하오리이다. 주여! 주의 계명을 지키며 주의 사랑 안에 거하는 것 ― 이것만이 나의 삶이 되게 하시옵소서. 아멘.

제28일 성령의 인도하심을 받으심처럼

"예수께서 성령의 충만함을 입어 요단 강에서 돌아오사 광야에서 사십 일 동안 성령에게 이끌리시며" — 눅 4:1

"오직 성령의 충만을 받으라" — 엡 5:18

"무릇 하나님의 영으로 인도함을 받는 사람은 곧 하나님의 아들이라" — 롬 8:14

주 예수님은 이 세상에 탄생하실 때부터 성령께서 그 안에 거하셨습니다. 그러나 아버지께로부터 특별한 성령의 역사하심이 그에게 필요한 때도 있었습니다. 그가 세례를 받으실 때가 그러했습니다. 성령께서 그의 위에 강림하시는 일 — 물 세례 시에 성령 세례가 이루어진 것입니다 — 이 정말로 일어난 것입니다. 그리하여 주님은 성령으로 충만해지셨습니다. 요단 강 골짜기에서 그는 성령의 충만함을 입고 돌아오셨고, 그 이후로 성령의 인도하심을 더욱 두드러지게 체험하셨습니다. 광야에서 주님은 자기 자신의 신적인 능력으로가 아니라 성령의 인도하심을 받고 성령의 강건하게 하심을 받은 사람으로서 마귀와 싸우셔서 승리를 거두셨습니다. "그가 범사에 형제들과 같이 되심이 마땅하도다"(히 2:17)라고 말씀했는데, 이 점에서도 그렇습니다.

  이 진리의 역(逆)도 역시 사실입니다. 곧, 형제들이 범사에 주와 같이 되심이 마땅한 것입니다. 그들은 주님처럼 살도록 부르심을 받았습니다. 그런 부르심을 받았을 때에, 그들에게도 동일한 능력이 임하는 것입니다. 이 능력은 곧 우리 안에 거하시는 성령님이시요 우리는 그분을 하나님으로 모시고 있는 것입니다. 예수께서 성령으로 충만하셔서 그의 인도하심을 받으셨듯이 우리 역시 성령의 충만을 받고 성령의 인도하심을 받아야 하는 것입니다.

  그리스도의 성품의 여러 가지 다른 면들에 대해서 묵상할 때에, 그를 닮는다는 것이 거의 불가능하게 보일 때가 있습니다. 우리는 그를 닮는 일을 위해서 사는 일을 거의 하지 못했습니다. 그렇게는 살 수 없을 것 같은 느낌을 많이 받습니다. 그러나 용기를 가지십시다. 예수님께서도 오직 성령을 통해서 그렇게 사실 수 있으셨으니 말입니다. 주님은 성령 충만을 받으신 이후에 비로소 그 성령에 이끌리심을 받아 싸움과 승리의 현장으로 가셨습니다. 이러한 축복은 주님의 것이었고, 동시에 우리의 것이기도 합니다.

  우리도 성령의 충만을 받을 수 있습니다. 우리도 성령의 인도하심을 받을 수 있습니다. 예수님께서는 친히 성령으로 세례를 받으셔서 우리가 어떻게 살아야 할지를 보여 주는 하나의 모범을 세우셨고, 주님을 닮은 삶을 향하여 우리를 인도하시기 위하여 하늘로 올리우셨습니다. 그러므로 예수님처럼 살기를 원하는 사람은 성령으로 세례를 받는 일에서 시작해야 합니다. 하나님은 자녀들에게 먼저 베풀어 주시고서 그 베풀어 주신 것을 그들에게 요구하십니다. 주님은 그리스도를 전적으로 닮기를 요구하십니다만, 이는 주께서 예수님에게 행하셨듯이 우리에게도 성령의 충만을 주실 것이기 때문에 그렇게 요구하시는 것입니다. 그러므로 우리는 성령의 충만을 받아야 마땅한 것입니다.

그리스도를 닮고 그와 같아야 한다는 가르침이 그리스도의 교회 안에 거의 눈에 띄지 않는 이유를 여기서 볼 수 있습니다. 사람들이 성령께로부터 약간의 도움을 받아서 자기 자신의 힘으로 그 일을 하려고 하기 때문입니다. 성령의 충만함이 있어야만 그렇게 될 수 있다는 사실을 그들이 깨닫지 못한 것입니다. 그리스도를 진정 닮는다는 것이 우리에게는 기대 밖의 일이라고 생각한 것도 무리가 아닙니다. 성령 충만에 대해서 그릇된 생각을 갖고 있었으니 그럴 수밖에 없었습니다. 성령 충만을 몇몇 사람들만의 특권으로 생각했고, 하나님의 모든 자녀 한 사람 한 사람의 부르심이요 의무라고는 생각하지 않았던 것입니다.

그러므로 "오직 성령의 충만함을 받으라"라는 말씀이 그리스도인 모두에게 주어진 명령이라는 것을 올바로 깨닫지 못한 것입니다. 교회가 성령 세례를 베풀고 예수께서 구주로서 그를 믿는 각 사람에게 성령으로 세례를 베푸실 때에 비로소 그리스도를 닮는 삶을 위하여 힘쓰게 되고, 또한 그런 삶이 이루어질 것입니다. 그리스도처럼 되기 위해서는 같은 성령의 인도하심을 받아야 하고, 또한 그리스도처럼 성령의 인도하심을 받기 위해서는 성령으로 충만함을 받아야 한다는 사실을 비로소 깨닫고 시인할 것입니다. 성령의 충만함이야말로 진실한 그리스도인으로, 그리스도를 닮은 삶을 사는 데 필수적인 요소인 것입니다.

거기에 도달하는 길은 아주 간단합니다. 성령으로 세례를 주시는 분은 바로 예수님이십니다. 그것을 바라며 주께로 나아오는 자는 얻게 됩니다. 주께서 우리에게 요구하시는 것은 그가 주시는 것을 받을 수 있도록 믿음으로 복종하라는 것이 전부입니다.

믿음의 복종입니다. 주께서 구하시는 것은 우리가 과연 주님의 발자취를 따르기를 진정으로 사모하며, 그러기 위하여 과연 성령 세례를 받기를 원하는가 아닌가 하는 것입니다. 이러한 주님의 요구에 대해 대답을 주저해서는 안 됩니다. 우선, 주님의 사랑과 성령의 그 모든 영광된 약속들을 돌아보십시오. "내가 그러하니 너희도 그리하라"라는 것이 얼마나 복된 특권입니까!

주께서 아버지께 드린 다음과 같은 말씀이 범사에 주님을 닮는 문제에 관한 것이라는 사실을 기억하시기 바랍니다: "내게 주신 영광을 내가 저희에게 주었사오니"(요 17:22). 그리스도를 향한 사랑과 그를 기쁘시게 하고자 하는 참된 열심이 — 하나님을 영화롭게 하는 일과 세상이 필요로 하는 것이 — 불일 듯하여 그리스도처럼 되는 하늘의 특권을 우리의 게으름으로 멸시할 수 없다는 것을 생각하시기 바랍니다. 그리스도께서 여러분을 피로 값주고 사셔서 여러분에 대해서 소유권을 갖고 계시다는 사실을 인정하십시오. 그리고 그 어떠한 것도 다음과 같은 대답을 가로막지 못하게 하십시오: "그렇습니다, 주님. 그것이 땅의 자녀들에게 허락되었다면, 제가 주님을 닮겠나이다. 저는 온전히 주님의 것이옵니다. 범사에 주님의 형상을 지녀야 하고 또 지니겠습니다. 이를 위해서 구하오니 성령으로 충만하게 하옵소서."

믿음의 복종 — 오직 이것을 주님이 요구하십니다. 그러므로 주께서 구하시는 것을 드려야 하겠습니다. 모든 일에 주님처럼 되도록 우리 자신을 드리며, 또한 주께서 우리를 받으시리라는 고요한 신뢰를 가지면, 즉시 성령께서 은밀한 가운데 더욱더 강하게 우리 속에서 역사하실 것입니다. 그것을 즉각 체험하지 못한다 할지라도 그 사실을 믿읍시다. 성령 충만을 받기 위해서는 믿음으로 우리 주님을 기다려야 합니다. 그의 사랑이 우리가 알고 있는 것보다 더 많은 것을 우리에게 주시기를 원하신다는 사실에 의지합시다. 이러한 확신 가운데서 우리 자신을 복종시켜야 하겠습니다.

그리고, 이러한 믿음의 복종이 온전한 것이 되도록 합시다. 그리스도를 따르는 근본적인 법은 바로 이것입니다: "자기 목숨을 잃는 자는 찾으리라." 성령께서 오셔서 옛사람을 취하여 가시며, 또한 그 대신 그리스도의 생명을 여러분 속에 주시는 것입니다. 자기가 일하고 자기가 살피는 옛사람의 모습을 벗어버리고, 매 순간마다 우리가 숨쉬는 공기가 우리의 생명을 새롭게 하듯이 성령께서 우리의 삶을 계속적으로 새롭게 하신다는 것을 믿으시기를 바랍니다. 여러분 속에서 일하시는 성령의 역사에는 끊어짐도 없고 중단도 없습니다. 여러분은 성령을 여러분의 생명과도 같은 공기처럼 여겨서 그(성령) 안에 거하며, 성령께서는 여러분 속에서 여러분의 생명과도 같은 숨결이 되시는 것입니다. 성령을 통하여 하나님께서 여러분 속에 역사하셔서 여러분으로 하여금 그의 기뻐하시는 뜻에 따라서 의지를 갖게 하시고 행동하게 하시는 것입니다.

오 그리스도인 여러분, 여러분 속에 거하시는 성령님의 역사에 대해 깊은 감사와 찬송이 있어야 하겠습니다. 성령을 통하여 여러분 속에서 역사하는 하나님의 능력을 믿으십시오. 그 능력이 여러분을 그리스도의 삶과 그의 형상에 합하도록 순간순간 역사하는 것입니다. 예수님과 그의 생명에 몰입하십시오. 성령께서 깊은 고요 가운데서 예수님을 여러분에게 전하는 사명을 이루신다는 충만한 확신을 가지시기 바랍니다. 그 생명은 동시에 여러분의 모범이요 또한 여러분의 힘이 됩니다. 성령 충만이 예수님 안에서 여러분의 것이라는 사실을 기억하십시오. 그것은 여러분이 믿음으로 받아 붙잡는 진짜 선물입니다. 그것이 있는 것을 느끼지 못할 때라도, 그것을 믿고 의지하여 여러분에게 필요한 모든 일을 행하는 것입니다. 느낌이 약할 수도 있고, 두려움과 떨림이 있을 수도 있습니다. 그러나 성령의 나타나심과 능력으로 말씀을 전하고 일하고 사는 것입니다(고전 2:3-4).

성령의 충만함이 여러분의 것이라는 믿음으로 사시기 바랍니다. 그리고 예수님을 바라보면서, 여러분의 영적 삶의 모든 것이 보혜사이신 성령의 손에 쥐어져 있다는 복된 신뢰 가운데서 날마다 즐거워하면, 절대로 실망하지 않을 것이라는 믿음 가운데서 사시기 바랍니다. 그리하여 예수님의 사랑하시는 임재를 여러분 속에 모실 때에, 예수님을 닮는 살아 있는 삶의 모습이 여러분에게서 드러날 것입니다. 그리스도 예수 안에 있는 생명의 성령께서 우리 속에 거하시면, 그리스도의 삶을 닮는 모습이 주위에 환하게 비치게 될 것입니다.

그리고, 만일 그렇게 해서도 믿고 순종하고자 하는 여러분의 열심이 이루어지지 않는 것처럼 보인다면, 성령의 충만한 능력이 나타나는 일은 그리스도의 몸의 지체들과의 교제 속에서, 또한 세상에서 그리스도를 위하여 섬기는 일에 온전히 굴복하는 데서 나타난다는 사실을 기억하시기 바랍니다. 주께서 성령으로 세례를 받으신 것은 바로 예수께서 자기 자신을 드려서 주위의 사람들과 충만한 교제 속에 들어가셨고 그들과 마찬가지로 물로 세례를 받으실 때였던 것입니다.

그리고, 주께서 성령을 받으셔서 우리에게 주신 것도 그가 고난의 세례를 받으실 때, 즉 우리를 위하여 자기 자신을 희생물로 드리고 난 후였던 것입니다. 하나님의 자녀들과의 교제에 힘쓰십시오. 그들이 여러분과 함께 기도하며 성령 세례를 함께 믿을 것입니다. 제자들은 각각 따로따로 성령을 받지 않았습니다. 오히려 모두 한자리에 한마음으로 모여 있을 때에 성령께서 임하신 것입니다. 주위의 하나님의 자녀들과 함께 하나가 되어 영혼들을 위하여 힘쓰십시오. 성령께서 위로부터 임하는 능력이 되어 그 일을 위하여 여러분을 구비시켜 주실 것입니다. 누리기 위해서가 아니라 사명을 다하기 위해서 성령을 원하는 종들에게 그 약속이 이루어질 것입니다.

그리스도께서는 성령 충만을 받으셔서 우리를 위해 일하시고 사시고 죽으실 수 있으셨습니다. 여러분도 그리스도처럼 사람들을 위해서 살고 죽는 일에 자신을 드리십시오. 그러면 그리스도와 같이 성령 세례와 성령 충만을 여러분의 몫으로 받아 그것에 의지하게 될 것입니다.

복되신 주님! 주님의 성령을 우리에게 주심으로, 주께서는 우리로 하여금 주님을 닮아가는 삶을 살도록 모든 것을 놀랍게 베풀어 주셨나이다. 주님을 드러내고 주님의 진정한 임재를 우리 속에 주는 것이 성령의 역사인 것을 우리에게 가르쳐 주셨나이다. 주께서 우리를 위해 이루신 모든 것이, 주님께서 보는 생명과 거룩함과 힘의 모든 것이 성령으로 말미암아 우리에게 주어지고 우리의 것이 되는 것을 아옵나이다. 성령께서 주님의 것을 취하여 우리에게 보여 주시고 또한 그것을 우리의 것으로 만드시나이다. 복되신 예수님! 성령을 선물로 주신 주님께 감사를 드리옵니다.

그리고 이제 간구하오니, 성령으로 우리를 충만하게 하시옵소서! 주여! 그것 말고는 아무것도 충족하지 못하옵니다. 주님처럼 성령에 충만하지 않고서는 주님처럼 인도함을 받을 수도 없고, 주님처럼 싸워 이길 수도 없고, 주님처럼 사랑하고 섬길 수도 없고, 주님처럼 살고 죽을 수도 없사옵니다. 복되신 주여, 주의 이름을 찬송하옵니다. 주께서 명하셨사옵고, 주께서 약속하셨사오니, 그 일이 그대로 이루어질 것이옵니다.

거룩하신 구주여! 주의 제자들을 함께 이끄사 이것을 기다리고 간구하게 하옵소서. 눈을 떠서 성령의 그 홍수와도 같은 놀라운 약속들을 보게 하옵소서. 자기 자신을 내어 주는 데로 마음이 끌리어 주님처럼 사람들을 위하여 살고 죽게 하시옵소서. 주께서 성령과 불로 세례를 주시는 분이시오니, 이것을 이루는 것이 주님의 직분에 합당한 일이옴을 우리가 잘 알고 있나이다. 주의 이름이 영광을 받으시옵소서. 아멘.

제29일 아버지로 인하여 사심처럼

"살아 계신 아버지께서 나를 보내시매 내가 아버지로 말미암아 사는 것같이 나를 먹는 그 사람도 나로 말미암아 살리라" — 요 6:57

그리스도의 발자취를 따라, 그의 모습을 따라 행하는 일에 대해서 묵상할 때마다 선구자이신 주님과 그를 따르는 제자들 사이의 깊은 살아 있는 연합에 치중해야 할 필요성이 새롭게 드러납니다. 그리스도처럼 — 이 말씀을 묵상하면 할수록, 또 하나의 말씀, 곧 그리스도 안에서가 없이는 그 일이 불가능하다는 사실을 더욱더 깨닫게 됩니다. 외형적인 닮음은 살아 있는 내적인 연합의 표현 이외에 다른 것일 수가 없는 것입니다. 그리스도와 똑같은 일을 하기 위해서는 나도 그와 동일한 생명을 가져야 합니다. 주님을 나의 모범으로 삼아 진지하게 따르면 따를수록, 나는 그를 나의 머리로 모시고 섬기게 됩니다. 본질적으로 그리스도와 같은 내적인 생명이 있을 때에 비로소 그리스도를 닮는 외형적인 삶의 모습이 우리에게서 나타날 수 있는 것입니다.

여기의 이 말씀이 얼마나 복된 말씀인지 모릅니다. 주님의 지상의 삶과 우리의 삶이 정말로 닮았다는 사실을 확신하게 만들어 줍니다: "내가 아버지로 말미암아 사는 것같이 나를 먹는 그 사람도 나로 말미암아 살리라." 그리스도 안에 있는 여러분의 삶을 — 그가 여러분에게 무엇이며 여러분 속에서 어떻게 역사하실지를 — 이해하고 싶으면, 아버지께서 그에게 무엇이셨고, 또한 그에게 어떻게 역사하셨는지를 생각해 보면 됩니다. 아버지 안에서 그로 말미암아 사신 그리스도의 삶이야말로 아들 안에서 아들로 말미암아 사는 여러분의 삶의 모습의 형상이요 척도인 것입니다. 이 점에 대해서 묵상해 보십시다.

그리스도의 삶이 하늘의 하나님 속에 감추어진 삶이었듯이, 우리의 삶도 마찬가지입니다. 그리스도께서 신적인 영광을 버리시고 자신을 비우셨을 때, 그는 그의 신적인 속성들을 자유로이 사용하실 권리도 옆으로 제쳐 두셨습니다. 그리하여 주님은 사람으로서 믿음으로 사시도록 되셨습니다. 아버지를 기다리며 아버지께서 기뻐하시는 대로 그에게 베풀어 주시는 지혜와 능력을 받으시는 처지가 되신 것입니다. 그는 전적으로 아버지께 의지하셨습니다. 그의 삶은 하나님 안에 감추어져 있는 것이었습니다. 자기 자신의 독립적인 신격에 의지해서가 아니라 성령의 역사하심을 통해서, 그는 아버지께서 때때로 가르치시는 대로 말씀하시고 행동하신 것입니다.

신자 여러분, 이와 꼭 마찬가지로, 여러분의 삶도 그리스도와 함께 하나님 안에 감추어져 있어야 합니다. 이 사실에서 용기를 얻으시기를 바랍니다. 그리스도께서는 믿음과 의존의 삶으로 여러분을 부르십니다. 그 자신이 친히 그런 삶을 사셨기 때문입니다. 주님은 그 삶을 사셨고 그 삶이 복되다는 것을 친히 증명해 보이셨습니다. 이제 주님은 여러분 속에서 다시금 친히 그러한 삶을 사시기를 원하고 계십니다. 여러분을 가르치사 바로 그런 삶을 살도록 하기를 원하시는 것입니다.

그는 아버지께서 그의 생명이시고, 자신이 아버지로 인하여 사시며, 아버지께서 순간순간 그의 필요를 공급하신다는 사실을 아셨습니다. 그리고 이제 주님은 자신이 아버지로 말미암아 사셨듯이 여러분도 그로 인하여 살 것을 여러분에게 확신시켜 주십니다. 이러한 확신을 믿음으로 취하시기를 바랍니다. 그 충만한 생명이 그리스도 안에서 여러분을 위해 예비되어 있어서 여러분이 필요할 때에 풍성하게 공급된다는 복된 생각으로 여러분의 마음을 가득 채우시기를 바랍니다. 여러분의 영적 생명이 마치 여러분이 근심하며 걱정하여 보살피고 양육해야 하는 어떤 것으로 생각해서는 안 됩니다. 날마다 여러분 자신의 힘으로 살 필요가 없고, 그리스도 예수 안에서 그가 아버지로 말미암아 사셨듯이 그렇게 산다는 사실에 대해서 즐거워하시기 바랍니다.

그리스도의 삶이 의존의 삶이었지만 그 삶은 신적 능력을 지닌 삶이었던 것처럼, 우리의 삶도 그러할 것입니다. 주님은 자기의 영광을 다 버리고 이 땅에 사람의 모습으로 하나님 앞에서 사시게 된 일을 한 번도 후회하신 일이 없습니다. 아버지께서는 한 번도 그의 신뢰를 실망시키지 않으셨고, 그의 사명을 이루시는 데 필요한 모든 것을 다 주셨습니다. 하늘에서 하나님처럼 지내시면서 신적인 완전을 누리시는 것이 복된 일이지만, 이 땅에서 전적으로 아버지를 의지하며, 날마다 아버지께로부터 모든 것을 받으시며 사는 일도 그에 못지않게 복된 일이라는 것을 그리스도께서는 몸소 체험하신 것입니다.

신자 여러분, 여러분의 삶도 그와 같이 될 수 있습니다. 주 예수님의 신적인 능력이 우리 안에서 우리를 통하여 역사할 것입니다. 여러분이 처한 이 땅의 환경 때문에 하나님의 영광을 위하는 거룩한 삶이 도저히 불가능하다는 식의 생각을 가져서는 안 됩니다. 그리스도께서는 이 땅에 오셔서 이 땅에 사시면서, 지금보다 훨씬 더 힘들고 어려운 세상의 환경 속에서 신적인 삶을 드러내 보이셨습니다. 주께서 아버지로 인하여 이 땅에서 복된 삶을 사셨으니 여러분도 그리스도로 말미암아 이 땅에서 복된 삶을 살 수가 있는 것입니다. 주께서 여러분을 위하여 행하실 일을 더 크게 기대하기를 바랍니다. 주님과 전적으로 연합되기만을 온전히 바라시기 바랍니다. 그리스도께서 아버지로 말마암아 사신 것처럼 그렇게 온전히 그리스도로 말미암아 살기를 진정으로 바라는 심령에게 주 예수께서 어떤 일을 행하실지 아무도 모르는 것입니다. 그가 아버지로 말미암아 사신 것처럼 아버지께서 그 삶의 모든 일들을 영광스럽게 만드셨기 때문에, 여러분도 모든 일 가운데서 그리스도께서 여러분 속에서 모든 일을 놀랍게 이루어가신다는 것을 분명하게 체험하게 될 것입니다.

그리스도의 삶이 아버지와의 진정한 연합의 현현이었듯이 우리의 삶도 마찬가지입니다. 그리스도께서는 말씀하시기를, "살아 계신 아버지께서 나를 보내시매 내가 아버지로 말미암아 사는 것같이"(요6:57)라고 하셨습니다. 아버지께서 그의 사랑 가운데서 이 땅 위에 자기 자신을 드러내시기를 원하실 때에, 그는 그와 연합하여 계시는 그의 사랑하시는 아들에게 그 일을 맡기셨습니다. 그가 아들이셨기 때문에 아버지께서 그를 보내신 것입니다. 아버지께서 그를 보내셨으니 그가 그 아들의 삶을 돌보시는 이외에 다른 일이 있을 수가 없었습니다. 예수께서 아버지로 말미암아 이 땅에 사신다는 복된 사실은 아버지와 아들의 연합에 근거하는 것입니다.

그리스도께서는 말씀하시기를, "내가 아버지로 말미암아 사는 것같이 나를 먹는 그 사람도 나로 말미암아 살리라"고 하셨습니다. 그리고 그 앞에서는, "내 살을 먹고 내 피를 마시는 자는 내 안에 거하고 나도 그 안에 거하나니"(요6:56)라고 말씀하셨습니다. 그리스도는 십자가의 죽으심으로 그의 살과 피를 세상의 생명을 위하여 주셨습니다. 믿음을 통하여, 영혼이 그의 죽으심과 부활의 능력에 참여하며 그의 생명의 권리를 받습니다. 그리스도께서 아버지의 생명에 대해 권리를 지니셨듯이 말입니다.

"나를 먹는 자마다"라는 표현은 주 예수님과의 친밀한 연합과 끊임없는 교제를 나타내 줍니다만, 이것이 그리스도 안에 있는 삶의 능력인 것입니다. 전적으로 그리스도로 말미암아서만 살기를 진정으로 사모하는 심령으로서 할 한 가지 큰 일은 그를 먹는 것입니다. 날마다 그를 양식으로 삼고, 그를 자기 것으로 삼는 것입니다.

이를 이루기 위해서는, 그리스도의 삶의 모든 충만한 것이 전부 진정 여러분의 것이라는 살아 있는 확신으로 여러분의 마음을 가득 채우기를 항상 힘써야 합니다. 하늘에 계신 그리스도를 묵상하기를 즐거워하십시오. 그리고 하나님께서 여러분의 머리이신 그리스도의 하늘의 생명을 성령으로 말미암아 여러분에게 끊임없이, 아무런 방해가 없이, 그대로 전달되도록 놀랍게 배려하셨다는 사실을 깊이 묵상하시기를 바랍니다. 여러분을 구속하셔서 하나님의 생명으로 나아갈 길을 여러분 앞에 활짝 열어 놓으셨고, 또한 아들 안에서 그 놀라운 생명이 여러분을 위해 베풀어 주신 것에 대해서 하나님께 끊임없이 감사하시기 바랍니다. 오직 그리스도를 섬기기만을 구하는 열린 마음과 헌신된 삶으로 그에게 남김없이 여러분 자신을 다 드리시기를 바랍니다. 그런 신뢰와 믿음의 헌신을 통해서, 사랑을 쏟고 교제를 배양하는 가운데서, 그의 말씀이 여러분 속에 거하게 하시며, 예수님을 여러분의 일용할 양식으로 삼으십시오. "내가 아버지로 말미암아 사는 것같이 나를 먹는 그 사람도 나로 말미암아 살리라."

사랑하는 그리스도인 여러분, 여러분은 무엇을 생각하십니까? 이러한 약속에 비추어 볼 때에 그리스도를 닮는 일이 가능한 것으로 보이기 시작합니다. 그리스도로 말미암아 사는 사람은 또한 그리스도처럼 살 수 있습니다. 그러므로, 그리스도께서 아버지로 말미암아 사신 그 놀라운 삶이 우리의 묵상의 대상이 되어야 하겠습니다. 그리하여, "나를 먹는 그 사람도 나로 말미암아 살리라"라는 주님의 말씀을 전심으로 깨닫고 받아들이도록 되어야 하겠습니다. 그러면, 온갖 근심과 걱정이 우리에게 물러갈 것입니다. 우리에게 모범을 세우신 그 그리스도께서 또한 하늘로부터 그가 보이신 그런 삶을 우리 속에서 이루시기 때문입니다. 그러면, "우리가 그분처럼 살게 되기 위하여 우리 속에 사시는 그분께 우리 마음으로 사랑과 찬송을 드리나이다"라는 노래가 우리의 삶에서 끊임없이 이어질 것입니다. 아멘.

오 나의 하나님! 이 놀라운 은혜를 어찌 다 감사하오리이까! 아버지의 아들께서 사람이 되사 아버지를 의지하는 인간의 삶이 얼마나 복된가를 가르쳐 주셨사옵니다. 그리스도께서는 아버지로 말미암아 사셨사옵니다. 그에게서 과연 신적인 생명이 이 땅에서 어떻게 살며 일하며 승리할 수 있는지를 우리가 보았사옵니다. 그리고 이제 그리스도께서 하늘로 올리사 그 생명이 우리 속에서 역사하도록 하는 모든 권세를 지니고 계시옵니다. 우리는 주께서 이 땅에서 사신 것처럼 그렇게 이 땅에서 살도록 부르심을 받았사옵니다. 오 하나님, 이 말할 수 없는 은혜를 주신 주님의 이름을 찬양하옵나이다.

나의 주, 나의 하나님이여! 지금 내가 드리는 기도를 들으시옵소서. 그러실 뜻이 계시면, 아버지로 말미암아 사신 그리스도의 삶을 더 많이 보게 하시옵소서. 오 나의 하나님, 그리스도처럼 살려면, 그 삶을 알아야 하지 않겠사옵니까? 오 하나님, 그리스도를 아는 지혜의 영을 내게 주시옵소서. 그리하시면, 그리스도께 무엇을 기대하며, 그로 말미암아 내가 무엇을 할 수 있는지를 알게 될 것이옵니다. 그렇게 되면 주의 뜻과 그리스도의 모범에 따라서 살려고 애쓰는 것과 노력하는 것이 없어질 것이옵니다. 그리스도의 복된 지상의 삶이 이제 나의 것이 되었다는 것을 알게 되기 때문이옵니다. "내가 아버지로 말미암아 사는 것같이 나를 먹는 그 사람도 나로 말미암아 살리라"로 주께서 말씀하셨기 때문이옵니다. 그러면, 내가 날마다 기쁜 체험 속에서 그리스도로 양식을 삼을 것이며, 그로 말미암아 살 것이옵니다. 오 나의 아버지여! 이러한 축복을 한량 없이 베풀어 주옵소서. 그리스도의 이름으로 비옵나이다. 아멘.

제30일 아버지를 영화롭게 하심처럼

"아버지여 때가 이르렀사오니 아들을 영화롭게 하사 아들로 아버지를 영화롭게 하게 하옵소서 … 아버지를 이 세상에서 영화롭게 하였사오니" — 요 17:1, 4
"너희가 열매를 많이 맺으면 내 아버지께서 영광을 받으실 것이요 너희가 내 제자가 되리라" — 요 15:8

대상이 지닌 영광은 그것이 그것에 대해 기대하는 모든 것을 완벽하게 제시해 줄 수 있는 고유한 가치와 탁월함이 있다는 사실에 있습니다. 그 탁월함이나 완전함이 가리워 있거나 알려져 있지 않아서 그 대상을 바라보는 이들이 그 대상이 지닌 영광을 보지 못할 수도 있습니다. 영화롭게 한다는 것은 곧 모든 장애물을 제거한다는 뜻이요, 그리하여 그 대상이 지닌 충만한 가치와 완전함을 드러내어서 그 대상의 영광을 모두가 볼 수 있게 만든다는 뜻입니다.

하나님의 완전하심 가운데 최고의 것은, 그리고 신격의 가장 깊은 신비는 바로 그의 거룩하심입니다. 거룩하심 속에 의와 사랑이 연합되어 있습니다. 거룩하신 자로서 하나님은 죄를 미워하시고 배격하십니다. 거룩하신 자로서 그는 또한 죄인을 죄의 권세에서 자유롭게 하시며 그를 일으키사 하나님 자신과 교제하게 하십니다. 그의 이름은 "구속자요 이스라엘의 거룩한 자"(사 47:4)입니다. 구속의 노래는 바로 "이스라엘의 거룩하신 자가 너희 중에서 크시도다"입니다(사 12:6). 거룩이라는 호칭은 신약 성경에서는 복되신 영에게 더 자주 붙여져서 사용됩니다만, 그의 특별하신 일은 하나님과 사람의 교제를 유지하는 일입니다. 죄를 판단하고 죄인을 구원하는 이 거룩하심이 하나님의 영광인 것입니다. 그렇기 때문에 두 단어가 함께 나타나는 경우가 많습니다.

모세의 노래 가운데서도, "주와 같이 거룩함으로 영광스러우며 … 자가 누구니이까?"라고 합니다(출 15:11). 스랍들의 노래에서도, "거룩하다 거룩하다 거룩하다 만군의 여호와여 그 영광이 온 땅에 충만하도다"라고 합니다(사 6:3). 그리고 어린양의 노래 중에서도, "주여 누가 … 영화롭게 하지 아니하오리이까? 오직 주만 거룩하시니이다"라고 합니다(계 15:4). 누군가의 말처럼, "하나님의 영광은 그의 거룩하심이 나타난 것이요, 하나님의 거룩하심은 그의 감추인 영광입니다."

예수께서 이 땅에 오셨을 때에, 주님은 아버지를 영화롭게 하실 뜻을 가지셨고, 또한 죄로 인하여 사람에게서 완전히 감추어진 그 영광을 그 참된 빛과 아름다움과 함께 다시금 환히 드러내시고자 하셨습니다. 사람이 본래 하나님의 형상으로 지으심을 받았고, 하나님께서는 그의 영광을 사람에게 비추어 그 속에서 그 영광이 드러나도록 하셨습니다. 그리하여 하나님께서 사람에게서 영광을 받으시려 하신 것입니다.

그리하여 성령께서는 말씀하시기를, "남자는 하나님의 형상과 영광이니"라고 하셨습니다(고전 11:7). 예수께서는 사람을 그의 최고의 본분에 이르도록 회복시키시기 위하여 오신 것입니다. 그는 아버지와 함께 누리시던 그 영광을 뒤로 제쳐 두시고서 우리의 연약함과 비천함을 그대로 취하시고 오셨고, 그리하여 이 땅에서 어떻게 아버지를 영화롭게 하는 것인지를 우리에게 가르치고자 하셨습니다.

하나님의 영광은 완전하고 무한합니다. 사람이 하나님께 하나님이 지니고 계신 것 이외에 새로운 어떤 영광을 만들어 드릴 수가 없습니다. 사람은 그저 하나님의 영광을 반사하는 거울처럼 그렇게 섬길 수밖에는 없는 것입니다. 하나님의 거룩하심이 그의 영광입니다. 하나님의 이 거룩하심이 인류에게서 보이면 하나님이 영화롭게 되십니다. 하나님으로서 지니신 그의 영광이 그로 말미암아 환히 드러나기 때문입니다.

예수께서는 하나님께 순종하심으로써 그를 영화롭게 하셨습니다. 하나님은 이스라엘에게 계명을 주시면서 계속해서 말씀하시기를, "내가 거룩하니 너희도 거룩할지어다"고 하셨습니다(레 11:45). 그 계명을 지키는 가운데 그들이 하나님과 일치하는 삶으로 변화되어 거룩하신 하나님 자신과 교제를 나누게 되기를 바라신 것입니다. 그리스도께서는 죄와 사탄과 싸우시며, 자기 자신의 뜻을 희생시키시며, 아버지의 가르침을 기다리시며, 말씀에 무조건 순종하시는 가운데서, 사람들로 하여금 이 거룩하신 하나님을 진정 하나님으로 모시는 것이야말로 가장 복된 일이라는 것을 깨닫도록 하는 삶 이외에는 아무것도 가치 있는 것으로 여기지 않으신다는 것을 보여 주신 것입니다. 하나님의 계명만이 인정을 받고 순종을 받아야 합니다. 오직 하나님만이 거룩하시기 때문에, 오직 그의 뜻만이 이루어져야 하고, 그리하여 오직 그의 영광이 우리 속에서 나타나야 하는 것입니다.

예수께서는 하나님을 고백하심으로써 그를 영화롭게 하셨습니다. 그는 그저 하나님께서 그에게 주신 메시지를 알려 주시고 우리에게 아버지가 누구이신지를 보여 주신 것만이 아니었습니다. 그보다 훨씬 놀라운 것이 있습니다. 예수님은 자기 자신이 아버지와 누리는 인격적인 관계를 끊임없이 말씀하셨습니다. 그는 하나님의 거룩하신 생명의 조용한 영향력을 신뢰하지 않으셨습니다. 그는 사람들이 그 생명의 뿌리가 무엇이며 목표가 무엇인지를 구체적으로 깨닫기를 원하셨습니다. 그리하여 그는 거듭거듭 자신이 아버지께로부터 종으로 보내심을 받은 자요, 자신이 아버지께 모든 것을 의지하며 오직 아버지의 영광만을 구하며 아버지를 기쁘시게 하는 것이, 아버지의 사랑을 받는 것이 그의 모든 행복이라는 것을 말씀하셨던 것입니다.

예수님은 하나님의 구속의 사랑의 역사를 위하여 자신을 드리심으로써 그를 영화롭게 하셨습니다. 하나님의 영광은 그의 거룩하심이요, 그의 거룩하심은 그의 구속의 사랑입니다. 죄를 정복하고 죄인을 구해냄으로써 죄에 대하여 승리를 거두는 사랑 말입니다. 예수님은 아버지께서 의로우신 자로서 죄를 반드시 배격하시는 분이심을 말씀하셨고, 또한 사랑하시는 자로서 죄에서 돌이키는 모든 사람을 구원하시는 분이심을 말씀하셨습니다. 그리고 그는 바로 그 의를 위하여 자기 자신을 희생으로 드리셨고, 그 사랑의 종이 되셔서 죽기까지 섬기셨습니다. 그리스도께서는 순종의 행위를 통해서나 고백의 말씀을 통해서만이 아니라, 하나님의 거룩하심을 위엄있게 높이기 위하여 자기 자신을 드리셔서 하나님의 율법과 하나님의 사랑을 자기의 속죄로 세우심으로써, 하나님을 영화롭게 하신 것입니다.

주님은 자신을 — 그의 목숨 전체와 존재 전체를 — 드려서 아버지께서 얼마나 사랑하시며 복 주시기를 원하시는지를, 아버지께서 반드시 죄를 징치하시지만 동시에 죄인을 구원하고자 하신다는 사실을 보여 주신 것입니다. 그는 바로 이 목적을 위해서만 사시고 죽으셨습니다. 곧, 아버지의 영광이, 그의 거룩하심의 영광이, 그의 구속의 사랑의 영광이 죄와 육체의 두터운 휘장을 찢고 사람들의 마음 속에 환히 비쳐지도록 하기 위하여 사시고 죽으신 것입니다. 주님의 생애 마지막 주간에 온갖 고뇌가 그에게 밀려 오는 그때에 주님은 친히 말씀하셨습니다: "지금 내 마음이 민망하니 무슨 말을 하리요 아버지여 나를 구원하여 이때를 면하게 하여 주옵소서 그러나 내가 이를 위하여 이때에 왔나이다 아버지여 아버지의 이름을 영광스럽게 하옵소서"(요 12:27-28). 그러자 그 희생이 받아들여졌다는 확신이 다음과 같은 응답으로 임하였습니다: "내가 이미 영광스럽게 하였고 또 다시 영광스럽게 하리라"(요 12:28).

이렇게 해서 예수님은 사람으로서 하나님의 영광에 참여하실 준비를 갖추셨습니다. 그는 이 땅의 낮아지심 가운데서 그 영광을 구하셨고, 하늘 보좌 위에서 그 영광을 찾으셨습니다. 그러므로, 주님은 우리의 사도시요, 많은 자녀들을 영광으로 인도하시는 분이십니다. 하늘의 하나님의 영광으로 나아가는 확실한 길은 이 땅에서 오직 하나님의 영광만을 위하여 사는 것임을 보여 주신 것입니다. 그렇습니다. 이것이 이 땅의 삶의 영광입니다. 여기서 하나님을 영화롭게 함으로써 영원토록 아버지와 함께 영광을 받을 준비를 갖추는 것입니다.

사랑하는 그리스도인 여러분! 그리스도처럼 오직 하나님을 영화롭게 하는 삶을 살며 하나님의 영광이 우리의 삶의 각 부분에서 비쳐나오게 한다는 것이야말로 놀라운 부르심이요, 상상을 초월하는 축복이 아닙니까? 시간을 들여서 이 놀라운 사실을 묵상합시다. 우리의 일상 생활이 아주 사소한 행위에 이르기까지 하나님의 영광으로 찬란히 빛나게 될 수 있다는 사실을 말입니다.

오, 우리 예수님의 놀라운 형상이 우리에게 특별히 매력을 주게 만드는 이 특징을 잘 살펴봅시다. 그는 아버지를 영화롭게 하셨습니다. 그가 그 높은 목표를 — 곧, 하늘에 계신 아버지를 영화롭게 하는 목표를 — 지적하실 때에 그의 말씀에 귀를 기울입시다. "내 아버지를 영화롭게 하는 길이 이것이다"라고 하시며 그 길을 보여 주실 때에 거기에 귀를 기울입시다. 그리고 우리의 모든 기도와 믿음이 숨쉬는 현장에서 이것을 우리의 목표로 삼읍시다: "아들로 아버지를 영화롭게 하게 하옵소서." 이것을 하나의 지배 원리로 삼아서 우리의 인생 전체가 그리스도처럼 활기를 찾고 더욱더 강하게 자라나서 결국 "모든 것을 하나님의 영광을 위하여"라는 표어를 우리의 것으로 삼아 거룩한 열정으로 외치게 되도록 합시다.

그리고, 성령의 충만함을 입을 때에 우리의 바람이 성취될 수 있도록 모든 것이 확실하게 베풀어진다는 확신을 믿음으로 붙잡도록 합시다: "너희 몸은 너희가 하나님께로부터 받은 바 너희 가운데 계신 성령의 전인 줄을 알지 못하느냐 … 그런즉 너희 몸으로 하나님께 영광을 돌리라"(고전 6:19-20).

그 길을 알기를 원하면, 다시 예수님을 공부합시다. 그는 아버지께 순종하셨습니다. 단순하고도 결연한 순종이 우리의 전 삶의 특징이 되도록 합시다. 지도를 기다리는 겸손하며 어린아이 같은 자세와, 명령을 기다리는 군인과 같은 자세와, 아버지께서 길을 보여 주시기를 전적으로 의지하시는 그리스도와 같은 자세가 우리의 일상적인 자세가 되어야 하겠습니다. 모든 일을 주님을 위하여 하며, 그의 뜻에 따라서 행하며, 그의 영광을 위하여, 그와의 직접적인 관계 속에서 행하여야 하겠습니다. 그리하여 하나님의 영광이 우리의 거룩한 삶 속에서 환히 비치게 되어야 하겠습니다.

그리스도께서는 아버지를 고백하셨습니다. 그는 자신이 누리는 아버지와의 인격적인 관계와 교제를 주저하지 않으시고 자주 말씀하셨습니다. 마치 어린아이가 이 땅의 부모와의 관계를 자주 이야기하듯이 말입니다. 우리가 사람들 앞에 의롭게 사는 것만으로는 부족합니다. 설명해 주는 사람이 없는데 그들이 어떻게 우리 삶의 본질을 이해할 수 있단 말입니까? 설교가 아니라, 우리의 개인적인 간증을 통해서 우리가 행하고 사는 것이 우리가 아버지를 사랑하기 때문에 그를 위하여 사는 것이라는 것을 알려 줄 필요가 있는 것입니다. 삶을 통한 증거와 말을 통한 증거가 함께 병행되어야만 하는 것입니다.

그리고 그리스도께서는 아버지의 일을 위하여 자기 자신을 드리셨고, 그리하여 그를 영화롭게 하셨습니다. 그는 죄인들에게 하나님께서 우리를 전적으로 오직 자기 혼자만 소유하실 권리를 갖고 계시다는 것을 보여 주셨습니다. 그리고 하나님의 영광만이 살고 죽는 목적으로서 가치가 있다는 것과 우리가 이 목적을 위하여 우리 자신을 드릴 때에 하나님께서 지극히 놀랍게 우리를 사용하시고 복 주셔서 다른 사람들을 이끌어 그의 영광을 함께 보고 고백하도록 하신다는 것을 보여 주신 것입니다.

예수께서 사신 것은 바로 사람들로 하여금 하늘에 계신 아버지를 영화롭게 하며 또한 이 영광된 하나님을 알고 섬기는 데서 복을 찾도록 하기 위함이었습니다. 그러므로 우리 역시 그런 목적을 갖고 살아야 할 것입니다. 오! 사람들을 위하여 하나님께 우리 자신을 드리십시다. 우리의 이웃들이 거룩한 중에 계신 영광된 하나님을 뵈오며, 또한 이 땅이 그의 영광으로 가득 차는 것을 보도록, 그 일을 위하여 간구하고 일하며 살고 죽읍시다.

신자 여러분! "영광의 영, 곧 하나님의 영이 너희 위에 계시도다"(벧전 4:14). 예수님께서는 여러분 속에서 아버지를 영화롭게 하는 그의 사랑하는 일을 이루시기를 기뻐하고 계십니다. 그러므로 두려워하지 말고 이렇게 말씀합시다: "오 나의 아버지여, 주의 아들 안에서, 주의 아들처럼, 나도 오직 주를 영화롭게 하기 위해서만 살겠나이다."

오 나의 하나님! 주께 기도하옵나니, 내게 주의 영광을 보여 주시옵소서! 나 자신의 결단이나 노력으로는 나 자신을 부추겨 세우거나 나 자신을 묶어서 오직 주의 영광만을 위하여 살게 하는 일이 절대로 불가능하다는 것을 절실히 느끼고 있사옵니다. 그러나 주께서 주의 영광을 내게 보이시면, 주께서 주의 모든 선하심으로 내 앞을 지나가게 하셔서 내가 주님이 얼마나 영광스러운 분이신지를 보여 주시면, 주님의 영광 이외에는 영광이 없다는 것을 보여 주시면, 오 하나님, 주께서 주의 영광을 내 마음 속에 비추어서 나의 가장 깊은 곳까지 나를 소유로 삼으시면, 내가 절대로 주님을 영화롭게 하는 것 이외에 다른 일을 행하지 못하고 오직 하나님께서 영광스러우시고 거룩하신 하나님이심을 알리는 일만을 위하여 살게 될 것이옵니다.

주 예수님! 주님은 우리 앞에서 아버지를 영화롭게 하시기 위하여 이 땅에 오셨고, 이제 주님을 대신하여 주님의 이름으로 그 일을 하도록 우리를 여기에 남겨 두시고 하늘에 오르셨사옵니다. 오 주님! 주께서 그 일을 어떻게 행하셨는지를 성령으로 말미암아 환히 보게 하시옵소서. 주께서 아버지께 드리신 순종의 의미를 우리에게 가르쳐 주시옵소서. 어떠한 희생이 있더라도 하나님의 뜻이 이루어져야 한다는 주님의 가르침의 의미도 깨우쳐 주시옵소서. 우리를 가르치사 아버지를 고백하신 주님의 고백을 깨우치게 하시옵소서. 그리고 아버지께서 주님께 어떤 분이셨으며 주께서 아버지에 대하여 어떻게 느끼셨는지를 사람들에게 말씀해 주시옵소서.

그리하여 우리의 입술로도 우리가 아버지의 사랑을 맛보는 만큼 사람들에게 전하여 사람들로 아버지를 영화롭게 하게 하시옵소서. 그리고 무엇보다도, 구속의 사랑의 승리와 기쁨은 바로 죄인을 구원하는 데 있음을 가르쳐 주시옵고, 거룩하심으로 죄를 쫓아내는 일을 아버지께서 최고의 영광으로 여기신다는 것을 가르쳐 주시옵소서. 그리고 우리의 마음 전체를 소유로 취하셔서 우리가 오직 다음과 같은 말씀을 이루기 위하여 사랑하고 수고하며 살고 죽게 하옵소서: "모든 입으로 예수 그리스도를 주라 시인하여 하나님 아버지께 영광을 돌리게 하셨느니라"(빌 2:11).

오 나의 아버지여! 온 땅이, 나의 마음이, 주의 영광으로 가득 차게 하옵소서. 아멘.

제31일 그의 영화로우심처럼

"그가 나타나시면 우리가 그와 같을 줄을 아는 것은 그의 참 모습 그대로 볼 것이기 때문이니 주를 향하여 이 소망을 가진 자마다 그의 깨끗하심과 같이 자기를 깨끗하게 하느니라"— 요일 3:2-3
"내 아버지께서 나라를 내게 맡기신 것같이 나도 너희에게 맡겨"— 눅 22:29

하나님의 영광은 그의 거룩하심입니다. 하나님을 영화롭게 한다는 것은 우리 자신을 하나님께 드려서 하나님께서 그의 영광을 우리 속에 보여 주시도록 한다는 것입니다. 그의 영광이 우리에게서 비쳐나가게 하려면, 우리가 거룩해지며 그의 거룩하심이 우리의 삶을 가득 채우도록 우리 자신을 드리는 것밖에는 없습니다. 그리스도께서 하신 한 가지 일은 아버지를 영화롭게 하는 일이었습니다. 아버지가 얼마나 영광스러우시며 거룩하신 하나님이신지를 드러내는 일이었습니다. 그러므로 우리가 해야 할 한 가지 일은 그리스도의 일처럼 우리의 순종과 증거와 삶을 통해서 우리의 하나님을 거룩하시며 영광스러우신 분으로 알려서 하나님이 천지에서 영광을 받으시도록 하는 것입니다.

주 예수께서 이 땅에서 아버지를 영화롭게 하시자, 아버지께서는 하늘에서 그 아들을 자기 자신과 함께 영화롭게 하셨습니다. 이것은 비단 아들이 받을 정당한 상급만이 아니었습니다. 그것은 사물의 본질을 볼 때에 하나의 필연이었습니다. 그리스도의 삶처럼 하나님의 영광을 위하여 전적으로 드려진 삶에게는 그 영광 이외에 다른 결과가 있을 수 없는 것입니다. 이 법칙은 우리에게도 그대로 적용됩니다.

하나님의 영광을 사모하며 갈급해하는 마음은, 그 영광을 위하여 살고 죽을 준비가 되어 있는 마음은, 그 영광 안에서 살 준비를 갖추게 되고, 그 영광에 합당하게 되는 것입니다. 이 땅에서 하나님의 영광을 위하여 사는 것이야말로 하늘에서 하나님의 영광 가운데서 사는 삶으로 들어가는 관문인 것입니다. 그리스도와 함께 우리가 아버지를 영화롭게 하면, 아버지께서 그리스도와 함께 우리를 영화롭게 하실 것입니다. 그렇습니다. 우리가 그의 영광 가운데서 그리스도와 같이 될 것입니다.

우리는 영적 영광 가운데 계신 그리스도처럼 될 것입니다. 곧, 그의 거룩하심의 영광 말입니다. 성령('거룩한 영')이라는 칭호에서 두 단어가 연합되어 있는 사실에서도 나타납니다만, 거룩한 것과 영적인 것은 서로 긴밀한 연관 속에 있는 것입니다. 예수께서 사람으로서 자기 자신을 그의 거룩하심을 위하여 드리셨고 높이셨고 그 거룩하심을 나타내심으로써 하나님을 영화롭게 하셨습니다만, 그때에 예수님은 사람으로서 하나님의 영광 속으로 들어가서서 그 영광에 참여하게 되신 것입니다.

그러므로 우리의 경우도 마찬가지입니다. 여기 이 땅에서 우리 자신을 드려서 하나님의 영광이 우리를 소유하도록 하면, 하나님의 거룩하심과 그의 성령께서 우리 속에 거하셔서 빛을 드러내시면, 하나님의 모양을 따라 창조함을 받은 우리의 인간성이 우리의 모든 기능과 더불어 그 영광 속으로 밀려 들어가며 ― 인간의 상상을 초월하여 ― 순결함과 거룩함, 그리고 하나님의 영광의 그 찬란한 생명으로 변화하게 될 것입니다.

영광을 입으신 그의 몸처럼 우리도 그렇게 될 것입니다. 형체를 취하는 것이야말로 하나님의 방법 가운데 마지막 방법이라고 누군가가 이야기했습니다. 사람을 창조하신 것이야말로 하나님의 창조의 대업이었습니다. 그 전에 육체가 없는 영들도 있었고, 영이 없이 생명만 붙어 있는 육체들도 있었습니다. 그러나 사람에게는 육체 속에 영이 있도록 창조를 받아서, 영이 높이 올라가 그 몸을 영화시켜서 그 자체가 하늘의 순결함과 완전함으로 변화하도록 되어 있습니다. 사람 전체가 하나님의 형상입니다. 그의 영은 물론 그의 육체도 하나님의 형상이라는 말입니다.

예수님에게서, 인간의 몸이 ― 오 얼마나 놀라운 신비 중의 신비입니까! ― 하나님의 보좌 위에 계시며, 하나님의 영광을 담고서 그 합당한 동반자로서 계시는 것을 봅니다. 우리의 몸도 하나님의 그 놀라운 변화의 능력의 이적의 대상이 될 것입니다. "그가 만물을 자기에게 복종하게 하실 수 있는 자의 역사로 우리의 낮은 몸을 자기 영광의 몸의 형체와 같이 변하게 하시리라"(빌 3:21). 하나님의 영광이 우리 몸에게서 나타나고, 우리의 몸이 그리스도의 영광의 몸의 형체와 같이 변화된다는 사실은 우리에게는 더할 나위 없이 놀라운 사실인 것입니다. 우리는 "양자될 것, 곧 우리 몸의 속량을 기다리느니라"(롬 8:23).

그가 존귀의 자리에 계신 것처럼 우리도 그와 같을 것입니다. 모든 대상은 각기 그 영광이 나타나는 합당한 자리가 있기 마련입니다. 그리스도의 자리는 우주의 중심, 곧 하나님의 보좌입니다. 그는 제자들에게 이렇게 말씀하셨습니다: "나 있는 곳에 나를 섬기는 자도 거기 있으리니 사람이 나를 섬기면 내 아버지께서 그를 귀히 여기시리라"(요 12:26). "내 아버지께서 나라를 내게 맡기신 것같이 나도 너희에게 맡겨 너희로 내 나라에 있어 내 상에서 먹고 마시며 또는 보좌에 앉아 이스라엘 열두 지파를 다스리게 하려 하노라"(눅 22:29-30).

그리고 두아디라 교회를 향해서는 이렇게 말씀하고 계십니다: "이기는 자와 끝까지 내 일을 지키는 그에게 만국을 다스리는 권세를 주리니 … 나도 내 아버지께 받은 것이 그러하니라"(계 2:26-27). 그리고 라오디게아 교회를 향해서는 이렇게 말씀하십니다: "이기는 그에게는 내가 내 보좌에 함께 앉게 하여 주기를 내가 이기고 아버지 보좌에 함께 앉은 것과 같이 하리라"(계 3:21). 이보다 더 높고 친밀한 것이 없습니다: "우리가 흙에 속한 자의 형상을 입은 것같이 또한 하늘에 속한 이의 형상을 입으리라"(고전 15:49). 그 형상은 완전하며 온전할 것입니다.

이처럼 하나님께서 우리로 미래에 우리에게 있을 모습을 흘깃 보게 하신 사실에 비추어 보면, 우리의 모든 생각을 뛰어넘어서, "우리의 형상을 따라 우리의 모양대로 우리가 사람을 만들자"(창 1:26)라는 하나님의 창조의 말씀 속에 얼마나 굉장한 진리가 담겨 있으며 얼마나 귀한 의미가 담겨 있는지를 깨닫게 됩니다. 눈에 보이지 않는 자의 모양을 드러내 보이며, 신의 성품에 참여한 자가 되며, 하나님과 함께 우주를 다스리는 권한을 함께 누리는 것이 사람의 결국입니다. 사람의 자리는 과연 말할 수 없는 영광의 자리입니다.

두 영원 사이에 서서 — 맏아들의 형상으로 변화하도록 우리가 예정함을 받은 그 영원한 목적과, 우리가 그의 영광을 입고 그의 모습으로 있게 될 그 목적의 영원한 실현 사이에서 — 우리는 사방에서 다음과 같은 음성을 듣습니다: 오 하나님의 형상을 입은 자들이여! 하나님과 그리스도의 영광을 함께 나눌 자들이여! 하나님처럼 살고, 그리스도처럼 살라!

옛 시편 기자는 "나는 의로운 중에 주의 얼굴을 뵈오리니 깰 때에 주의 형상으로 만족하리이다"(시 17:15)라고 노래하고 있습니다. 하나님의 형상 이외에 영혼에 만족을 주는 것은 없습니다. 우리가 바로 그것을 위하여 창조를 받았기 때문입니다. 그리고 그 하나님의 형상은 우리의 외부에만 있어서 보기만 할 뿐 소유할 수는 없는 그런 것이 아닙니다. 우리는 그 형상에 참여하는 자가 되어 그 형상으로 만족을 얻게 될 것입니다. 채워지지 않는 주림과 목마름으로 그것을 사모하는 자들은 복이 있나니, 그들이 채움을 입을 것임이라. 이것은, 곧 하나님의 형상은, 하나님 자신에게서 흘러내려오는 영광이요, 그들의 존재를 통과하여 그들로부터 우주 전체로까지 흘러가는 영광입니다: "우리 생명이신 그리스도께서 나타나실 그때에 너희도 그와 함께 영광 중에 나타나리라"(골 3:4).

사랑하는 그리스도인 형제 여러분! 그날에 나타날 것 가운데 오늘 이 삶 속에 존재하지 않는 것은 하나도 없습니다. 하나님의 영광이 지금 우리의 삶이 되지 못하면, 그때에 가서도 우리의 것이 될 수가 없습니다. 도저히 불가능합니다. 지금 여기서 하나님을 영화롭게 하는 자만이 거기서도 하나님을 영화롭게 할 수 있는 것입니다. "사람이 하나님의 형상이요 영광이라"고 합니다. 여기 이 땅에서 예수님처럼 — 그는 하나님의 영광의 광채시요 그의 분명한 형상이십니다 — 살면서 하나님의 형상을 드러내어야만, 비로소 여러분이 장차 올 영광에 합당하게 될 것입니다. 우리가 하늘에 속한 자, 곧 영광 가운데 계신 그리스도의 형상으로서 서기 위해서는, 먼저 땅에 속한 자, 곧 굴욕 가운데 계신 그리스도의 형상을 지녀야 하는 것입니다.

하나님의 자녀 여러분! 그리스도께서는 창조를 받지 않으신 하나님의 형상입니다. 그리고 사람은 그의 창조를 받은 형상입니다. 영광의 보좌 위에 이 둘이 영원토록 하나가 될 것입니다. 그리스도께서 우리를 그 형상을 소유하는 존재로 회복시키기 위해서 어떤 일을 행하셨고, 얼마나 큰 희생을 치르셨는지, 여러분은 잘 알고 있습니다. 오 여러분, 이 놀라운 사랑을 위하여, 이 말할 수 없는 영광을 위하여 우리 자신을 온전히 드려서 우리의 삶 전체로 그리스도의 형상과 영광을 드러내지 않겠습니까? 그리스도처럼, 아버지의 영광을 우리의 목표와 소망으로 삼고 여기서 아버지의 영광을 위하여 살지 않겠습니까? 그 길이야말로 장차 올 하나님의 영광에 참여하여 사는 길인 것입니다.

아버지의 영광이라고 합니다. 바로 여기서 그리스도의 영광과 우리의 영광의 공통된 기원을 찾을 수 있습니다. 아버지께서 그리스도께 하신 것처럼 우리에게도 하시고, 아버지의 영광이 그리스도의 것이듯이 우리의 것이 되도록 합시다. 그리스도의 삶의 모든 특징들이 이것을 중심으로 두고 있는 것입니다. 그는 아들이셨습니다. 그는 아들로서 사셨습니다. 하나님은 그의 아버지셨습니다. 아들로서 그는 아버지의 영광을 구하셨고, 아들로서 그 영광을 찾으셨습니다. 오 여러분! 이 점에서 우리도 아들의 형상을 그대로 닮아야 하겠습니다. 그래서 아버지께서 우리의 삶의 모든 것이 되어야 하겠습니다. 아버지의 영광이 우리의 영원한 집이 되어야 하겠습니다.

사랑하는 형제 여러분! 여러분은 지금까지 저를 따라서 우리 주님의 형상에 대해서, 그리고 그 형상이 반영되는 그리스도와 같은 삶에 대해서 묵상해 오셨습니다. 이제 우리가 헤어질 시간이 되었습니다. 자, 다음과 같은 말씀으로 서로 작별 인사를 합시다: "사랑하는 자들아 우리가 지금은 하나님의 자녀라 장래에 어떻게 될지는 아직 나타나지 아니하였으나 그가 나타나시면 우리가 그와 같을 줄을 아는 것은 그의 참 모습 그대로 볼 것이기 때문이니 주를 향하여 이 소망을 가진 자마다 그의 깨끗하심과 같이 자기를 깨끗하게 하느니라"(요일 3:2-3).

그리스도처럼! 이것이 우리 신앙의 유일한 목표가 되도록, 우리 마음의 유일한 큰 소원이 되도록, 우리 삶의 유일한 큰 기쁨이 되도록, 함께 기도합시다. 오 여러분, 우리가 영광 가운데서 서로 만날 때에, 우리가 그리스도의 모습을 뵈올 때에, 그리고 우리들이 서로 그리스도처럼 되어 있는 모습을 볼 때에, 과연 그 기쁨이 어떠하겠습니까!

언제나 복되고 언제나 지극히 영화로우신 하나님! 하나님의 형상이신 그리스도의 영광된 복음을 주셨고, 주의 영광의 빛으로 그의 안에서 우리에게 비쳐 주시오니 이 은혜를 어떻게 다 감사하오리이까! 주여, 예수님 안에서 우리가 주의 형상만이 아니오라 우리의 영광도 보았고, 또한 주님과 함께 영원토록 있을 그 사실에 대한 보장도 받았으니, 이 은혜를 어떻게 다 감사하오리이까!

오 하나님! 우리를 용서하여 주옵소서. 그리스도의 피를 인하여 우리를 용서하시옵소서. 우리가 이 사실을 거의 믿지 못하였사옵고, 우리가 그런 삶을 거의 살지를 못했나이다. 주여, 주께 간구하오니, 이 묵상에 함께 참여한 모든 사람들에게 그들이 영원토록 살게 될 그 영광을 보여 주시고, 지금도 주님을 영화롭게 하여 영광 가운데서 살도록 해 주시옵소서.

오 사랑하는 아버지여! 우리를 깨우시고, 주의 모든 자녀들을 깨우사, 우리를 향하신 주님의 목적을 보고 느끼게 하옵소서. 우리는 과연 주의 영광 가운데서 영원토록 있을 자들이옵니다. 주의 영광이 우리 주위에 있게 하시고, 우리 위에, 우리 속에 있게 하시옵소서. 우리는 그리스도의 영광 가운데서 그와 같이 될 것이옵나이다. 아버지여, 주께 간구하오니, 주의 교회를 찾아 오시옵소서! 영광의 영이신 주의 성령께서 교회 속에 강하게 역사하게 하시옵소서. 그리하여 교회가 오직 그 위에 임하는 하나님의 영광을 드러내 보임으로써 자기를 알리기를 소원하고 그것만을 위해 자신을 드리게 하시옵소서.

   우리의 아버지여! 예수님의 이름으로 기도하옵나이다. 아멘.

"크리스천의 영적 성장을 돕는 고전"
세계기독교고전 목록

1. 데이비드 브레이너드 생애와 일기 | 조나단 에드워즈 편집
2. 그리스도를 본받아 | 토마스 아 켐피스
3. 존 웨슬리의 일기 | 존 웨슬리
4. 존 뉴턴 서한집 - 영적 도움을 위하여 | 존 뉴턴
5. 성 프란체스코의 작은 꽃들
6. 경건한 삶을 위한 부르심 | 윌리엄 로
7. 기도의 삶 | 성 테레사
8. 고백록 | 성 아우구스티누스
9. 하나님의 사랑 | 성 버나드
10. 회개하지 않은 자에게 보내는 경고 | 조셉 얼라인
11. 하이델베르크 요리문답 해설 | 우르시누스
12. 죄인의 괴수에게 넘치는 은혜 | 존 번연
13. 하나님께 가까이 | 아브라함 카이퍼
14. 기독교 강요(초판) | 존 칼빈
15. 천로역정 | 존 번연
16. 거룩한 전쟁 | 존 번연
17. 하나님의 임재 연습 | 로렌스 형제
18. 악인 씨의 삶과 죽음 | 존 번연
19. 참된 목자(참 목자상) | 리처드 백스터
20. 예수님이라면 어떻게 하실까 | 찰스 쉘던
21. 거룩한 죽음 | 제레미 테일러
22. 웨스트민스터 소교리문답 강해 | 알렉산더 화이트
23. 그리스도인의 완전 | 프랑소아 페넬롱
24. 경건한 열망 | 필립 슈페너
25. 그리스도인의 행복한 삶의 비결 | 한나 스미스
26. 하나님의 도성(신국론) | 성 아우구스티누스
27. 겸손 | 앤드류 머레이
28. 예수님처럼 | 앤드류 머레이
29. 예수의 보혈의 능력 | 앤드류 머레이
30. 그리스도의 영 | 앤드류 머레이
31. 신학의 정수 | 윌리엄 에임스
32. 실낙원 | 존 밀턴
33. 기독교 교양 | 성 아우구스티누스
34. 삼위일체론 | 성 아우구스티누스
35. 루터 선집 | 마르틴 루터
36. 성령, 위로부터 오는 능력 | 앨버트 심프슨
37. 성도의 영원한 안식 | 리처드 백스터
38. 웨스트민스터 소요리문답 해설 | 토머스 왓슨
39. 신학총론(최종판) | 필립 멜란히톤
40. 믿음의 확신 | 헤르만 바빙크
41. 루터의 로마서 주석 | 마르틴 루터
42. 놀라운 회심의 이야기 | 조나단 에드워즈
43. 새뮤얼 러더퍼드의 편지 | 새뮤얼 러더퍼드
44-46. 기독교 강요(최종판) 상·중·하 | 존 칼빈
47. 인간의 영혼 안에 있는 하나님의 생명 | 헨리 스쿠걸
48. 완전의 계단 | 월터 힐턴
49. 루터의 탁상담화 | 마르틴 루터
50-51. 그리스도인의 전신갑주 I, II | 윌리엄 거널
52. 섭리의 신비 | 존 플라벨
53. 회심으로의 초대 | 리처드 백스터
54. 무릎으로 사는 그리스도인 | 무명의 그리스도인
55. 할레스비의 기도 | 오 할레스비
56. 스펄전의 전도 | 찰스 H. 스펄전
57. 개혁교의학 개요(하나님의 큰 일) | 헤르만 바빙크
58. 순종의 학교 | 앤드류 머레이
59. 완전한 순종 | 앤드류 머레이
60. 그리스도의 기도학교 | 앤드류 머레이
61. 기도의 능력 | E. M. 바운즈
62. 스펄전 구약설교노트 | 찰스 스펄전
63. 스펄전 신약설교노트 | 찰스 스펄전
64. 죄 죽이기 | 존 오웬

교회사의 대가 '필립 샤프'
그가 34년간 집필한 일생일대의 대작!

필립 샤프

교회사전집 세트 이벤트

(전8권)

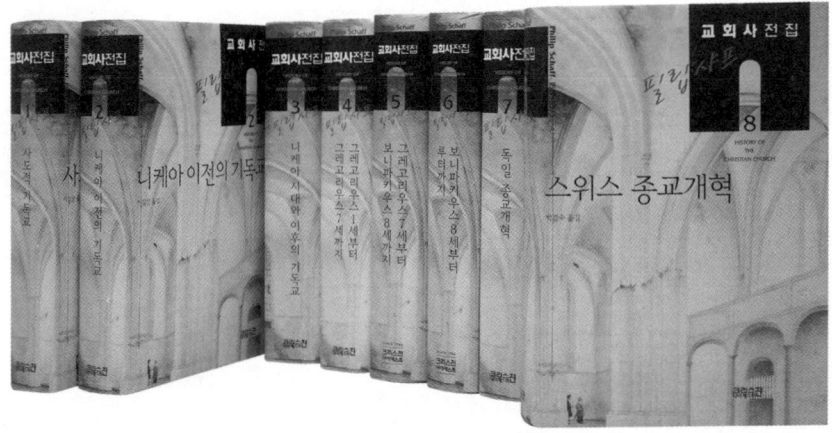

 건전성과 깊이에서 타의 추종을 불허하는
교회사 분야의 필독 고전!

낱권 구매 정가 205,000원 ⇨ **세트 재정가 150,000원**

낱권 구매 정가 대비 **55,000원 인하!**

SINCE 1984
크리스천 다이제스트

www.cdp1984.com